中小学数学"留白创造式"教学

——理论、实践与案例

王　华　汪晓勤　主　编

参加编写人员

王　华　汪晓勤　任升录

杨家政　陈兴义　邹佳晨

沈中宇　刘思璐　曹　君

尤文奕　张　静　秦语真

林雁平

华东师范大学出版社

·上海·

图书在版编目(CIP)数据

中小学数学"留白创造式"教学：理论、实践与案例/王华，
汪晓勤主编.—上海：华东师范大学出版社，2022
ISBN 978-7-5760-3429-5

Ⅰ.①中… Ⅱ.①王…②汪… Ⅲ.①数学课-教学研究
-中小学 Ⅳ.①G633.602

中国版本图书馆 CIP 数据核字(2022)第 236899 号

中小学数学"留白创造式"教学
——理论、实践与案例
ZHONGXIAOXUE SHUXUE "LIUBAICHUANGZAOSHI" JIAOXUE——
LILUN、SHIJIAN YU ANLI

主　　编　王　华　汪晓勤
责任编辑　平　萍
审读编辑　周　鸿
责任校对　张　筝　时东明
装帧设计　刘怡霖

出版发行　华东师范大学出版社
社　　址　上海市中山北路 3663 号　邮编 200062
网　　址　www.ecnupress.com.cn
电　　话　021-60821666　行政传真 021-62572105
客服电话　021-62865537　门市(邮购)电话 021-62869887
地　　址　上海市中山北路 3663 号华东师范大学校内先锋路口
网　　店　http://hdsdcbs.tmall.com

印 刷 者　上海景条印刷有限公司
开　　本　787 毫米×1092 毫米　1/16
印　　张　18
字　　数　281 千字
版　　次　2023 年 3 月第 1 版
印　　次　2023 年 3 月第 1 次
书　　号　ISBN 978-7-5760-3429-5
定　　价　58.00 元

出 版 人　王　焰

(如发现本版图书有印订质量问题，请寄回本社客服中心调换或电话 021-62865537 联系)

序 一

　　课堂教学是教育的主要场所,课堂教学的效果很大程度上决定着教育质量。课堂教学的研究关乎教育的发展与人才的培养。课堂教学的创新直接影响整个教育的创新。随着新一轮课程改革的开展,落实核心素养,创新课堂教学范式,提升创新素养培育水平,势必成为我国基础教育改革的新趋势。

　　王华同志作为上海市第四期双名工程高峰计划成员,其"上海市中小学数学专家型教师课堂教学表征"研究项目,以上海市中小学数学专家型教师为例,以课堂教学表征为研究内容,对近30位中小学数学特级(高级)教师进行访谈,观测了共43节现场课堂教学与录制课堂教学视频,编码分析了高端教师与课堂教学相关的专业信念、专业认识、专业经历与发展,还原他们对课堂教学的理解、课堂教学的行为以及效果,调查结果基本反映了当下上海市中小学数学高端教师课堂教学及专业发展现状。他们的研究在总结不同课堂教学表征的前提下,逐步提炼出"讲练导学式""互动掌握式""留白创造式"三种课型,作为上海市中小学数学教师课堂教学不同类别的重要特征。本书梳理了三种课型出现的时间顺序与逻辑关系,重点论述了"留白创造式"教学对学生创新意识培养的意义,提出了相关课堂教学的原则、流程、形式、评价体系等理论框架,给出了若干教学实践案例,既体现了对原有课堂教学成功经验的继承,又体现了面向未来、注重创新教育的课堂教学追求。这是根植于上海中小学数学教育实践之中的一项研究,是对上海中小学数学课堂教学改革经验的总结与探索,相信会对今后中小学数学课堂教学的深化研究产生积极的影响。

　　王华同志一直不断研究、探索数学课堂教学。2003年他参加上海市中小学数学骨干教师高研班撰写的案例《两种不同理念影响的课堂互动研究——以正方形的性质和判定教学为例》获上海市论文评选一等奖,同时也获得了2005年全国论文评选一等奖。2007 年,他研究的《上海市中学数学课堂教学发展性评价》论文代表上海再获全国论文评选一等奖。一路走来,他 30 多年潜心研究数学课堂教学,克服困难,不断前行,不管是在教研岗位,还是在学校领导岗位,多年追求,矢志不移。2013 年,他被评为上海市基础教育首批正高级教师,2018 年成为上海市第四期"双名工程"高峰计划成员。

汪晓勤教授是华东师范大学教师教育学院副院长,在数学教育领域多有建树。作为华东师范大学博士生导师,他是我国数学史领域学术造诣很深、具有较大影响力的领军人物,并培养了一批年轻学者。多年来,他一直致力于数学史融入数学教育研究(HPM),经常深入全国各地中小学数学课堂一线,研究、指导、引领中小学数学课堂教学的理论与实践,发表了大量的论著(文)。这次他和王华共同主持这项研究,实现了大学教授及其团队和中小学一线教师共同探索数学课堂教学未来发展的合作,也为上海基础教育课堂教学改革的研究和实践吹进了一阵清风。

40 多年来,上海中小学的数学教育延续着连贯一致的改革思路,尊重每一位学生,以学生发展为本。海派风格的数学课堂,开放灵动、吸纳中西、择善而从;强有力的教研与教师队伍建设,扎根一线的教学研究与知行合一的教师教育,使得上海中小学数学教学在改革、发展班级授课讲练教学的基础上,逐步形成具有鲜明特色、在国际数学教育界引起关注的"互动掌握式"教学形式,并取得了明显的效果,形成了具有当代特色的课堂教学经验。与此同时,我们也在不断反思教育的短板,教育过度的功利化所带来的学生学业负担过重、创新思维和创新能力的不足成为我们难以摆脱的桎梏。在大部分教学中难以实现探究教育的常态化课堂教学范式。在"互动掌握式"教学中,其指向是"掌握""互动",然而,在相当部分的课堂中自主学习仍然停留在教学改进的期望目标阶段,创新思维的培养仍然是需要下大力气不断摸索的持续任务。

"留白"是中国艺术的专有名词,中国画、中国戏剧艺术都有特定的解释。"留白"是一种委婉、含蓄的美,"留白"蕴含着东方智慧。教育的"留白"要留出学生思考的空间,放飞学生思想,破除"唯分数"的锁链;课堂教学的"留白"要留出学生自主学习的"时空",给他们自由想象的机会,创设学生获取知识的可能;学习的"留白",要少一些细枝末节的斤斤计较,多一些举足轻重的潜能激发,让学生有机会"描绘"自己心中知识的理想之卷。这样的"留白"教学能帮助学生放飞自我、张扬个性,是一种有效的课堂创新教育模式。

中小学数学"留白创造式"教学研究积累了课堂教学发展性评价、专家型教师课堂教学表征以及 HPM 等研究的成果与思考,积淀了中国传统文化与探究学习两方面的成果,凝聚了课题组四年的探索历程,充分利用了高校教授团队和中小学教师合作优势,理论联系实际,思考结合实践,已经取得了初步成效,目前正在上海市普陀区与嘉定区进行区域成果推广。相信在未来的研究和实践过程中,会不断完善理论,进一步总结、提炼成功的实践经验,不断改进实施中出现的问题,为我国中小学数学课堂教学创新贡献力量。

2022 年 7 月

序 二

经历三年的研究和探索,《中小学数学"留白创造式"教学——理论、实践与案例》一书面世了。这本书是"高峰计划"研究团队在"上海市中小学数学专家型教师课堂教学表征"的研究项目中得到的研究成果。

思维是有力量的,思维是有艺术魅力的。《中小学数学"留白创造式"教学——理论、实践与案例》一书彰显了"高峰计划"专家团队在中小学数学教学改革创新中的思维力量和艺术审美力。思维力量和艺术审美力的培养需要一定时间。《中小学数学"留白创造式"教学——理论、实践与案例》为中小学生数学思维力量和艺术审美力的生成提供了时间和空间。这个"时空"谓之"留白式教学"。

心缘所向,身行所往。2018年12月,上海市教育委员会启动了上海市第四期双名工程高峰计划。王华主持的"上海市中小学数学专家型教师课堂教学表征"高峰项目集聚了热爱中小学数学教学并有着丰富教学经验的特级教师或(正)高级教师,以及华东师范大学教师教育学院汪晓勤教授和其弟子(博士、硕士研究生),由此组成了"中小学数学学科留白创造式教学"研究小组。

胡适先生说:"大胆假设,小心求证"。在中小学数学"留白创造式"教学研究的过程中,研究小组秉承务实严谨的学术态度,自课题确立之初,就有着明确的研究目标、研究内容和研究方法,并通过多种形式的调研、研讨和对基地学校的实地探索,将课题研究逐渐推深。研究小组从课堂教学实践到课堂教学理论的形成,从课堂教学表征到分类课型,共进行了三年的实践研究,由此深化了"留白式课堂"教学的研究,回应了"改变育人方式"的时代要求,把源于复旦中学博雅教育倡导的"留白式课堂"的实践探索推向了新阶段。

慎思辩学,笃行不倦。创办于1905年的复旦公学是复旦中学前身,"内之以修立国民之资格,外之以载成有用之人才"的博雅教育宗旨一直是学校的办学理念。2009 年,复旦中学作为上海市教委推进的"高中学生创新素养培育实验项目"学校,秉承复旦先哲的博雅教育思想精髓,开设"学子讲堂""文博研学""留白式课堂"教学研究等博雅教育载体。其中集复旦中学全体师生课堂教学智慧的"留白式课堂"应运而生。

复旦中学在实践"留白式课堂"中提倡"三个生命体对话",即倡导作为承载知识和思想的课程生命体,学习、传承和创造知识与思想的学生生命体和传授、弘扬和发展知识与思想的教师生命体三者的对话。"留白式课堂"不仅强调知识的贯通,更强调人文素养与科学素养的相融共生,不仅关注学习领域的扩展,更关注学习方式与思维方式的养成,以及学习个性和思维的独立性,强调放飞思维,尊重学生的学术独立与思想自由,提升师生生命智慧。

《中小学数学"留白创造式"教学——理论、实践与案例》提出了中小学数学新"留白式"教学方式和策略。基于"留白",适于"学科",指向特定环境的学习方式变革。上海的中小学数学教学有其明显的特点,"课堂体现本质、师资素质良好、研修保障有力"等都是"海派数学课堂"优良品质的根基。课堂师生的互动学习,既有丰富的学生活动,又保证了高效的课堂实施,得到了国际同行的认可。在此基础上,为了进一步提升数学教学对高阶思维的培养,进一步发掘学生的潜能,进而探索"中国式探究学习"的课堂模式,"留白创造式"教学便应运而生,它同时也是一项非常有价值的教学探索。

本书回顾了上海中小学数学教学改革历史,介绍了"留白创造式"教学的缘起与理论依据,提出了数学"留白创造式"教学设计原则、教学流程与"留白"教学形式,初步构建了这种教学方式的理论框架,提供了这几年"留白创造式"教学研究的部分案例以及教师专业发展素养要求,是一本数学学科"留白式教学"论著。它为广大中小学数学教师提供了一种课堂教学改革可借鉴的理论与实践经验,开启了深入推进"留白式教学"的学科之路。

愿以诚挚,逾远弥存。显然,"留白式教学"作为一种新的课堂教学形式,探索之路会很艰难,还有很多内容需要进一步研究,但"留白创造式"教学作为一种改革的抓手,使我们有了前行的目标,也就有了前往理想境界的方向。

我相识王华同志是在十多年前的复旦中学数学科研工作会议上,他求真务实的科研风格和对数学学科课堂教学方法的独到见解深深影响了我。共同的教育情怀和追求，使我们成为教育的知己和上海市中小学博雅教育研究所的同事，一起继续行走在教育研究之路上。

博雅流歌，清越悠扬。有鉴于此，祝愿王华同志的专家团队探索中小学数学教学改革如诗如画，源源而来，厚积流光。

周国正

2022 年 2 月

于上海市中小学博雅教育研究所

前　言

我国改革开放 40 多年了,教育领域取得了长足的进步,教育的投入、教育的规模、教育的普及发生了翻天覆地的变化,教育的变革给社会进步、经济发展提供了有力的支撑和保障,我们正从教育大国走向教育强国。在此过程中,基础教育应如何提升学习效率、培养创新素养? 基础教育领域创造的业绩如何构建理论加以说明? 即在讲好中国故事的同时,如何让我们的故事既好听又有道理? 这是我们每一个教育工作者需要思考和回答的问题。

2018 年 12 月,上海市启动了基础教育第四轮双名工程,组建了高峰计划、攻关计划、种子计划三个团队。为了开展高峰计划"上海市中小学数学专家型教师课堂教学表征"研究,成立了基础教育与高等教育合作的研究团队,课题组成员一半来自高校教授以及博士、硕士研究生,一半来自教研员、教师,共同进行中小学数学课堂教学实践与教育理论相结合的有效探索。高校师生走进基础教育课堂,让理论根植于沃土;中小学教师进入高等院校学堂,寻求实践的理论指导,这是一种有效的教育改革实验形式。

我们聚焦上海中小学数学专家型教师群体,以课堂教学表征为研究内容,对近 30 位中小学数学特级(高级)教师访谈 32 人次,视频或实地观察近 50 节课堂教学,通过编码分析,了解高级教师与课堂教学相关的专业信念、专业认识、专业经历与发展,了解他们现在对课堂教学的理解、课堂教学的行为以及效果。最后对研究内容进行总结,并撰写与发表了部分特级教师访谈录,编辑新时代名师授课录,试图从课堂教学行为解读数学教育的"上海经验",建立我国中小学数学课堂教学的"现代模式",为分类归纳中小学数学教师课堂教学表征奠定基础。

专家型教师课堂教学的共性特征见诸于各种文献,已为大家所熟知,但他们鲜明的个性风格往往难以描述。反复思考与论证后,我们决定从课堂教学方式入手,将其划分为三类,希望以此区分不同类别数学教师的课堂教学风格。

回顾建国七十年、特别是改革开放四十年来,我国中小学数学教育课堂教学的形式,主要以教师引导下的学生学习为主,积累了一系列有效的课堂教学经验。上海市基础教育从上世纪 80 年代开始,经历了"一期课改"和"二期课改",教学理念由"素质教育"发展到"以学生的发展为本",课程增加了探究型和研究型内容,课堂教学形式由比较单一的"讲练式教学",逐步过渡到以"互动式教学"为主、两种教学方式并存的局面。实践说明,这种教学方式对知识落实是有效果的,短期内能有效提高学生的学习成绩。2016 年以来,英国政府与上海市进行了连续三年的国际交流,交流内容主要围绕中小学数学教学,观察、比较、总结、交流各自的教学模式。两国同行在后续的分析报告中,针对上海中小学数学课堂教学,提出了以"掌握教学法"为主的中小学数学课堂教学的"上海经验",一些过程性资料和文献为我们的课题研究提供了参考。

在分析与总结中小学数学专家型教师课堂教学表征的基础上,结合文献综述,我们发现中国式"有效课堂"是教师在目标导向前提下,以促进大多数学生学习、掌握数学知识而进行的讲练与互动式教学。正如课题组课堂观察与数据聚类后的分析结果表征,大多数优质课都属于教师引导下的"讲练式教学"或"互动式教学"。由此,课题组将两种课堂教学形式命名为"讲练导学式"与"互动掌握式"。

2017 年 11 月,教育部颁布了新的高中教育课程方案,进一步强化"创新素养"培育要求,明确了新时代创新素养培育对未来人才教育的重要性,指出了课堂教学变革的新方向。长远来看,现行的教学方式对学生关键能力与必备品质的培养还存在问题,如基础型课程教学中学生被动学习、负担过重、创新素养培育不足等。由此,课题组将常态化课堂教学"填得太满""统得过死""放手不够"状况的改变看作首要任务,"留白"教学应运而生!

"留白"是中国艺术的专有名词,中国画、中国戏剧艺术对此都有特定的解释。"留白"是一种委婉、含蓄的表现方式,"留白"蕴含着东方智慧与中国传统文化之美。绘画的"留白"给人以遐想的空间,创设一种意境;戏剧的"留白"给观众足够空间对人物或故事情节进行思考,创设一种悬念;教育的"留白"给学生以思维的空间,放飞学生思想,破除"唯分数"的锁链;课堂教学的"留白"给学生自主学习的场景,给他们自由想象的机会,创设学生获取知识的可能;学习的"留白",少一些细枝末节地斤斤计较,多一些举足轻重地潜能激发,让学生有机会"描绘"自己心中知识的理想之卷,创新妙思。这样的"留白"教学放飞自我、张扬个性,应该是一种有效的课堂创新教育模式。

　　查阅文献,"留白"教学在个别知识点的论述早已有之,整体改革实验见著于《留白式课堂的实践探索》,那是上海市复旦中学2009年开始的聚焦课堂教学研究与"高中学生创新素养的培养"而进行的"留白式课堂"教学改革成果。他们坚持"三个生命体对话",即课程是承载知识与思想的生命体,学生是学习、传承和创造知识和思想的生命体,教师是传授、弘扬和发展知识和思想的生命体。经过多年的实践,逐渐形成了具有复旦中学特色的、以培养"高阶思维"为标志的"留白式课堂"教学模式,以学生为主体的"学子课堂"日益普遍常态化,学生的自主性、独立性、能动性得以弘扬和提升。这项实验在语文等文科学科效果明显。

　　2020年11月,课题组提出了中小学数学"留白创造式"教学设想。2年多来,我们边实践、边思考、边总结,从名称的内涵,到三种不同课型的概念界定;从留白教学原则,到课堂留白教学形式;从课堂留白教学评价,到课堂留白与补白行为;从课堂留白教学理论,到留白教学实践案例,精心设计、交流研讨、数据分析、专家论证、反思改进。在一个个夜晚的苦思冥想中、在一次次会议的思想碰撞中、在一节节课后的教学评价中、在一页页稿件的反复修改中,倾注了课题组所有成员的智慧和奉献。三种课型称谓统一,概念清晰,边界明确,由此,"中小学数学'留白创造式'教学——理论、实践与案例"书稿逐渐成形。能够取得今日之成果,我们感叹于时代为教育创设的需求与机遇,感恩于上海市教委对研究的支持以及上海中小学数学教育界各位前辈积累的丰富经验,感动于课题组所有成员不计得失、真情付出的奉献精神。

　　本书的出版只是中小学数学留白创造式教学实施的第一步,理论的科学性还需要大量的课堂教学实践进行检验、修正与完善。好在此项阶段性成果已经获得普陀区区级成果推广立项,嘉定区区级科研课题立项。未来3年,我们课题组将带领近20个中小学试点学校数学教师,进行留白创造式课堂教学实验,严格按照规范的流程,获取实证性数据和典型案例,培训教师,对中小学数学部分年级教学内容做出适应性划分，并进行教学验证、数据分析与处理。

　　我们的研究以践行明朝思想家王阳明提出的"知行合一"为目标，以求实现"知是行之始，行是知之成"。

王　华

2022 年 5 月 20 日

目　录

第一章 ‖ 历史背景与时代呼唤

　　研究新时代或未来中小学数学教学,离不开对数学教学的"昨天"与"今天"的思考与判断,研究新时代中小学数学教学改革,需要正视建国后中小学数学教育的历史与现状。上海基础教育数学教学的历史东西融合、文化悠久、影响深远,值得总结与回味,上海基础教育数学教学的现状具有海派特色,人文荟萃、成绩优异,值得发扬光大。

第一节　建国后中小学数学教学改革的历史回顾

　　学科教学的变化受制于学科课程计划、目标、内容、实施的变化。我们将从教学大纲(课程标准)执行、教材编写与使用、课堂教学形态、典型人物特点等方面回顾中小学数学教学改革的历程。限于研究条件,我们的叙述主要聚焦在建国后到改革开放 40 年中的上海中小学数学教学的历史。

一、 1949—1977 年

　　建国之后,我们在整合解放区与已有课程基础上,全面学习苏联。1951 年,教育部主要借鉴苏联十年制教学大纲,提出小学 5 年、中学 6 年学制。1951 年秋,人民教育出版社改编原有各种版本教材,编写出版了第一套全国通用的中小学教科书。1952 年,教育部颁布了《小学暂行规程(草案)》和《中学暂行规程(草案)》,这是第一份全面规范中小学课程的政府文件,初步奠定了新中国中小学学校教育体系,恢复小学 6 年、中学 6 年学制。上海在逐步改变原有课程的基础上,1952 年,中学数学全面使用人民教育出版社编写的《初级中学课本·代数》《初级中学课本·平面几何》《高级中学课本·立体几何》《高级中学课本·解析几何》等。这套教材学习借鉴苏联中学数学教材内容的设置与处理,表现出知识逻辑严谨、内容突显函数、要求精度较高的特点,为新中国数学教学起始阶段奠定了扎实的基础(张奠宙,2006)。1955年,人民教育出版社编写十二年制中小学教材。1958年,上海提出"5+4"现代化教学大纲,即小学5年一贯制,中学4年一贯制,9年完成基础教育,必修内容如解析几何大多被取消了,平面几何较难的内容也被缩减。

这一时期,新中国数学教育在学习别人经验的同时,也在摸索适合自己的教育体制,希望挣脱原有体制(1922年制定)的束缚,以主观意志替代教育规律,这也导致10年里两次改变大纲、调整学制。由此,教学内容也在变动,中小学课堂教学随着内容调整不断变化。

1960年开始,由复旦大学苏步青教授任主任委员,郑启明、姚晶任副主任委员,成立了"上海市中小学数学课程革新委员会"(下称"革新委员会"),编写中小学数学教材。这套"革新教材"的显著特点是"冒进"(郑启明,2010)。学制上,按十年制设计,小学、中学各五年,中学三年级设计一个段落,以便有些地方普及中小学八年制。内容上,"能编多高就编多高",平面几何精简了许多,不少"显而易见"的定理改作"公理",有的变为练习题,有的计算题下放到小学,正负数也下放到小学。总之,腾出时间来学"高等数学"。体系上,采用"一条龙"模式,形数结合,不分代数、三角、几何,只称"小学数学""中学数学"。"革新教材"只在几所学校试教,损失不大,但教训深刻。(郑启明,2010)

1961年起,人民教育出版社酝酿编写十年制中小学数学教材。1963年,教育部颁布了《全日制中学数学教学大纲(草案)》(征求意见稿),提出了基础知识的概念,明确了三大能力,体现了加强"双基"的精神,为建立具有中国特色的教学体系迈出了重要一步,为教材编写、课堂教学实践指明了方向。(章建跃,2018)

1960年代,上海中小学数学教学大多使用统编教材,紧随国家发展需求。1962年上海在1960年教材编写经验基础上,由华东师范大学组织,苏步青教授为主编,成立以"革新委员会"为主要成员的编委会,编写上海市中学数学教材,至1965年初中6本教材全部出版,选择5所中学试教,效果很好。当时北京景山学校也参与试教,一些省市还来上海订购教材开展试用。"文革"期间这套教材停止编写,"文革"后继续编写完了高中数学部分(刘祖希,2015)。这套数学教材继承了传统的优秀数学内容,又引进了一定的现代数学知识,休现了海派特色,影响较大。

1962 年起,学校积极开展落实"调整、巩固、充实、提高"方针的教学改革方案,数学课堂教学讲练式、启发式成为人们倡导的一种教学方式,涌现了如赵宪初、姚晶、唐秀殷等一批领军人物。赵宪初先生讲授三角课的情景,在学生心中至今历历在目。别的教师讲课总是手持课本,赵先生用的是他自编的书,讲课特别清晰,既生动中富于条理,又饶有趣味。对付三角公式,赵宪初更有绝招,他把许多公式连在一起,一念到底,听上去俨然是一首江南小调了。他不断地钻研教学艺术,对数学教学规律和方法作了大量探索,逐渐形成了自己的教学风格。他教的"三角"更是一绝,在上海被誉为"三角赵"。1970 年春,美籍华裔教授、上海市南洋模范中学校友郑绪云先生在有关人员陪同下来到了母校。郑教授见到赵先生后,现场深深一鞠躬,接着就背诵起他在中学时赵先生教他的三角公式,然后说:"中学的很多课程我都忘了,唯独记得赵先生教过的三角公式"(管玲缇,2003)。赵宪初先生认为,在中小学里首先要打好基础,之后根据需要,侧重在某些方面进一步地学习和研究。同时,赵先生尤为看重学生"举一反三"的能力,但是,赵先生也提出在实际教学中,真正能够"举一反三"的学生并不多见,中学数学教学中最好让学生先经历"举三反一"的过程,在此基础上再进行"举一反三",这样才能有效地突破教学难点,突出教学重点,循序渐进地实现预期的目标(刘冰楠,代钦,2018)。

1966 年 5 月,"文化大革命"开始,建国 17 年来的教学工作被全盘否定,历年制定的教学计划、教学大纲、教科书都被污蔑为"修正主义毒草",各地自编教材,强调政治挂帅、联系实际、开门办学。

总之,改革开放之前,中小学数学教学大纲、教材,在学习苏联的基础上,积极探索,形成了具有中国特色的中小学数学教学体系,不幸经历"文革"被全盘否定,1963 年制定的卓有成效的教学大纲,未能长期产生影响,令人惋惜。

二、 1978—1989 年

"文革"结束后,国家提出全面"拨乱反正",1978 年,教育部制定了《中小学数学教学大纲(试行草案)》,全日制中小学学制改为十年制,即小学五年和中学五年,中学五年按初中三年、高中二年分段。其特点是在 1963 年教学大纲基础上进行教学内容的调整,适度引进了现代数学的内容,提出了数学思想方法。目标体系的变革与发展表现在:(1)"知识+能力+思想品德"的目标体系结构重新确立;(2)继续强调重视数学基础知识、理论联系实际和培养辩证唯物主义观点的传统,将"教育目的"和"教养目的"统一在"数学教学"的整体中;(3)"三大能力"的内涵有变化,即"计算能力"发展为"运算能力","逻辑推理能力"发展为"逻辑思维能力"。原因在于中学数学中的"运算"不仅有数字计算,还有代数式的运算、指数运算、对数运算、三角函数式的运算等,只提"计算能力"显得窄了;"思维"不限于"推理",它的内涵更广泛些。"学生的逻辑思维能力,应该通过代数、几何、三角等各科教学共同进行培养,但是几何教学在培养学生的逻辑思维能力方面具有独特的功能。"由此说明,当时人们仍然看重几何在培养学生逻辑思维能力方面的作用;(4)增加了"逐步培养学生分析问题和解决问题的能力",并把它作为"三大能力"的归宿。

1978 年开始,人民教育出版社组织力量在 1961 年编制的十年制教材版本的基础上,编写全国通用的中小学十年制教科书,边编写边试用,1980 年基本完成(章建跃,2018)。上海中小学数学教学实施国家教学大纲,基本使用人民教育出版社编写的全国统编数学教材,部分中学使用苏步青教授主编的上海市中学数学教材。

1984 年,人民教育出版社出版高中新教材,数学教材采用甲种本和乙种本两个版本,区分发达地区与其他地区的数学学习要求,开启了"一纲多本"模式,从根本上纠正了基础教育的"文革"乱象。

1984年后,上海市中小学数学教材普遍采用人民教育出版社版本,中学采用"甲种本""乙种本"以及上海市中学数学教材,呈现"一纲多本"局面。"人教版"中学数学教材格式是初中教材分科编写:初中代数1—4册、平面几何1—2册;高中数学教材混合编写:"甲、乙种本"1—3册。

同时,上海有多项重要的改革实践与探索,如上海市教育局教学处(教学研究室的前身)制定了校长、教导主任、教研组长等岗位与工作职责,以及提出了改进中小学课堂教学的意见,提出了教师备课、学生学习与作业、实验室管理的要求,以规范学校教学工作,纠正混乱无序状态。在贯彻执行《全日制十年制中小学计划(试行草案)》的基础上,组建理科班,重点学好数理化,并编制了理科班使用的数学教材(上文所述苏步青教授主编的教材)。

20世纪80年代,上海市育才中学在段力佩校长的领导下,推行的"读读、议议、练练、讲讲"改革实践,如同一股春风吹遍大江南北,产生了较大影响,并被称为"茶馆式"教学法。其中,段力佩校长提出了课堂教学的程序——先学后教。"读读",是引导学生自己读书,养成学习习惯;"议议",是提倡学生自觉讨论,主动探讨问题;"练练",是学生自己将学科的知识应用到实践中去;"讲讲",是教师点拨、解惑、小结或总结。"读"是基础,"议"是关键,"练"是应用,"讲"应贯穿于教学的始终(王厥轩,2011)。"茶馆式"教学法着眼于让学生学,以学生为主体。所谓的"茶馆",主要指学生在课堂上七嘴八舌,相互启发思维,相互帮助。同时,段校长强调"有领导的茶馆式",即肯定教师的主导作用,教师需要启发、引导、点拨、解惑和总结。但是,段校长指出教师的主导作用不应过分强调,凯洛夫就是过分强调教师的主导作用,教师的主导作用应是为了学生的学(段力佩,2010)。应该说,无论在当时还是当下,"讲练导学式"教学都是一种非常有效的班级授课模式!

《全日制十年制学校中学数学教学大纲(试行草案)》颁布实施后,一段时间内的关键在于"拨乱",课堂教学需要解决的主要问题有:回归基础,强化"双基",重现规范,讲授、启发并举。"文革"期间大学停止招生导致教师短缺,许多地方出现代教、民办教师,但能将课堂教学讲得清楚、导得得法、练得到位就是"好教师"。

1979 年,上海市教育局向全市提出"加强基础,培养能力,发展智力"的教学改革方针,开启了这一时期教育改革的关键之门(孙元清等,2016)。

1986 年国家颁布《全日制中学数学教学大纲》,强调要"抓住加强'双基'、培养能力这个根本","着眼于从根本上提高学生思维能力"。教学逐步注重学生的基础、尊重认知规律,呈现"反正",注重基础与培养能力受到重视,推动了中小学数学教育改革与发展,也满足了社会发展对数学教育的新要求。

第二节　教育改革不断凝练"上海经验"

上海是我国东南沿海经济、工业、社会发展最发达的城市,教育的领先地位也是比较明显的,其中中小学数学教育的成绩更加突出。

改革开放之前,上海中小学教育按照国家统一部署的教育发展要求,实施具有一定地方特点的教育变革,积累了一些成功的经验。

1978 年党的十一届三中全会之后,上海教育系统迅速投入到教育的拨乱反正工作中,启动了一系列教学改革项目,除了上述提到的积极试行教育教学的规章制度、分类教学(开办高中理科班)外,从 1984 年开启上海基础教育课程改革设计,1988 年开始了为期 20 多年的课程改革试验,史称"一期课改"和"二期课改"。

20 世纪 80 年代,上海市中小学教育遇到了三大难题:(1)教学大纲与教材的不适应,全国统编教材难以适应沿海快速发展的社会与经济形势;(2)教学计划的不适应,能力的培养、智力的发展均需要相应的教学内容、学生实践和体验,必须对教学理念、学科设置与活动安排进行调整;(3)高考制度的约束(孙元清等,2016)。

1984 年,由上海市教育局申请,经过教育部批准,上海市独立实行高校招生考试改革和高考自主命题,上海市教育局根据改革要求,可以在教育部颁发的教学计划和教学大纲的基础上进行调整。1988 年 5 月,成立"上海市中小学(幼儿园)课程改革委员会"(以下简称"课改委"),"课改委"常设上海市教委教研室,开启上海市中小学(幼儿园)课程标准研发以及上海市中小学(幼儿园)"一期课改"教材编写。作为全国课程改革的重要组成部分,上海的课程改革大体与全国同步。1988—1997 年,上海的"一期课改"相当于全国第七次课程改革,其课程建设主要包括:(1)突出了"两个改变":力图改变应试教育的课程体系,力图改变统得过死、学得过死的课程模式;(2)设计了必修课、选修课、活动课"三类课程"(孙元清等,2016)。

　　"一期课改"数学教材建设,从 1988 年华东师范大学、上海市卢湾区(现黄浦区)教育学院、上海市杨浦区教育局联合中标开始,到 1998 年启动上海"二期课改",历时 11 年。教材编写组依据上海中小学课程教材改革委员会制定的《数学学科课程标准》,编写、出版了从小学一年级到高中三年级,共 12 个年级的成套数学教材及教参。教材的主编是华东师范大学数学系陈昌平教授,其中小学与初中教学教材由上海教育出版社出版,高中教学教材则由华东师范大学出版社出版。"一期课改"的编者对数学课程、教材做了认真的思考和积极的探索,实施了"四项改革":一是小学渗入某些代数思想,如方程、负数进入小学;二是将几何分成实验几何和论证几何,立体几何和平面几何都增加了直观图示与现实情境,摸索出了"直观感知,操作确认,逻辑论证,度量计算"的 16 字几何教学建议;三是渗入向量方法并逐步建立解决立体几何问题的新方法;四是引入计算器,并允许其进入考试场合。这四项改革符合时代发展,为全国的基础教育改革积累了经验。如果从使用时间算,这套教材一直到 2008 年才全部由上海"二期课改"后的新教材代替,前后使用了 18 年。

　　1998 年,上海拉开了"二期课改"数学教材建设的序幕。上海市教育委员会制订了《上海市普通中小学课程方案》(以下简称《课程方案》)和十二年一贯制的上海市中小学数学课程标准(试行稿)》(以下简称《数学课程标准》)。《数学课程标准》的特点包括教学内容含"基本内容""拓展内容""专题研究与实践"三类,分别对应《课程方案》提出的数学学习领域中的基础型课程、拓展型课程、研究型课程。基础型课程将根据学生的共同数学需求,提供学生必需的基础知识、方法和技能的基本训练以及与其密不可分的情感、态度、价值观等人文教育素养。"基本内容"按其所属的知识领域,分为"数与运算""方程与代数""图形与几何""函数与分析""数据处理与概率统计"五个部分,它们自成系统,又相互联系,构成一个有机的整体。"拓展内容"即拓展型课程,分为拓展 I 和拓展 II 两类,其中拓展 I 为非定向拓展内容,即自主拓展型课程,是基础型课程延伸后的数学内容,学生可按自己的兴趣爱好任意选学;拓展 II 为定向拓展内容。

2000 年,学校日常工作实施"五天制",教学内容进行调整,复数的三角形式、微积分等内容调整为选学内容。

上海"二期课改"的初高中数学教材均由上海市中小学(幼儿园)课程改革委员会、上海教育出版社组织编写、出版。教材的特点体现在:(1)从内容角度看,基础与拓展并举,继承与创新并重。十二年一贯制设计,通盘考虑,初中兼顾小学与高中课程,高中兼顾义务教育阶段甚至大学阶段课程;(2)从编排角度看,在把握各部分内容的发展主线和相互联系的基础上,采取"多线有序并进、螺旋上升,内容互相穿插、分层设计、混合编排"的方式;(3)从内容设置角度看,引进现代数学内容,如在国内首次尝试在初中教材中引进平面向量初步内容。其指导思想是,在义务教育阶段进行向量教学,可以有利构建学生的数学思维框架,并有助于学生现代数学素养的养成(孙元清等,2016)。

30 多年的课程改革,在"以学生的发展为本"理念影响下,中小学数学课堂教学发生了质的变化,学习让学生体验,问题让学生想,话让学生说,活动让学生参与,总之,互动式课堂教学已经成为重要形式。数学教师队伍,形成了一支老、中、青相结合的名师梯队。

"青浦数学教学改革经验"是改革开放以来上海基础教育涌现出的典型事例,是"上海经验"的重要组成部分。

1977 年 10 月起,由青浦县数学教研员顾泠沅组织数学教学改革实验小组,前15 年实验探索阶段,经过努力摸索、归纳,提出了大面积提高数学教学质量的有效途径与教学措施(王凌宇,2018),其原理是"情意原理、序进原理、活动原理、反馈原理",基本策略是"尝试指导、效果回授"。

从 20 世纪的"拨乱反正""改革开放"至今,教材改革体现出继承和发展"守正创新"的改革精神。改革团队遵循学生认知特点,寻找教学中的突出问题,并有针对性地筛选有丰富教学经验、逻辑清晰、相对严密的课堂实验,去伪存真,将有效的经验用于大范围传播。他们将筛选出的 160 多条经验,经过 50 轮的反复试验、观察、淘汰、优化,以课堂为"灰箱"进行"过程——结果关系的研究",得出课堂中

"动因·内容·方法·结果"四个方面的关键行为(顾泠沅,2014)：

(1) 让学生在迫切要求之下学习；(情意原理)

(2) 组织好课堂教学的层次；(序进原理)

(3) 在采用讲授法的同时辅之以学生主动活动；(活动原理)

(4) 及时获取教学效果信息,随时调节教学。(反馈原理)

1992 年后,随着青浦经验的认定,上海市教育领域进行青浦经验推广辐射,开始了 30 年经验推广阶段。各区中小学校对应地在课堂教学中进行了积极尝试,并形成了数学课堂教学的一些经验：

(1) 教学活动组织化、师生间言语沟通及沟通中的情感交流是教师效能发挥的重要条件；

(2) 有顺序的小步子呈现材料、小步子指导学生训练是课堂高效能的有效程序；

(3) "教师带动下的学生本位学习",组织有指导的尝试探索活动,带动学生自己学数学、用数学,学习才能真实地发生；

(4) 概念辨析、回答问题、课堂练习等多种形式有效反馈,促进教学内容的落实。

40 多年来,上海中小学数学教育创造了大面积提高教学质量的成功经验,几次国际学生测试显示,我们已经取得了数学学科单科突破、各科迁移、诸育并进、整体受益的显著成效(王凌宇,2018)。

1985 年 8 月 22 日,《文汇报》头版头条刊发了报道《探索大面积提高教学质量奥秘》,"青浦实验"首次揭开"神秘面纱"。当天,还配发记者撰写的报告文学《走在乡间的小路上》,将那时主持青浦实验、只有 40 多岁的顾泠沅介绍给了读者(张鹏,2019)。

2016 年 8 月 22 日,国家教育部在上海市市西中学召开了"上海中小学数学教育改革经验"的交流会。来自全国各地区的 250 余名教研部门负责人、数学教研员、数学教学专家共同研讨了上海中小学数学教改经验。在建设中国教育高质量体系的今天,从理论与实践层面总结弘扬"上海经验"对推动新时代上海基础教育的发展具有深刻的历史意义与现实意义。

第三节　研究具有时代特征的课堂教学新模式

我们所处的时代是后工业化的信息时代,网络、数据的运用导致时空、人际关系的变化日新月异。当下时代特征主要表现在以下三个方面:

第一,不确定性。信息社会最大的特征就是不确定,特别是 2020 年疫情之后,人们已经难以预料明天将会发生什么! 确定的就是每天都在不断变化。"昨天"学习的知识有的已经不能适应"今天"的变化,唯一能够做的就是让自身具备高超的学习能力和自适应能力。

第二,生存能力高要求。知识经济时代,知识的爆炸性增长,使得人们的生存竞争成为知识与创新的竞争,就业市场已经成为激烈的竞争市场。生存的要求使得我们必须具备高认知、自适应能力。

第三,挑战与机遇并存。当前我国的经济形势保持平稳过渡,国家发展、一带一路、人类命运共同体建设带来了众多的发展机会,中国已被称为世界机会之地!然而众多的机会是为那些有准备的人预留的,只有不断地完善自己,努力提高自己的人,才能抓住机会,成就事业!

　　机会往往是与危机并存的,当前的时代特征决定了人的发展要素主要指向在学习力、合作意识、自适应、创新能力上。由此,提出了新的发展理念——变化中育新机,适应变化才有机会;运动中寻机遇,不断运动才有空间,合作才有发展。

　　时代变化与社会发展催促着教育变革,随着核心素养的提出,以《普通高中课程方案(2017年版)》的颁布为标志,开启了新一轮基础教育课程改革。2022年4月《义务教育课程方案(2022年版)》的颁布,预示着这一轮课程改革要求全面呈现。教育改革关键在观念、呈现在内容、发生在课堂,创新教育的教学实施势在必行。所以,我们已经到了必须积极探索、研究新的课堂教学模式的阶段!

　　新时代、新课堂具备哪些要素呢? 2020年颁布的《普通高中课程方案(2017年版2020年修订)》的指导思想指出:坚持反映时代要求。反映先进的教育思想和理念,关注信息化环境下的教学改革,关注学生个性化、多样化的学习和发展需求,促进人才培养模式的转变,着力发展学生的核心素养。根据经济社会发展新变化、科学技术进步新成果,及时更新教学内容和话语体系,反映新时代中国特色社会主义理论和建设新成就(中华人民共和国教育部,2020)。

　　数学学科特质指向数学教育必须触及人们的思维变化,抽象思维、逻辑思维成为主要的数学核心素养,所以有组织地创设适合中国国情的课堂学习环境,为学生提供自主学习机会,培养符合新时代中国特色社会主义要求与具有创新意识与自主发展的学生,呈现个性化、多样化的新型课堂教学模式就成为当下课堂教学改革必须面对的问题,成为顺应历史发展的时代呼唤。

　　由此,本书在中小学数学课堂教学的实践基础上,对新课型"留白创造式"教学进行初步探索与总结。

参考文献

段力佩,2010.教育改革的指导思想和实践(一)[J].上海教育科研(S1):27-30.

顾泠沅,2014.口述教改——地区实验或研究记事[M].上海:上海教育出版社.

管玲缇,2009.一代名师赵宪初[J].上海教育(Z2):48-49.

刘冰楠,代钦,2018.赵宪初对现代中国中学数学教育的贡献——纪念赵宪初诞辰 111 周年[J].内蒙古师范大学学报(教育科学版),31(12):29-33+50.

刘祖希,2015.上海市中学数学课程建设 50 年:回顾与反思[C].//第五届基础教育改革与发展论坛论文集:81-85.

孙元清,徐淀芳,张福生,赵才欣,2016.上海课程改革 25 年(1988—2013)[M].上海:上海教育出版社.

王厥轩,2011.一代名师段力佩[J].上海教育(09):50-53.

王凌宇,2018.守正创新 继往开来 写在"青浦实验"40 周年之际[J].上海教育(28):23.

张奠宙,2006.中国数学双基教学 [M].上海:上海教育出版社.

张鹏,2019. 170 本日记记录 42 年教学改革的静水流深[N].文汇报,10-11(007).

郑启明,2010. 1960 年代上海市数学教材改革的回忆[J].数学教学(08):2+1-2.

中华人民共和国教育部,2020.普通高中课程方案(2017 年版 2020 年修订)[M].北京:人民教育出版社.

第一章 ‖ 留白创造式教学

　　在大力弘扬中国文化自信之时,恰逢国家中小学教师振兴行动(2018—2023)计划实施阶段,2019 年,上海市启动第四届双名工程,"高峰计划"数学学科组建了"上海市中小学数学专家型教师课堂教学表征"的课题研究组(以下简称"课题组"),经过三年研究,取得了阶段性成果。为了深刻揭示中小学数学专家型教师课堂教学的个性化表征,我们针对中小学数学课堂教学形态,提出中小学数学有效课堂教学范式——留白创造式教学。

第一节　基于传统文化的"数学探究学习"

　　上海基础教育参与了经济合作与发展组织(Organization for Economic Co-operation and Development,简称 OECD)2009 年、2012 年举办的国际学生评估项目(Program for International Student Assessment,简称 PISA)测试,取得了较好的成绩,数学测试结果令人瞩目! 在此背景下,上海与英国进行了国际间的中小学数学教育交流,中小学数学课堂教学的范式作为"上海经验"的重要内容,引起了较大的关注。基于已有的有效课堂教学经验,探索具有中国特色的中小学"数学探究学习"范式,成为课题组不断思考与探索的话题。

　　孩子的成长倾注了父母及其长辈大量的心血,从牙牙学语到蹒跚学步,从衣食自理到自主玩耍,从家人认知到邻里交往,从进入学校到走向社会,从家庭生活到社会责任……每一步都需要长辈不断地教育与引导,但我们知道孩子成长的每一个阶段、每一项活动都需要不断地"放手",这种"放手"越早越能促使孩子快速成长、成熟。"放手"往往也能使其具备较好的适应社会的能力,"穷人的孩子早当家""寒门出孝子"恐怕都和早"放手"有关。当然,早"放手"有一定的风险,孩子将经历更多的"苦难",需要孩子吃得了"苦",大人忍得下心,如果我们控制得好还是可以做到的。这是人类生存的法则,也是好的父母都应该懂得的道理。学校教育,特别是课堂教学也有相似之处,也应该尽早寻找"放手"的法则。

我们的课堂教学概念由教师讲,难题由教师做,规律由教师找,大量的学习过程都由教师"越俎代庖"了,教师就像一位不断地扶着学生"跋山涉水""披荆斩棘"的"大人",不敢轻易"放手",也不善于"放手",更不懂得如何"放手"。特别是课堂教学在应试的压力下,赶进度、超前学,似乎"放手"就意味着低效率、完不成任务,"放手"就将失败。上海基础教育经历了"一期课改"与"二期课改",教学理念从素质教育发展到以学生的发展为本,课堂教学已经有了较大的改观,单纯的"讲练导学式"教学几乎没有了,出现了大量的师生互动式教学。尽管对提高中小学数学教学效率作出了较大的贡献,但数学教学"放手"的问题仍然没有得到解决。在大力倡导课堂教学的创新教育,倡导培养核心素养的当下,怎样"放手"、如何"放而不乱""放而促能",是我们必须面对的问题。

一、 两种不同理念影响下的 "互动掌握式" 教学

2003 年 1 月,上海市教委委托时任上海市教科院副院长的顾泠沅先生主持承办"上海市中小学数学骨干教师高级研修班"。受"非典"的影响,培训与研究持续了一年。顾先生多次提到,华东师范大学老校长刘佛年教授一直主张,教育研究一定要寻找真正的"源头",从"源头"出发,才能正本清源。

一般认为,传授式学习和探究式学习理论的 "源头" 分别来自于德国教育家赫尔巴特(J. F. Herbart, 1776—1841)和美国教育家杜威(J. Dewey, 1859—1952)的学说(徐学福,宋乃庆,2001;刘远碧,廖其发,2006)。

1632 年,捷克教育家夸美纽斯(J. A. Comenius,1592—1670)在《大教学论》中首次从理论上系统论述了班级授课制。赫尔巴特在《普通教育学》中进一步发展了"传授式"教学理论,他认为教育的最高目的是道德与性格的完善,教育学要根据伦理学建立教育的目的论,根据心理学建立教育的方法论。他认为实现这种教育目的的途径是:管理、教育性教学和训育。教学可以按照明了、联想、系统、方

法四步进行。明了(清楚)指教师讲述新教材,将新观念分解出来深入研究;联想(联合)指通过师生谈话,将新、旧概念联系起来;系统指在教师指导下寻找结论和规则;方法指通过练习将所学知识应用于新的场合(赫尔巴特,2019)。赫尔巴特的理论指向教学的教师"中心"论。讲练导学式就是一种以教师为主的"传授式"教学(刘远碧,廖其发,2006)。

学校教育课堂教学的探究式,是指学生在教师的引导下,在一定的活动情境中,自主进行经验式学习,形成自我的认知架构,不断地训练形成研究事物的方法,指向以学生为"中心"。理论依据之一是以近代美国哥伦比亚大学杜威教授的《民主主义与教育》为代表的"儿童中心论"。杜威从心理学、教育学和实用主义哲学等不同角度,论述了教育的本质,提出了"教育即生长""教育即生活""教育即经验的连续不断的改造",以"儿童中心""活动中心""经验中心"的"新三中心"论,区别于传统教育的"课堂中心""教材中心""教师中心"的"三中心论",提出五步教学法——困难、问题、假设、验证、结论(约翰·杜威,2001)。

1997年上海市教委颁布的《进入21世纪的中小学数学教育行动纲领》(以下简称《纲领》),实际上是上海数学教育界在总结"一期课改"经验后,对新世纪数学教育提出的行动指南。从纲领形成的"共识"中可以看出我们在不同"源头"的两级张力之下,如何寻找适合我国国情、上海特征的"中间地带"(顾泠沅等,1997)。在此《纲领》精神影响下,又经过了20多年的探索,最终形成了具有上海特色的数学课堂教学模式。课题组在对37节中小学数学专家型教师课堂教学评价的基础上,将大量呈现的中小学数学课堂教学形式概括为"互动掌握式"教学。

"互动"是过程,是教学所呈现的一种形式。"掌握"作为目标,既有"为掌握而学"之意,也有课堂教学过程受教师"掌控管理"之说。

2016年年底听过的2节课,至今让人影响深刻。当时上海培佳学校的中国数学教师和在校访问学习的英国数学教师举行"同课异构"研究,学习内容是平年闰年,教学对象是小学三年级学生。

第一节课,由培佳学校一位数学女教师执教,课堂教学流程如下:

首先提出问题:一般来说,人人每年都能过自己的生日,小明每四年才过一次生日,为什么?(设置悬念)

学生纷纷不解,觉得奇怪,有学生说,妈妈忘记了;有学生说,他的生日不吉利!

师:不是,是天文公历计时导致的,大家知道平年闰年吗?(引出课题)

接着教师给每一位学生发了五张连续的年历表(2000—2004),并布置任务:请同学们找出每年天数最少的月份;比较五年中天数最少月份的异同。

学生用五分钟寻找、交流……

教师进一步提出问题:同学们能找到每年天数最少的月份吗?请找出 2 月有 29 天的同学报一下年份。

教师将 2000 年、2004 年、2012 年、2016 年四个年份数字展现在黑板上,引导学生观察、思考这四个数的特征,发现规律。

教学时间在 16 分钟时,教师给出了判断年份为闰年的数字规律:被 4 整除或被整百整除的年份必为闰年。

剩余时间进行练习,包括学生自己提出问题,小组间互动。

……

下课时,绝大多数学生掌握了规律。

第二节课,由一位英国数学男教师执教,课堂教学流程如下:

师:你们猜猜我几岁?(设置悬念)

生:30 岁,35 岁(教师表现开心);46 岁,50 岁(教师表现痛苦)……(用时 6 分钟)。

接着教师也给每一位学生发了五张连续的年历表,让学生寻找规律。(没有提示)

生:一年 12 个月;每个月大约 30 天;最少的为 28 天……

师:你们还发现了什么规律?

学生:一个月有四周或五周;每周 7 天。

(任务指向不明确,学生发散思维,回答不聚焦)

师:请大家寻找特殊年份。

生:什么叫特殊年份?

……

等到闰年年份找到,所用时间已经超过 30 分钟,最后训练、强化的时间不足 5 分钟。(当然,语言的翻译,也造成了时间浪费)

课后反思:

培佳数学教师认为课堂教学中学生活动还不够充分,没有做到让学生自己发现规律。英国教师认为这个知识应该当堂掌握,主要在分析后一节课为什么没有充裕的时间练习? 大家交流后发现,学生参与知识发生的过程后,理解更深刻、记忆更容易,但学生活动需要精心设计并有组织地进行,否则,开放的课堂将缺乏控制,学习效率也将大打折扣。这也告诉我们有效的课堂需要有效的掌控,需要教师的适当引导和调控。

2016 年 6 月,英国谢菲尔德·哈勒姆大学 (Sheffield Hallam University)通过三年的"中英数学教师交流"活动,在《中英数学教师交流项目的中期评估报告》中提出将数学教育的"上海经验"称为"掌握教学法"。他们认为上海中小学数学教育取得成效的一个关键因素在于课堂教学的高效率,而教师对课堂教学的干预与控制是保证效率的前提。所以,"掌握教学法"的关键在于体现教学的设计与管理(王洁等,2018)。

课题组研究过程中,我们对近 40 节专家型教师课堂进行教学观察、评价后实施聚类分析,提炼出了"互动掌握式"教学的特点:

(1)问答频率高且能有效推进课堂教学进度,呈现教师引导下的学生探索学习;

(2)教师注重细节,将"变式题组"设计为引导的载体,在追问中启发学生的思维;对同一个知识点,教师会尽可能从文字、图形和符号等多种形式进行表征,促进学生对概念的进一步理解;

(3)善于从生活情境角度联系数学内容,剖析关键概念;

(4)注重板书设计,呈现要点,凸显教学内容的结构化,引导学生经历知识建构的过程。

"互动掌握式"教学作为上海市中小学数学课堂教学常见课型,在提高学习质量中发挥的作用,已经被大家所认可。但这种常态与对学生核心素养培育的要求还有差异,基本上相当于"半放手"状态,学生的自主性还没有得到充分的发挥。

二、 根植于传统文化之下的留白创造式教学

20 多年来,上海市中小学数学教师在三种课程实施过程中,探究式教学(研究性学习)一般运用在拓展型、研究型课程学习中,对基础型课程的课堂教学产生了一定的影响,但可惜在基础型课程教学中还比较少见,也没有形成一定的课堂教学范式。另外,探究式学习理论一般认为来自于西方,根植于中国传统文化的探究式学习形式是什么?

《庄子·人间世》提到:"虚室生白,吉祥止止。"室:比喻心。白:借指光明。谓空明的心境可生出光明。亦解释为:生止于满,而源于虚。正如一棵树,经历了春的初生,夏的繁华,于满满当当之时,也就停下了生长的脚步,由满入虚,直至下一个年轮的开始。

绘画与戏曲体现出深厚的中国传统文化底蕴,"留白"是其中重要的表现手法,绘画的"留白"重在写意,以表现东方人的那种含蓄、委婉之美,给人以遐想,与西方油画的写实完全是两种风格。戏曲中的"留白"重在意境,以体现人物或场景蕴含的寓意,运用对话或情节进行"补白",常常给人以符合某种情境的遐想。

将"留白"运用到课堂教学中,其用意是教师在课堂中为学生自主学习"留"出时间与思维空间,将学生自身的经验(体验)、活动解释为"白"。教师的问题设计是"留白",学生在一系列的问题情境中,以自主活动解决问题,主动学习,体现"补白"。课堂应给学生"留"出创获知识、创新思维的机会。

在已有的教学实践中,有学者认为,在将"留白"理念应用于教学设计的过程中,教师需要设计有弹性的教学目标,不要过多干预、限定学生的行为;教师需要进行开放性的预设,不要垄断整个教学过程;要注重教学环境的设计,教师不能代替学生的情感体验(王丽,2013)。数学课堂留白艺术为学生发现及提出、分析和解决问题创造了条件,能有效提高学生的课堂参与度,实现深度学习,促进学生核心素养的培养。当下中小学数学课堂教学实践中存在的留白艺术运用偏少,教师话语过多;时机不当,生成性留白少;流于形式,缺少思维含量等问题(蔡甜甜,刘国祥,宁连华,2018)。在具体数学教学中,教师可以在导入时留白、衔接时留白、

高潮时留白和板书时留白(颜林忠,陈丽芳,2011)。

上海早期"留白式"教学见诸于百年老校复旦中学。从 2010 年开始,在"博雅教育"的基础上,聚焦课堂教学研究与"高中学生创新素养的培养",提出了"留白式课堂"教学概念,坚持"三个生命体对话",即课程是承载知识与思想的生命体,学生是学习、传承和创造知识和思想的生命体,教师是传授、弘扬、发展知识和思想的生命体。课堂教学的本质是课程、学生、教师三个生命体的对话(周国政,郭兆年,王长芬,2018)。经过多年的实践,逐渐形成了具有复旦中学特色的、以培养"高阶思维"为标志的"留白式课堂"模式,教师的教学观、学生观、教学策略有所转变,以学生为主体的"学子课堂"常态化,学生的自主性、独立性、能动性得以弘扬和提升,特别是在语文等文科学科上效果明显。

这为我们研究数学课堂探究式教学提供了很好的启示!

我们认为,在总结上海中小学数学成功教学经验的今天,已经到了为课堂教学真正关注的学生确立教学方式的时候了。如果说传授式教学与探究式教学分属两个流派,那目前上海中小学数学课堂教学呈现的互动形式是在两极张力之下寻找"中间地带","互动掌握式"教学开启了"数学探究学习"探索之门,"留白式"教学则是我们走向深化、完善"数学探究教学"更重要的新的方式。

如果说"探究式"学习主要来自于西方的理论与实践,那么"留白式"教学则是根植于中国传统文化的探究式教学方式。"留白"蕴含着中国人含蓄、内敛、矜持,说话、做事留有余地的特点。中国的写意山水画自古有"留白"的意境,体现出一种给人以充分的遐想、审美与有引导的思考空间。与西洋油画的写实完全不同,中国绘画的意境应该是一种大局观,符合对某种空间、自然、人文环境的想象。课堂教学的大局观,是在符合认知规律、完善知识结构、提高教学效率的基础上,创设宽松环境,放飞创造思维,扩大想象空间与发挥主观能动性。

第二节　留白创造式教学的认识

教学方式的变革需要经过长期积累与实践探索。"留白创造式"是在"讲练导学式"和"互动掌握式"课堂教学实践、经验总结与反思的基础上提出的。

一、 讲练导学式教学

班级授课制最早起源于 16 世纪欧洲,此时,出现以班级为单位的教学组织形式,17 世纪兴盛于乌克兰的兄弟会学校,随后夸美纽斯在《大教学论》中对此组织形式进行总结并将理论确定下来,后来赫尔巴特发展了这一理论,苏联的教育家凯洛夫(Кэиров, 1893—1978)作了最终完善。

班级授课制是把一定数量的学生按年龄特征和学习特征编成班组进行教学,具有固定的学生和课程,由教师根据固定的授课时间和授课顺序(课程表),根据教学目的和任务,对全班学生进行连续上课的教学制度。中国最早使用班级授课制是在清朝后期。"讲练式"教学一直是班级授课的主要形式,"导学式"教学是 20世纪 80 年代我国中小学数学教师在实践中探索并逐渐形成的一种教学方法,是一种以讲练为基础的教学方式,本书统称为"讲练导学式"教学。

"讲练导学式"教学的一般性解释为:班级授课形式下以教师的"讲"为主,辅之以学生的"练习"——回答问题、纸笔作业。这种教学形式中,教师是主角,学生在教师的引导下完成学习任务。它的优越性在于:(1)可以大规模地向全体学生进行教学,一位教师同时"教"许多学生,使全体学生共同进步,扩大了单个教师的教学能量,有助于提高教学效率;(2)由教师设计、组织并上"课",以教师的系统讲授为主并兼用其他方法,能保证教师发挥主导作用;(3)学生彼此之间由于共同目的和共同活动集结在一起,可以互相观摩、启发、切磋、砥砺。

新中国成立后的 30 年间,我国中小学数学课堂教学受苏联数学教育思想的影响,使用统一的教学大纲和课本,"讲练式"教学的实施在一定程度上保证了"大班级"授课的质量,形成了鲜明的教学特色。

(一)"讲练导学式"教学的有效性

1978—1988 年,上海中小学的大纲、课本均使用全国统一版本,期间学校数量较少、班级规模较大,课堂教学形式较多采用"讲练导学式"教学,如精讲精练,讲练结合。像上海市育才中学实施的"读读、议议、练练、讲讲"教学法,就是一种典型且有效的班级授课模式。

当然,这种模式的有效性是有前提的,数学"讲练导学式"教学的有效性需要满足:

(1) 数学概念"讲"得清楚:在讲解概念内容时,需要从概念的内涵、外延加以认识,注意概念学习的必要性,挖掘概念认知的本质属性,体现深刻性;在讲解概念表示时,引导从文字、图形、符号三方面思考,注意表达的方法;在讲解概念运用时,首先将使用对象与概念特征比对、识别,其次注意概念运用的多种方式。

(2) 数学结论"说"得明白,"导"得得法:说结构,如余弦定理,是三角形的三边与内角之间的等量关系,属于代数的等式(亦可以看作方程),其中含有四个元素(三条边长与一个内角),公式的表达具有三边轮换形式,表现形式有边长与角度两类,余弦定理与正弦定理是等价的。说方法,如解三角形时在何种情况下使用余弦定理? 定理如何记忆? 余弦定理和正弦定理形式上的区别是什么? 余弦定理在特殊情况下的简化形式是什么? (有一个角是 $90°$,夹角是 $60°$ 和 $30°$)说应用,如使用结论需要符合什么条件? 使用结论需要遵循什么顺序? 使用结论有什么规律性内容?

(3) 问题"练"得到位:关于概念教学的问题设计需要从顺序设计、水平划分、解法领悟、方法评价等方面思考。顺序一般由易到难;问题水平划分为基础性与拓展性两类;解法须符合多样性,一题多解,当然还要选择最优解;解决问题过程中和结束后要有评价意识,能评对错、评优劣、评得失,最后跟进反馈练习。

(二)"讲练导学式"教学存在的问题

"讲练导学式"教学多以教师为主,教师是主导,学生是从属,强调的是教学内容统一、学习进程整齐,难以照顾学生的个别差异。学生学习的主动性和独立性受到一定程度的限制,主要表现在:

(1) 学生主要接受现成的知识成果,主动学习机会较少,教学互动性不强,对学习过程的关注不够,不利于师生情感交流,其探索性、创造性受限。

(2) 教学的时间、内容和进程都固定化、程式化,不能容纳和适应更多的教学内容和方法,现场缺少生成性内容。

（3）教学缺乏真正的集体性。教师向全体学生同样施教,而每个学生以自己独特的方式去掌握,分别对教师负责,独自完成自己的学习任务。学生之间缺乏交流,没有分工合作,无必然的依存关系。

（4）教学指向是对于"课"的任务,而不是因材施教,统一的讲练与指导也难以因材施教,没有考虑到学生的基础和认知差异。

二、 互动掌握式教学

1988—1998 年,上海基础教育提出了由"应试教育"向"素质教育"转变的口号,明确了"提高素质、发展个性"的培养目标,编制了各学科的课程标准和教材。同时在教学方法、教学评价等方面进行了一系列改革,史称"一期课改"（张奠宙,2009）。

（一）"互动掌握式"教学的兴起

1997 年,《进入 21 世纪的上海中小学数学教育行动纲领》确立的核心理念是"以学生的发展为本"。具体准则包括让所有学生学习更好的,但却是有区别的数学,这种"好"与"区别"主要基于学生自己的需求和选择;让每个学生都会用自己的内心去体验数学,并主动参与学习数学,这种体验和参与会不断增强学生的自信。

1998 年,上海市正式启动"二期课改",课程设置由"必修课""拓展课""选修课"调整为"基础型课程""拓展型课程""研究型课程"三类。《上海市中小学数学课程标准(试行稿)》明确提出:要关注学生掌握的数学知识和技能,为以后的学习打好基础;要重视培养学生的主体意识、批判意识、综合意识和合作意识,注重让学生学习自行获取数学知识的方法,经历将实际问题进行数学抽象、建模求解和解释的过程,学会自主学习和主动参与数学实践的本领,获得终身受用的数学基础能力和创造才能(上海市教育委员会,1998)。

课程改革的核心理念是"以学生的发展为本!"课堂教学提倡以学生为主体,

强调师生互动,要求学生参与。多年的探索经验改变了教师的教学观念,创设了许多课堂实践经验,立志形成一种以学生为主体、教师为主导的师生互动教学模式。上海中小学数学教育体现了"中国特色",形成了"上海经验",有效提升了基础教育的质量。"互动掌握式"教学为此作出了重要的贡献。

(二)掌握学习理论认识

美国心理学家本杰明·布卢姆(Benjamin Bloom,1913—1999)等在《为改进学习而评价》一书中指出:"有些教师对学生抱有成见,认为大约三分之一的学生将完全学会所教的事物,另外三分之一的学生将学会所教的许多事物,但还算不上好学生,另外三分之一的学生将不及格或勉强及格。"他们认为这种想法"是当今教育系统中最浪费、最有破坏性的一面,它压抑了师生的抱负水平,也削弱了学生的学习动机"。心理学家通过大量的实验研究证实,大约5%的学生的能力倾向居于分布的上位和下位,95%的学生的学习成绩的差异,只不过是学习速度的差异,而不是智能的差异。因此,只要教师在教学过程中向学生提供足够的学习时间和适度的帮助,95%以上的学生都能掌握教材中规定的科学文化基础知识,并取得优异的成绩。

布卢姆指出,"掌握学习"不是一种具体的教学方法,而是一种有效的教学策略,它的核心思想是,许多学生在学习过程中没有取得优异成绩的主要原因不在智力方面,而在于教师并没有期待他们去掌握,在于课程设计的不完善和没有得到所需要的学习时间,以及适合他们特点的个别帮助。

布卢姆认为,在教学过程中"如果教师系统地进行教学,如果学生在遇到困难时得到了及时的帮助,如果对于什么构成掌握有了明确准则,如果给予学生充足的时间以达到掌握,事实上,那么所有的学生都能掌握他们在学校所学的大量事物,取得优异的成绩"。(张婷婷,2009)

课题组在研究过程中对近40节课堂教学的评价进行聚类分析,对各类互动掌握式课堂教学表征进行分析,特别关注了多次分类均聚为一类的7节市区公开教学或获奖优秀课的表征,经过提炼总结获得了"互动掌握式"教学共识。

（三）"互动掌握式"教学课型特征

在总结归纳中小学数学专家型教师"互动掌握式"教学的表征基础上，梳理其课堂特征如下：

1. 把握教学内容，思考学生认知

（1）能够明确教学目标，把握教学内容的本质属性，具有一定的高观点，明确知识体系和结构，能准确表达，较好地体现深刻性；

（2）能够根据学生的认知需求，创设情境、组织教学，将教学内容的思维过程按照一定的顺序清晰地呈现，较好地体现必要性。

2. 提供学习机会，关注学生表现

（1）课堂学习中师生互动所设计的问题，依据教学目标要求和学生学习基础，为学生掌握知识并会解决相关的问题提供准确、有效的机会；

（2）学生完成以问题串为主要内容的任务学习，且在课堂问题解决所提供的活动中（回答问题、上台演示、生生互动等）表现优秀。

3. 引导新知辨析，重视学生反馈

（1）学生参与人数过半数；

（2）学生回答问题、做练习等行为的准确率达 60% 以上；

（3）师生对话中，有鉴别、判断、激励、引导、矫正、调节等方式。

（四）"互动掌握式"教学存在的问题

常态的"互动掌握式"教学，产生了令国际数学教育界同行认可的高效课堂模式，使得学生的数学成绩较为突出，但在欣喜的同时，我们也看到，由于过度地追求"成绩"，对课堂的掌控难免也会"过度"。学生学习的自主性仍然受制于课堂主导性引导，受制于应试的训练，对学生的创新意识、创新能力的培养仍然不尽如人意。主要体现在：

（1）教师将知识转化为问题，在解决问题中体现的互动多数是师问生答，学生主动思考的机会仍然较少；

（2）教学以完成任务为主，在启发思维与完成教学任务发生矛盾时，往往服从后者，有时甚至认为赶进度就是"高效率"；

（3）学生的学习动机激发不足，学习过程展现不够充分，知识获取不够主动。

三、　留白创造式教学

德国教育家第斯多惠（F. A. W. Diesterweg，1790—1866）说："一个真正的教师指点给他的学生的，不是已投入了千百年劳动的现成的大厦，而应促使他去做砌砖的工作"（第斯多惠，1990）。苏联教育家苏霍姆林斯基（B. A. Cyxomjnhcknn，1918—1970）说过："在每个孩子心中最隐秘的一角都有一根独特的琴弦，拨动它就会发出特有的音响，要使孩子的心同我讲的话发生共鸣，我自身就需要同孩子的心弦对准音调"。（苏霍姆林斯基，1981）

我们是否可以重设"问题串"，拉长学生思维的空间，也就是在"掌握教学"的基础上，有选择地给学生留出更多自主学习的空间。

所谓"留白创造式"教学指的是：以学生为中心，立足育人目标，为学生学习留下充分的思维空间与探究机会，让学生在已有的知识基础上，主动学习、解决问题、创获新知、陶熔品行的教学方式。

数学学习有其自身的规律，数学知识的系统性要求数学知识的发生、发展具有关联性，使得数学学习具有一定的时间限制，所以，数学课堂教学需要遵循一定的进度。而数学思维的严谨性、数学方法的灵活性，又使得数学学习具有一定的难度，要让学生真正参与数学学习过程并从"做中学"，短时间又做不到，这就形成数学探究学习的 一对矛盾！由此产生以下问题：如何将思维空间真正留给学生，而又能保障学习质量？哪些内容适合"留白创造式"教学，实施"留白创造式"教学对教师的要求有哪些？

由此，提出数学教学的"留白创造式"范式假设。

（一）把握教学内容，思考学生认知，为学生自主学习活动"留白"

教学目标设计具有一定的高观点，应把握教学内容的一般需求与本质属性，明确知识体系和结构，准确表达，较好地体现知识的深刻性。

能够根据学生的认知需求，创设情境。通过问题串，将教学内容的思维过程按照一定顺序加以清晰地呈现(思维过程问题化)。

(二) 再现数学过程,呈现学生活动,为发现知识、激活思维"补白"

课堂教学依据上述问题设计分组交流、师生互动等活动,通过组织再现数学过程与认知过程,解决相关的问题,为学生"再创造"学习提供准确、有效的机会(弗赖登塔尔,1995)。

学生完成以问题串为主要内容的学习任务,且在课堂问题解决所提供的活动中(回答问题、上台演示、生生互动等)表现优秀(超过半数的学生参与),体现主体性。(颜林忠,陈丽芳,2011)

(三) 关注成效反馈,发展高阶思维,为创获知识、陶熔品性而评价

自主学习中,引导、促进学生发展鉴别、判断,质疑、矫正,监控、调节等思维形式,体现学习的创造性。

总结反馈中,准确判断学生语言、方法,论证、发现与超越"补白"的程度,保障全体学生参与。

第三节 "三种课型"教学比较:以"反函数"教学为例

上文提出的三种课堂教学范式在实际教学中如何呈现?带着这样的问题,课题组以高一数学"函数概念与性质"中的"反函数"为例,进行了三种课型的实践教学比较研究。

一、 教学背景

"讲练导学式"教学与"互动掌握式"教学两种课堂教学范式已经成熟,多数数学教师对其教学心中有数,也有可以支撑的教育理论。"留白创造式"教学是一种新型范式,其概念边界需要明确,进而需要建立相关的教学理论体系。当然,理论休系的构建需要从实践开始,从与成熟课型的比较中开始。

(一)分类比较,明确边界

课题组以上海市中小学数学专家型教师课堂教学表征研究课堂教学评价的五个维度为标准,区分三种课型的各自表征,提出留白创造式教学的一般性边界假设,如下表所示:

表征要素	讲练导学式教学	互动掌握式教学	留白创造式教学
本质呈现	教师清晰、透彻地呈现教学内容,注重知识之间的联系,带领学生分层递进地练习,关注知识目标的达成。	教师清晰、透彻地呈现教学内容,创设情境,设计变式题,在师生互动中落实教学目标、优化学习效果。	教师创设问题情境,激发学习动机,引导学生自主探索、独立思考、发现新知。
认知需求	教师根据教学内容,讲解到位、引导得法、总结归纳,促进学生理解和掌握新知。	教师根据教学内容和学情设置合适的"脚手架",有序进行组织教学,在师生互动中讲解、练习、反馈。	教师根据教学内容和学情设置逻辑结构严谨、富有挑战性的问题串,使学生在自主探究中完成高阶思维活动。
学习机会	教师掌控教学进程,多数学生在课堂中处于被动学习的状态,以听讲和练习为主。	教师通过问题设计掌控教学进程,为学生提供互动问答的机会,多数学生在完成任务中掌握知识。	教师设计学生可自主探究的学习活动,学生经历归纳、类比、论证、质疑等思维活动,创获知识。
学生表现	学生保持良好的秩序,专心听讲,认真练习,学生很少表达自己的想法。	学生有序回答问题,在师生互动中完成学习任务,部分学生表达了自己的想法。	学生积极参与交流讨论活动,充分表达自己的想法,体现高阶思维。
评价运用	教师根据学生练习的结果作出回应。	教师对互动交流的结果作出回应,师生有情感互动。	教师对学生探究的过程与结果作出回应,陶熔品性,体现数学的育人价值。

在本质呈现上,留白创造式课堂教学将学生的数学思维的空间放大,思维链拉长,关键区别在于后四个表征要素。"认知需求"许多时候需要将教师提供的"支架"去掉,变成学生自主理解,有一定的挑战,需要学生克服困难、自主学习,这样课堂营造的"学习机会"将增加,当然学习的时间也加大了。带来的问题就是如何评价学习任务的完成。

（二）同课异构，自我感悟

以不同的三种课型呈现相同内容，并由同一位教师执教，自我比较和感悟将更加深刻。课题组成员 C 老师承担此次任务，于 2020 年 12 月 23 日借上海市某高级中学高一年级三个班的学生实施教学。

（三）内容分析

"反函数"内容在新课标中没有要求，在上海新编高中数学教材中作为选修内容。学习理解此内容既是明确指数函数与对数函数关系的需要，更是深刻理解函数概念的关键。当学生能够从两个变量的相互关系理解并能区分变量之间"对应"关系与"一一对应"关系的时候，才能深刻认识函数关系的本质。选择这个比较抽象、难以理解的概念进行三种课型的教学实践比较研究，也是希望鉴别不同课型在体现数学思维教学时的效果，使得这种实践更具有价值。

二、 设计依据

不同的理论依据会导致教师采取不同的教学设计，进而呈现不同的课堂教学模式，以教师为主导的"讲练导学式"教学与"互动掌握式""留白创造式"教学是截然不同的。

（一）学生与教师关系

"讲练导学式"教学中，教师是主导并引导课堂学习，学生更多的是被动接受。"互动掌握式"与"留白创造式"两种课堂教学方式的设计理念，均以学生的学习为主体、教师教学为引导，教师为学生设计课堂学习活动，营造比较宽松的学习氛围，区别在于活动的空间大小与学生自主性强弱。

（二）建构与再创造

"讲练导学式"教学中，教师是知识建构者，学生更多的是接受者；"互动掌握式"教学中，师生成为课堂知识的共同建构者，在问题解决的过程中，形成学习共同体,"留白创造式"教学在师生共同建构知识的同时,拉长问题串,创设"留白"机会,更加倾向于让学生在数学化的过程中再创造学习,试图拨动学生心中的"弦",为课堂知识"再创造"提供平台。

(三)教学设计分析

以"反函数"这一课题为例,"讲练导学式"的常见教学设计是从生活中的具体事例出发,如商店购物、温度换算等,将两个变量相互表示,提出"反函数"概念;进行概念辨析,逐步理解函数两个变量之间的"一一对应"为函数有反函数的充要条件;明确函数与反函数的定义域与值域之间的关系,学会求函数的反函数。

"互动掌握式"的常见教学设计基于"问题串"任务驱动:

问题一:销售问题中购买数量和总价的关系;摄氏温度与华氏温度的互换。

问题二:若 $y=\sqrt{1-x^2}$, $x\in[-1,1]$,请用 y 表示 x。

问题三:出示一组函数表达式,写出用 y 表示 x 的式子,并判断哪个是函数?说出理由。

问题四:当我们在函数 $y=f(x)$, $x\in D$ 的值域 $f(D)$ 中任取一值 y,在 D 中有唯一确定的值 x 与之对应,这样形成的函数叫做 $y=f(x)$, $x\in D$ 的反函数,记作 $x=f^{-1}(y)$, $y\in f(D)$。此时该如何理解函数与反函数的定义域与值域?

问题五:函数存在反函数需满足什么条件?

问题六:求函数的反函数,并总结其步骤。

"留白创造式"的教学设计在包含上述六个问题的基础上,融入反函数概念的历史。反函数的提出源自于解关于 x 的方程 $f(x)=y$ 所得的对应关系,故而可以从方程求解的角度提出问题。(见以下"三、课堂实施"中的(三))

三、 课堂实施

(一)"讲练导学式"教学(2020 年 12 月 23 日,上海市某高级中学高一(3)班)

出示课本实例——摄氏温度 y 与华氏温度 x 的互换问题:

师：$y=1.8x+32$ 的另一种表达式：$x=\dfrac{y-32}{1.8}$。这是描述温度的两种方式。

师：前面研究了函数性质，刻画了对应关系，如 $y=x^3$，$x\in\mathbf{R}$。我们用 y 表示 x，有 $x=\sqrt[3]{y}$，$y\in\mathbf{R}$。再看 $y=3^x$，$x\in\mathbf{R}$，$x=\log_3 y$，$y\in(0,+\infty)$，后面两个是函数吗？

生：(齐声)是。

教师列表再举若干个学生熟悉的反比例函数、二次函数，写出定义域、值域，"反"表示后请学生判断是否仍为函数。

师：(边讲解、边书写)函数 $y=f(x)$，$x\in D$ 的值域为 $f(D)$，在 $f(D)$ 中任取一值 y，在 D 中有唯一确定的值 x 与之对应，这样形成的函数叫做 $y=f(x)$，$x\in D$ 的反函数，记作 $x=f^{-1}(y)$，$y\in f(D)$。(书写本课标题)

师：引出 $y=f(x)$，$x\in D$，$x=f^{-1}(y)$，$y\in f(D)$，统一写成 $y=f^{-1}(x)$，$x\in f(D)$。

教师引导学生再回顾函数定义，进一步理解反函数定义。

……

师：是否所有函数都有反函数？如函数 $y=x^2$，$x\in\mathbf{R}$，有反函数吗？

师：书写函数存在反函数的条件：(1)……；(2)……；(3)……

例1 $f(x)=\log_3 x$，并设 $y=f^{-1}(x)$ 是 $y=f(x)$ 的反函数，求 $f^{-1}(2)$、$f^{-1}(a)$。

例2 求下列函数的反函数：(略)。

练习 1.……；2.……；3.……

课后教师访谈：我已经多年不这么上课，太费劲了！已经不习惯"一讲到底"了！

(二)"互动掌握式"教学(2020年12月23日，上海市某高级中学高一(4)班)

情境1 已知函数(1) $y=x^3$，$x\in\mathbf{R}$；(2) $y=3^x$，$x\in\mathbf{R}$；(3)摄氏温度与华氏温度互换问题(课本中的例题)，请同学们用 y 表示 x。

情境2 人民币与欧元的兑换问题。

师:对照前面几个例子,为什么自变量都选择 x ? y 有时候也可以做自变量!

今天我们在学习函数的基础上,进一步的学习函数的反函数。

情境 3 请大家填表:

序号	函数	定义域:D	值域:$f(D)$	变 y 为自变量	"反"是否为函数?
1	$y = x^{-1}$				
2	$y = \left(\dfrac{1}{2}\right)^x$				
3	$y = \log_2 x$				
4	$y = x^2 + 2x + 1$				
5	$y = \sqrt{x}$				

说明:从开始到完成此表任务,教师共对话学生 17 人次,占班级人数的 40.5%。

师:上表中的 1、2、3、5 形式的"反"表示 x 是 y 的函数,我们来讨论 D 与 $f(D)$ 之间的关系。

……

生$_{22}$:(下标数字 22 表示第 22 位对话的学生,下同)当且仅当一个 y 对应一个 x 时,有反函数。

师:同学们现在是否能尝试给"反函数"下定义? 与同桌商量一下。

生$_{23}$:对于 $f(D)$ 中任取一个 y,在 D 中能找到唯一的 x 与其对应,此时把 x 叫做反函数。

生$_{24}$:需要先给出函数 $y = f(x)$, $x \in D$, $f(D)$ 是其值域,再说上述一段话才行。

师:是否还得满足对应关系?

生$_{25}$:老师, $y = f(x)$, $x \in D$?

师:刚才表里"反"表示的是什么式子? 应该是在 D 中满足 $f(x) = y$ 的 x 值

只有一个,此时把 x 叫做反函数。

师:整理一下:函数 $y=f(x)$, $x \in D$, $f(D)$ 是其值域,对于 $f(D)$ 中任取一个 y,在 D 中满足 $f(x)=y$ 的 x 值只有一个,此时得到的 x 关于 y 的函数叫做 $y=f(x)$, $x \in D$ 的反函数,记作 $x=f^{-1}(y)$, $y \in f(D)$,习惯上改写成 $y=f^{-1}(x)$, $x \in f(D)$。

......

说明:反函数是很抽象的语言,这里的设计是让学生在教师的组织指导下,形成师生、生生、生本互动,通过不断地尝试、提醒、修改,最终给出完整的定义,是一次数学概念的互动任务驱动。教师通过问题串的设计,呈现思维由具象(特例)理解到抽象概括的"从低到高"的"掌控",表征为教师组织的"有序",学生行为的"渐进",教师角色的"引导"。

师: $y=f(x)$, $x \in D$ 中的 x 与 $y=f^{-1}(x)$, $x \in f(D)$ 中的 x 有什么区别?

说明:教师的"引导"一定是在思维的转化之处,这是"互动掌握式"教学体现教师素养的关键。

生$_{26}$:取值不同,说明反函数的定义域是原函数的值域,原函数的定义域是反函数的值域。

师:再说的明确一些,函数 $y=f(x)$, $x \in D$ 与 $y=f^{-1}(x)$, $x \in f(D)$ 互为反函数。

师:再看表内第 4 个函数 $y=x^2+2x+1$,"反"解得 $x=-1\pm\sqrt{y}$,这是函数吗?请大家讨论。

生:只有当 $x=-1+\sqrt{y}$ 或 $x=-1-\sqrt{y}$ 时才是函数。

生$_{33}$:对于 $y=f(x)$, $x \in D$,当 x 与 y "一一对应"时,才有反函数。

师:说得好,这就是函数有反函数的充要条件,理解反函数的一切都靠函数概念。

说明:此时下课时间已到,没有时间再求已知函数的反函数了! 这也许是互动占用时间过多造成的"遗憾"吧!

（三）"留白创造式"教学（2020 年 12 月 23 日，上海市某高级中学高一（1）班）

1. 复习旧知，引起注意

师：请复述函数概念，说明函数的"二要素"，并举例说明。

生$_1$：函数概念及其三要素。

……

生$_{2-8}$：举例：$y=x$，$x \geqslant 0$；$y=kx^{-1}$；$S=\pi R^2$；$f=\mu u$（应该改为 N）；生活实际问题；$y=2x+1$（4 分钟）。

说明：教学设计中让学生回顾一般函数及特殊函数的概念的方式，属于"留白"学习（陈述之白），将学生引向反函数定义的讨论，这是函数研究的"数学化"。

2. 问题驱动，概括概念

师：根据下列所给的二元方程，讨论并完成下列问题：

(1) $y-1.8x=32$；(2) $y-\log_3 x=0$；(3) $x^2+y=0$，其中 $x \geqslant 0$；(4) $xy=2$。

问题 1　请用其中一个量表示另一个量，分别判断所写出的表达式是否为函数解析式，并说明理由。

问题 2　根据问题 1 所得到的结论，请归纳这些问题结论的共性。

问题 3　能把问题 2 中的共性一般化概括吗？

说明：此时，教师将学生分为 4 组，开展以小组为单位的合作学习，明确要求，几分钟后每一组派 2 人进行小组间交流，其他组需进行点评、提问或质疑。

交流一：四个方程均可以写成 $y=f(x)$ 或 $x=g(y)$ 的形式，且它们在表示上有都是函数的共性，两个变量之间满足一种"关系"。

评价一：四种形式中有的读法不对或表示不对，小题（3）"反"解之后不是函数？

点评：此环节基于二元方程的"解与反解"设计问题，借助数学史料辅助"留白创造式"教学，符合知识的发生发展过程。教师提供学习任务单，课堂采取分小组合作学习的方式，提出小组学习后需呈现的要求，实现教师对学习内容"留白"后学生的"补白"，且学习场景具有"发现之白、问题之白、超越之白"（含义请见第四章）等形式。可惜的是复习环节中学生举出的函数与本环节联系不大，影响了教学进度。

师:大家注意两个变量在方程中和在函数中的地位是否平等?还是有先后?

说明:这里的提示,对学生本质上认识函数与方程的区别很关键,同时也为归纳反函数概念留下伏笔。

师:能对它们的共性进行一般化概括吗?如对 $y = \log_3 x$,$x \in (0, +\infty)$ 与 $y = 3^x$,$x \in \mathbf{R}$ 进行叙述。(17 分钟)

交流二:函数 $y = \log_3 x$,$x \in (0, +\infty)$,$\mathbf{R}$ 是它的值域,对于 $\mathbf{R}$ 内的任意一值 y,通过 $x = 3^y$,$y \in \mathbf{R}$,在 $(0, +\infty)$ 内有唯一确定的 x 值对应,则 $x = 3^y$,$y \in \mathbf{R}$ 叫做 $y = \log_3 x$,$x \in (0, +\infty)$ 的反函数。

评价二:简单补充。

师:根据下列所给的二元方程,讨论并完成下列问题:

(1) $y - 3^x = 0$;(2) $x^2 + y^2 = 1$ $(y \geqslant 0)$;(3) $4x - y + 2 = 0$;(4) $x^2 - y + 1 = 0$。

问题 4   重复问题 1。

问题 5   根据问题 1 所得到的结论,请归纳这些问题结论的差异性是什么?能分析产生这些差异的根本原因吗?

问题 6   对于一般函数而言,你们发现的结论是什么?

师:有谁能够叙述更一般的结论吗?

生:……(学生艰难地、不完整地叙述,教师补充)(25 分钟)

教师出示反函数的一般概念。

说明:教学设计中将 4 个二元方程换写成函数形式后,比较换写前后的差异是什么?这是上面一组问题的延续,又为后续获得一般概念做了铺垫。一组交流、另一组评价、提问、质疑,这是一种培养高阶思维能力的有效方法,也是留白教学体现民主性的重要形式,值得在此环节使用较长时间。

3. 问题辨析,理解概念

师:是否所有函数都有反函数?请大家看课本第 137 页,齐读!

交流三:探索函数存在反函数的条件。

生$_{14}$:不是所有函数都有反函数!

生₁₅:(语文课代表)判断有反函数,要看两个变量的地位是否相同!(这里留下的发现之白,通过看书和联系前面所学,已经接近"一一对应")

生₁₆:要用什么检验?定义域吗?

生₁₇:需要从函数的定义域 D、值域 $f(D)$ 两方面考察,函数中的两个变量(地位对等)一一对应时,函数一定有反函数。(36 分钟)

师:函数与反函数这两个函数的定义域与值域有什么关系?

生₁₈:(念课本中的原话)。

……

4. 问题解决,应用概念

此时,学生各组仍然在讨论函数与反函数之间关系,多人继续举例,验证结论(论证之白)。(43 分钟)

师:(总结)若函数 $y=f(x)$,$x \in D$ 有反函数 $y=f^{-1}(x)$,$x \in f(D)$,则函数与其反函数的定义域、值域互换,函数 $y=f(x)$,$x \in D$ 的两个变量"一一对应"。

点评:学生在本节课中分组学习,活动充分。学生中有 26 人次参与对话、交流。有序递进的问题设计,再现了反函数概念的形成过程,多次"留白"学习让学生经历了这种"数学化"的过程,做到了从反函数的本质上深刻理解概念。课堂中每一次教师发问都是知识学习思维的分层呈现,也是教师对课堂进展的引领。最后,没有时间进行求反函数及其定义域,以及进行概念运用了。

四、 效果反思

(一) 任课教师课后体会(保持原有谈话的主要意义)

今天的"三节课"代表了上海中小学数学课堂教学的"昨天、今天和明天"!课题组对本节课的准备从"奉贤会议"①开始,通过多次听课、备课与集体讨论,得到了大家的帮助,我承担的上课任务终于完成。对于这三节课的教学设计:"讲练导

---

① 指课题组 2020 年 12 月 18 日在奉贤中学召开课题研讨会,专门研究"反函数"三种类型教学。

学式"教学以教师为主,所以课堂上几乎"一讲到底";"互动掌握式"教学是我们比较熟悉的"常态课",以问题设计体现知识学习的思维层次,课堂呈现师生"对话式"互动,教师以"问题串"引导实施教学;最费时间的是"留白创造式"教学,这是一种新的课型,"三节课"教学实践的意义关键也是在最后一节。好在有课题组提供的二元方程的解等方面的有价值的数学史文献,我在"互动掌握式"教学设计的基础上,从另一个角度——二元方程解(与反解)看待反函数知识的发生、发展,从本质上抓住数学形式中对"变量"地位的讨论,引出反函数概念的意义,也引起对函数存在反函数条件的讨论,判断的根本是函数的意义。高一(1)班的学生学习基础很好,对"任务单"前5个问题的讨论充分体现了学生的自主学习性,体现了"留白"的价值——发现知识、认识知识本质、辨析函数与反函数之间的关系。我和学生之间的交流非常融洽、协调,感觉很开心,可惜前面的设计有较多的重复,后面也没有较好的调控,对时间把控和教学任务的完成还有遗憾,我想再上一次课。

我感觉,第二节课最顺利,教学效率也较高。第三节课最开心,"留白创造式"教学确实有魅力。第一节课最吃力,这么多年已经很不习惯"讲练导学式"教学了!

说明:教师非常敬业,课后一周,又联系另一所区实验性、示范性高中第二次实施"留白创造式"教学。当时没有分组,降低了教学要求,但学生参与度较低,没有体现出学生自主学习等要义,为了充分调动学生自主学习,教师不得不以时间为代价实施启发,超时较多,效果一般。

(二)某市实验性、示范性高中高一3个班学生前测与后测的结果分析

"反函数的概念"课前检测

1. 若 $a = b^3$,则 $b =$ _____。

答案　$\sqrt[3]{a}$

结果　第1题的正确率:3班100%、1班97.7%、4班100%。

2. 若 $a = b^c$,则 $c =$ _____。

答案　$\log_b a$

结果　第2题的正确率:3班90%、1班95.5%、4班92.5%。

3. 请判断下列图像是否可以表示函数,并说明理由。

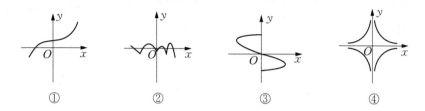

①　　　　　②　　　　　③　　　　　④

答案

① 结论:是;理由:对于定义域内的每一个 x 都有唯一确定的 y 与之对应。

② 结论:是;理由:对于定义域内的每一个 x 都有唯一确定的 y 与之对应。

③ 结论:不是;理由:当 $x=0$ 时,有 3 个不同的 y 值与之对应。

④ 结论:不是;理由:当 $x=1$ 时,有 2 个不同的 y 值与之对应。

结果

第 3 题①的正确率:3 班 100%、1 班 93.2%、4 班 84.6%。

第 3 题②的正确率:3 班 42.5%、1 班 45.57%、4 班 50%。

第 3 题③的正确率:3 班 100%、1 班 100%、4 班 100%。

第 3 题④的正确率:3 班 100%、1 班 100%、4 班 97.5%。

4. 已知函数 $f(x)=2^x$,则 $f(0)=$ _____ , $f(2)=$ _____ 。

答案　1, 4

结果　第 4 题第 1 空的正确率:1 班 100%、3 班 100%、4 班 100%。

第 4 题第 2 空的正确率:1 班 100%、3 班 100%、4 班 100%。

5. 已知函数:

x	0	1	2	3	4
y	0	6	8	5	3

,则 $f(1)=$ _____ , $f(3)=$ _____ 。

答案　6, 5

结果　第 5 题第 1 空的正确率:1 班 100%、3 班 100%、4 班 100%。

第 5 题第 2 空的正确率:1 班 100% 、3 班 97.5%、4 班 100%。

从前测结果可以看出:学生对互逆运算、函数概念的运用掌握较好,对第 3 题

②的图像的认识有差异。总之,函数概念的掌握符合基本要求。

"反函数的概念"课后检测

1. 根据下列函数图像,判断哪些函数存在反函数,哪些函数不存在反函数?请说明理由。

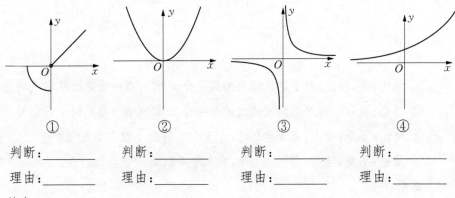

① ② ③ ④

判断:_____ 判断:_____ 判断:_____ 判断:_____

理由:_____ 理由:_____ 理由:_____ 理由:_____

答案

① 存在,x 与 y 一一对应;

② 不存在,x 与 y 不一一对应;

③ 存在,x 与 y 一一对应;

④ 存在,x 与 y 一一对应。

结果

第 1 题①的正确率:3 班 70%、1 班 93.2%、4 班 84.6%。

第 1 题②的正确率:3 班 87.5%、1 班 97.7%、4 班 100%。

第 1 题③的正确率:3 班 87.5%、1 班 100%、4 班 100%。

第 1 题④的正确率:3 班 82.5%、1 班 100%、4 班 100%。

2. 请判断下列函数中是否存在反函数,在相应的括号里打"√"标注。若存在,请求出其反函数;若不存在,请详细地说明你的理由。

①

x	0	1	2	3	4
y	0	6	8	5	3

存在(   ),它的反函数是:_____。

不存在( ),你的理由是:_____。

②

x	-1	1	2	3
y	4	2	3	4

存在( ),它的反函数是:_____。

不存在( ),你的理由是:_____。

③ $f(x) = \begin{cases} \sqrt{x}, & x \geqslant 0, \\ x, & x < 0 \end{cases}$

存在( ),它的反函数是:_____。

不存在( ),你的理由是:_____。

答案

① 存在($\checkmark$),反函数是:

x	0	6	8	5	3
y	0	1	2	3	4

;

② 不存在($\checkmark$),理由是:满足 $f(x)=4$ 的 x 值有 2 个;

③ 存在($\checkmark$),反函数是:$f(x) = \begin{cases} x^2, & x \geqslant 0, \\ x, & x < 0. \end{cases}$

结果

第 2 题①的正确率:3 班 32.5%、1 班 43.2%、4 班 33.3%。

第 2 题②的正确率:3 班 100%、1 班 100%、4 班 100%。

第 2 题③的正确率:3 班 90%、1 班 100%、4 班 100%。

3. 若函数 $y = f(x)$ 具有下列性质,请判断它是否一定存在反函数?若存在,请说明理由;若不存在,请举出反例。

① 周期函数:_____。

② 单调函数:_____。

③ 严格单调函数:_____。

④ 奇函数:_____。

⑤ 偶函数:_____。

答案   ①不存在，$f(x)=0$；②不存在，$f(x)=0$；③存在，因为严格单调函数在定义域上不同的 x 处所取到的函数值均不相同；④不存在，$f(x)=0$；⑤不存在，$f(x)=0$。

结果

第 3 题①的正确率：3 班 87.5%、1 班 93.2%、4 班 92.3%。

第 3 题②的正确率：3 班 70.0%、1 班 95.5%、4 班 61.5%。

第 3 题③的正确率：3 班 100%、1 班 100%、4 班 100%。

第 3 题④的正确率：3 班 52.5%、1 班 75.0%、4 班 43.6%。

第 3 题⑤的正确率：3 班 95.0%、1 班 100%、4 班 87.2%。

说明：后测问题中，4 班与 1 班在课堂涉及到的问题上准确率较高，3 班（讲练式）较低；课堂上未涉及到的问题（2、3 题）1 班准确率最高，当然和班级学生的基础也有关系。

（三）课后听课教师的评价

课后，课题组成员与市教研员及学校教师进行评课。大家对任课教师一人分饰"三种角色"表示钦佩，同时对在短时间内设计不同风格的三种课堂教学认为是非常有价值的尝试，这对"留白创造式"教学作出了积极的贡献。

师1：三种课型，效率最高的是"讲练导学式"教学；当下受益，最能反映任课教师风格的是"互动掌握式"教学；长远受益的是"留白创造式"教学，这种形式很好，学生上讲台交流，一组表述，另一组评价，更有意义！学生之间的互评作为"留白创造式"教学形式，是对现实教学的新贡献。

师2：不管哪一节课都体现出了教师的专业功底和专业信念，三节课都反映了反函数知识本质。"互动掌握式"教学中学生自主活动的效果最好，收获也最大。

师3：这样的三节课不是一般老师能"Hold"得住的！"讲练导学式"教学和空中课堂教学有点像，"互动掌握式"教学觉得很舒服。那张表的设计是亮点，用教师的一句话（一个问题）引出学习方法。归纳知识规律，解决一类问题。"留白创造式"教学对青年教师挑战很大，可以尝试，但不一定能行！

师4：三种课型教学实践，非常有意义，是架设现实与未来的桥梁。"留白创造式"教学是未来方向,未来已来。这里,关键在于"留白"的内涵:学生思维空间和探究机会。第三节课中呈现出发现之白(再创造)、论证之白、方法之白、问题之白。我们需要探索"中国式"探究教学,我觉得"留白创造式"教学值得总结与提炼。

抑或有人说"留白创造式"教学只是一种"放手","掌握"其实是控制,是当下常规的教学形态,那么"留白创造式"教学应该是我们未来探索的新形态!

华东师范大学教授夏志芳先生在复旦中学周国政、郭兆年、王长芬撰写的《留白式课堂的实践探索》一书的序言中写道:留白式教学的课堂是美丽的,是充满诗情画意的。说它美不是教室布置得美,也不是教师的教学语言表达得美,而是一种结构的美、氛围的美。这样的课堂不是知识堆砌、令人压抑的,而是宽松灵动、激发思维的。

第四节　值得思考的几个问题

作为一种新型教学范式,"留白创造式"教学影响了学生学习方式及课堂教学改革的实施,同时也受制于现行教育观念与现实课堂教学要求,在作用与反作用中,我们希望发挥其积极的、有意义的成分,避免其消极的、不利的影响。当然,我们也会不断完善教学理论与实践行为,提高学习效率。

一、 对学生学习的影响与要求

"留白创造式"教学是"互动掌握式"教学的深化与延伸,中小学数学课堂中应为学生创设自主学习的空间与探究学习的机会。

(一)"留白"是学生自主学习需求

无论是"建构主义"还是"再创造"理论,都指向学生知识学习过程中的自我认知,无论是"一期课改"素质教育,还是"二期课改"以学生学习为本,其理念都是为了改变教育方式、改变课堂教学方式,进而改变学习方式。30多年来,这些变化很大,但还不能说从根本上解决了问题。进一步思考新时代课程改革的发展,影响学生主动思维、缺乏创新思维的关键,教学的"放手"不够是重要原因。学生依赖性学习成为常态,缺乏思考的模仿成为主要学习方式。研究性学习、探究式教学需要在常规课堂中较多体现,"留白"教学是目前为学生提供自主学习需求的一种较好的形式。

(二) 以学生发展为本需要有所舍弃

过去的"讲练式"教学与"互动式"教学都是在满足"高效"学习前提下进行的,所谓"高效"的重要特征是指课堂完成教学任务、学习完成大量练习、考试取得较好成绩,学生对知识的掌握、成绩的获得,关键在于"熟"。但这些"高效"的学习是以学生主动思维、创新素养的缺失为代价的,所以自主学习一直也难以真正开展。反之,若要真正以学生发展为本,培育核心素养,是否需要舍弃一些原有的"高效",敢于面对短时间的"低效"? 这不仅是理念的转变,更是改革所需要的勇气和实现民族复兴的责任担当。

(三) 学习机会的课堂呈现

课堂是教学活动的主渠道,学习机会的创设关键在课堂,我们过去已有的一些活动,如研究性学习、探究性活动,长作业布置、兴趣小组等基本都是以课外形式呈现,"留白创造式"教学等于提供了以课内学习交流为主的学习机会,是一种对课内教学新的尝试。当这种学习机会成为一种教学范式,当学生自主学习成为一种课堂常态的时候,核心素养也就得到了真正的落实。

(四) 良好习惯与学习愿望

"留白创造式"教学能够在课堂顺利有效地实施,学生需要有一定的自主学习习惯与方法作为基础,需要积极向上的学习态度与学习热情,需要全力投入,正确认识数学学习的价值。

二、 对教师的要求与影响

"留白创造式"教学对教师既有高要求，又较大地影响了其自身专业发展。

（一）树立正确的育人观念

教师要有正确的社会价值导向，明确学科育人功能。"教书"是过程，"育人"是根本，认识到核心素养所关注的是学生终身关键能力与必备品质。数学学习培养的关键能力是思维能力与学会思考问题、解决问题的能力，必备品质是求真、务实、严谨、归纳、质疑、批判等。一定要有教学的大格局，倡导既有好成绩也有高品质，不能图一时的高分数而影响一生的高素质，现在的学习一定是为学生终身发展奠基。

（二）具备扎实的学科功底和较强的教学能力

驾驭"留白创造式"教学课堂，应对开放的学生思维，首先要有平等的师生关系、积极的情感、合理的教学设计；其次需要有正确的教学理论，教学目标明确，教学知识清晰，教学组织灵活，教学评价及时、准确、有效。真正的"留白创造式"教学不仅不会影响学生学业成绩，而且还能促进学生思维的提升和品行的养成。

（三）适应课型教学要求

教师坚持学习教育教学理论、研究教学的各种问题、参与各种教学研讨活动，这些都提供了促进教师专业发展的机会与可能，高要求势必促进教师高认知与优质品质的提升。

三、 应对教学现状的影响

（一）课堂教学时空观念

"留白创造式"教学需要占用较多的课堂时间，在给学生"留"下思维、自我学习、经历数学化过程时间的同时,似乎意味着"拉长"了教学时空。反思几次课堂教学实践过程发现:(1)并不是所有内容都需要"留白"学习,分不清哪些需要"讲"、哪些需要"思","留白"教学就会形式化;(2)通过"留白"后的充分讨论与交流,大多数学生获得了学习机会,但用时较多;(3)教学评价的缺失,导致学情不明,重复设置学习任务,占用了时间。

我们需要转换的是从以学习内容的"多少"控制课堂时间到以知识内容是否触动学生的思维(拨动学生心灵之弦)决定用时。几次试教表明,教师的合理掌控能够有效驾驭课堂时空。

(二)教学内容选择取舍

中小学数学教学内容从知识体系看,有多种分类方式。按照重要程度划分,有主干的核心知识和一般知识;从认知结构划分,有陈述性知识和程序性知识。我们认为"留白创造式"教学内容应选择一般的核心知识或陈述性知识。对某些程序性知识可以适当缩短授课时间,为在其他课程内容实施"留白创造式"教学"留空"。

(三)教学评价的变革

"留白创造式"教学的实施,需要相对宽松的教学环境,其中教学管理与教学评价的变革最为重要。

(1)学校要为敢于积极尝试"留白创造式"教学的教师创设宽松环境;

(2)师生平等对话,保证"留白创造式"教学的正常实施;

(3)学业测试注重核心素养、能力评价,要从测试知识结论到关注知识的发生、发展过程,要从单纯解数学问题到强化数学思想方法与数学建模,要从看成绩高低到观思维变化。

参考文献

蔡甜甜,刘国祥,宁连华,2018.数学课堂留白艺术的理论探析与实践反思[J].数学教育学报,27(06):29-32.

第斯多惠,1990.德国教师培养指南[M].袁一安,译.北京:人民教育出版社.

赫尔巴特,2015.普通教育学[M].李其龙,译.北京:人民教育出版社.

《进入21世纪的中小学数学教育行动纲领》课题组,1997.进入21世纪的中小学数学教育行动纲领(讨论稿)(1997—2010)[J].上海教育(09):7-13.

弗赖登塔尔,1995.作为教育任务的数学[M].陈昌平,唐瑞芬,等译.上海:上海教育出版社.

刘远碧,廖其发,2006.赫尔巴特与杜威师生观的比较与启示[J].西南大学学报(人文社会科学版)(06):85-90.

约翰·杜威,2001.民主主义与教育[M].王承绪,译.北京:人民教育出版社.

上海市教育委员会,2004.上海市中小学数学课程标准(试行稿)[M].上海:上海教育出版社.

苏霍姆林斯基,1981.给教师的建议[M].杜殿坤,译.北京:教育科学出版社.

王洁,宁波,冯吉,2018.掌握教学法与中国数学课堂——中英数学教师交流项目带给我们的思考[J].课程·教材·教法,38(07):133-138.

王丽,2013."留白"理念在现代教学设计中的应用[J].教育评论(05):42-44.

徐学福,宋乃庆,2001.20世纪探究教学理论的发展及启示[J].西南师范大学学报(人文社会科学版)(04):92-97.

颜林忠,陈丽芳,2011.数学教学留白不空白[J].教学与管理(14):40-41.

张奠宙,2006.中国数学双基教学[M].上海:上海教育出版社.

张婷婷,2009.布卢姆"掌握学习"教学理论解读[J].现代教育科学(04):60-62.

周国政,郭兆年,王长芬,2018.留白式课堂的实践探索[M].上海:上海教育出版社.

第三章 ‖ 留白创造式教学的理论依据

　　留白创造式教学植根于中国的课堂文化,其理论源头可以追溯到我国古代的国画艺术理论(周国政,郭兆年,王长芬,2018)。同时,留白创造式教学也是对中国传统教学方式的一种继承创新。国内外的一些心理学、教育学理论为留白创造式教学提供了相应的理论依据,以下分别从认知心理学、"再创造"理论、"掌握学习"教学理论和数学学科核心素养等方面进行论述。

第一节　认知心理学与建构主义理论

一、历史背景

　　心理学作为一门科学,其诞生于 1879 年,那一年,威廉·冯特(Wilhelm Wundt, 1832—1920)在德国莱比锡大学建立了第一个心理学实验室。冯特所采用的研究方法被称为内省法,即对自我的观察。

　　1920 年前后,行为主义心理学在美国产生,约翰·华生(John Broadus Watson,1878—1958)等行为主义者主张心理学完全关注外在行为,而不是试图去分析作为行为基础的心理活动方式。

　　20 世纪 50 年代中期,认知心理学在西方兴起,与行为主义心理学不同,认知心理学试图研究不能观察的心理内部机制和过程,如记忆的加工、存储和提取等。认知心理学中占据支配地位的研究方法为信息加工法,这种方法试图将认知分解成为一系列步骤,通过这些步骤,一种被称为"信息"的抽象实体得到了加工(约翰·安德生,2012)。

　　20 世纪 90 年代以来,随着心理学家对人类学习过程认知规律的不断深入,认知心理学学习理论的一个重要分支——建构主义理论在西方逐渐流行。建构主义理论的产生,主要有哲学思潮、心理学自身理论和流派、多媒体技术发展与应用等因素。

建构主义的哲学根源可以上溯至康德对理性主义与经验主义的综合。他认为,主体不能直接通向外部世界,而只能通过利用内部建构的基本的认知原则去组织经验,从而发展知识。进入 20 世纪 50 年代以后,受波普和库恩等人的影响,非理性主义波及科学哲学领域并且逐渐流行。库恩强调科学共同体的信念在科学革命中的决定作用,主张科学的增长是非理性的。他认为“科学只是解释世界的一种范式”,而“知识是个人的理解”(托马斯·库恩,2012)。

在心理学中,建构主义是认知主义的进一步发展,其中瑞士皮亚杰学派和苏联维列鲁学派(文化历史学派)对建构主义的发展起到了重要的推动作用。

对建构主义理论的出现发生影响的首先是皮亚杰关于儿童的认知发展理论,即活动内化论。皮亚杰认为,学习是一种“自我建构”,个体思维的发生过程,就是儿童在不断成熟的基础上,在主客体相互作用的过程中获得个体经验和社会经验,从而使图式不断协调与建构(即平衡)的过程。

苏联心理学家维果茨基(Lev Vygotsky, 1896—1934)的理论推动了认知主义向建构主义进一步发展。维果茨基认为学习是一种“社会建构”,强调认知过程中学习者所处社会文化历史背景的作用,重视“活动”和“社会交往”在人的高级心理机能发展中的地位。

建构主义正是融合了皮亚杰的“自我建构”和维果茨基的“社会建构”,并有机地运用到了学习理论研究中,在此基础上提出的“意义建构”。

在技术发展与应用方面,20 世纪 90 年代以后,多媒体计算机和基于因特网的网络通信技术为建构主义理论的成熟和发展提供了可能和保障(邹艳春,2002)。

二、 理论内涵

(一)知识具有情境性

建构主义的知识观认为知识不是对现实的准确表征,它只不过是人们对客观世界的一种解释、假设或假说;它不是问题的最终答案,它必将随着人类的进步而不断地变革、升华和改写,并将出现新的解释和假设;知识也并不能绝对准确无误地概括世界的法则,提供对任何活动或问题解决都能使用的方法。

在具体的问题解决中,知识具有情境性,需要针对具体问题的情境进行再加工和再创造。尽管通过语言赋予了知识一定的外在形式,甚至这些命题获得了较为普遍的认同,但这并不意味着学习者对这种知识有同样的理解。真正的理解只能是由学习者自身基于自己的经验背景建构起来,取决于特定情境下的学习活动过程。知识是情境化、个体化的产物。

(二)认识是主体的构造

建构主义认为,人的认识本质是主体的构造过程,所有的知识都是主体自己的认识活动的结果,主体通过自己的经验来构造自己的理解。所以,学习不是由教师把知识简单地传递给学生,而是由学生自己建构知识的过程。学生不是简单被动地接收信息,而是主动地建构知识的意义。学习不是被动地接收信息刺激,而是根据自己的经验背景,借助其他人的帮助,利用必要的学习资料,通过意义建构的方式进行的,是对外部信息进行主动地选择、加工和处理,从而获得自己的意义,建构自己的理解的过程。学习也不是简单的信息积累,更重要的是包含新、旧知识经验的冲突,以及由此而引发的认知结构的重组,也就是学习者与学习环境之间的互动的过程。

建构主义理论认为,学习环境包含以下四个要素:(1)情境。学习环境中的情境必须有利于学生对所学内容的意义建构。(2)协作。协作发生在学习过程的始终。协作对学习资料的搜集与分析、假设的提出与验证、学习成果的评价直至意义的最终建构均有重要作用。(3)会话。会话是协作过程中的不可缺少的环节。学习小组成员之间必须通过会话商讨如何完成规定的学习任务的计划。此外,协作学习过程也是会话过程,在此过程中,每个学习者的思维成果为整个学习群体所共享,因此会话是达到意义建构的重要手段之一。(4)意义建构。这是整个学习过程的最终目标。在学习过程中意义建构是指对当前学习内容所反映的事物的性质、规律以及该事物与其他事物之间的内在联系达到较深刻的埋解。

（三）教学是学生的创造活动

建构主义认为，教学不能无视学生的经验，从外部装进新知识，而是要把学生现有的知识经验作为新知识的生长点，引导学生从原有的知识经验中"生长"出新的知识经验。教学不是知识的传递，而是知识的处理和转换。教师不是简单的知识呈现者和传递者，教师应该重视学生自己对各种现象的理解，倾听他们的看法，洞察他们这些想法的由来，并以此为依据，引导学生丰富或调整自己的理解。教师应是学生主动建构意义的促进者、合作者和帮助者，是整个教学活动的组织者、指导者和协调者。

建构主义把教学看成是一种培养学生主体性的创造活动。学生是教学活动的积极参与者和知识的积极建构者。建构主义要求在教学活动中尊重学生的主体地位，发挥学生的自觉性、主动性和创造性，不断提高学生的主体意识和创造力，最终使学生成为能自我教育的社会主体。建构主义认为教学应重视学生原有的知识经验背景、社会历史文化背景、动机以及情感态度等多种智力因素和非智力因素在认知学习过程中的综合作用（陈威，2007）。

三、　教学启示

（一）留白创造式教学与知识的情境性

建构主义认为，知识具有情境性，学习者需要在具体的情境中对知识进行再加工和再创造，这样才能真正赋予知识一定的意义。留白创造式教学即强调知识的情境性，在留白创造式教学的课堂中，为了更好地"留白"，往往会设计一个或多个符合教学目标与学情的情境（问题或活动），营造具备认知挑战性的学习氛围，给学生留下思维的空间，从而激发学生的学习动机，将学生的被动学习转化为主动学习。

（二）留白创造式教学与学生的主体性

建构主义强调学生的主体性，将学生看作教学活动的积极参与者。在留白创造式教学中，留白的设计目的是为学生创设主动学习的机会，学生在完成任务（回答问题、参与活动）中，有序地感悟知识发生、发展的过程，参与发现知识。留白创造式教学真正将学习活动的主动权还给学生，学生成为学习活动的真正主人，教师只是起到了促进者、合作者和帮助者的作用。

（三）留白创造式教学与学习的合作性

建构主义认为，师生之间、学生之间的协作在其学习过程中起着重要的作用，其中，师生对话、学生之间会话是达到意义建构的重要手段之一。在留白创造式教学中，合作学习是一种主要的学习手段，教师往往会对学生进行分组或与学生对话，让学生在师生、生生、生本合作交流中掌握知识。

第二节　弗赖登塔尔再创造理论

一、历史背景

夸美纽斯认为，教师应该通过提问以激发教学中的学生活动。夸美纽斯教学论的主要原理是：学生不仅能通过语言，而且能通过完整地感受现实来学习。为此他创造了著名的所谓打开感觉器官的理论，其中，例子、规则与模仿是夸美纽斯教学方法的三个阶段。例子后面是规则，教师从经验中描绘出理论结果，这是保证活动的合理性所必不可少的，这种理论是在实践之前的感觉体验中提取出来的。至于实践，则是根据规则对例子进行模仿。夸美纽斯的教学论认为教一个活动的最好方法是演示（夸美纽斯，2006）。

从夸美纽斯之后，教育的重点愈来愈多地从教师的活动转向学生的活动。在感觉体验、理论与实践之间的界限逐渐消失，感觉体验在成为意识之前，已经过理论上的检验，思想无非就是一种在智力上继续的活动而已。

从社会学的观点看,想和做的关系也在变化。不久以前所谓的劳动总要求有一定的体力,所以科学家与技术员有实验室,学者有研究所,商人有办公室,他们都不去车间。在脑力劳动和体力劳动之间的差别,随着时代的发展演变,特别是信息社会之后,这条界线在哪里呢? 任何劳动都与思维相关,任何工作都需要在不断适应变化中再创造与创新发展(弗赖登塔尔,1995)。

就数学学科而言,弗赖登塔尔认为数学的根源是常识。人们通过自己的时间,把这些常识通过反思组织起来,不断地进行横向的或纵向的系统化,因此数学学习主要是"再创造"。同时,他认为无论概念、公理定理或数学语言与数学符号的形式体系,以及包括各种算法在内的、需要特定步骤解决的问题,都应使用再创造的方法,反对生吞活剥地进行灌输(蒲淑萍,汪晓勤,2011)。

二、 理论内涵

(一) 现成的数学与做出来的数学

关于数学,每个数学家都知道,除了现成的数学以外,还存在一种作为活动的数学。现代数学通常只作为一个现成的产品来分析,后面再附上一个形式的综合。事实是数学一被创造出来,它就形成了一种清晰的形式表达,不可避免地成为一个现成的产品。真正的数学家从不固化他人的这种现成的数学,一般都是采取原始调查的方式,把旁人的结论作为一种做出来的数学,再由自己进行再创造。一方面,要将数学作为一个现成的产品提供给世界,另一方面,又要将现成的数学转换成做出来的数学,这一过程并非那么简单。

就教学内容而言,教师所教的数学是一个演绎体系,是现成的科学。就教学法而言,教师又必须激励学生主动地学习。将数学作为一个现成的产品来教,留给学生活动的唯一机会就是所谓的应用,这不可能包含真正的数学,留作问题的只是一种模仿的数学。长期以来教师所教授的数学是没有生命力的数学,是没有价值的数学。

应该让学生拥有和数学家同样的权利,那就是通过再创造来学习数学,而且我们希望这是真正的再创造,而不是因袭和仿效。科学的顶峰总是创造性的发明,不应该将教的内容作为现成的产品强加给学生,学习过程必须含有直接创造的一面,且并非客观意义的创造而是主观意义上的创造,即从学生的观点看是创造。学生对于通过再创造获得的知识要比通过被动方式获得的知识,理解得更好也更容易长久记忆。

(二)再创造与发现

将数学作为一种活动来进行解释和分析,建立在这一基础上的教学方法,弗赖登塔尔称之为再创造方法。所谓的再创造,经常被理解为发现或是再发现,其实用什么词本没有什么实质的关系,只是因为"发现"这个词经常含有出乎意外的、耸人听闻的或者引人注目的这一类意思,这就会使再创造方法的含义受到根本性的限制。

(三)学习过程的层次

范·希尔夫妇对再创造的解释较为深刻。他们发现,虽然数学思想在不断地活动,但其间有着相对的层次,在进入较高层次时,较低层次的活动就成为分析的对象,这就是他们在学习如何进行教学的过程中,所认识到的学习过程的一个明显的特征。随后他们将这个特性转移到学生的学习过程中进行研究,也发现了类似的层次。

以数学归纳法为例,在最低层次上,数学归纳法是具体做出来的,到下一层次,它被有意识地从组织成一个原理,变成了供反思的题材;到同一个或更高一个层次,它又转化成一种语言模式,由此再到皮亚诺公理体系,那时已经不是一种局部的数学方法,其中隐含着一个普遍原理。

学习过程是由各种层次构成的,用低层次的方法组织的活动成为高层次的分析对象,低层次的运算内容又成为高层次的题材。学生将学习如何用数学方法将自己自发的活动数学化,或者说希望教师能以这样的方式教他。

实际上,发现法有其内在的局限性,每件事情只在学习过程的一个固定层次上发展,往往是在最低层次上。弗赖登塔尔并不认为最低层次是可以忽略的,正好相反,传统数学教学注重结论、忽略过程,跳过了最低层次。最低层次是数学的前驱,后面紧密联系着为之作准备的数学,这是一个知识发生发展的过程,这样教才能使知识中所含的内涵不致逐渐消失,而再创造正是研究层次的一个教学原则(弗赖登塔尔,1995)。

三、 教学启示

(一)留白创造式教学与数学创造

再创造理论强调将数学看作一个创造性的产物而不是现成的产品,因此,学生需要通过教师的教学活动对数学知识进行再创造。在留白创造式教学中,教师的"留白"即为将数学再创造的机会留给学生,学生也将在"补白"的过程中经历再创造的过程。在不断"留白"和"补白"的过程中,教师、学生逐渐学会将数学看作一门创造性的学科。

(二)留白创造式教学与主动学习

再创造理论认为由于学生的数学学习活动是再创造的过程,因此,教师在教学过程中需要激发学生主动学习的兴趣,而不仅仅是教会学生应用。在留白创造式教学中,教师同样需要引导学生主动学习,即通过留白的方式吸引或支撑学生积极主动地参与到课堂活动中,主动学习从而发现知识。

(三)留白创造式教学与学习层次

再创造理论将学习的过程看作一个有层次的学习过程,低层次的学习过程为高层次的学习过程提供铺垫,而高层次的学习过程则需要以低层次的学习过程为基础。因此,再创造理论反对脱离基础的创造,强调数学知识学习的循序渐进性。在留白创造式教学中,同样反对脱离了掌握目标的留白,强调教师在学生已有的认知基础上留白,强调"序进式"的留白,"问题串"往往是反映学生思维认知的有序任务。因此,虽然留白强调给学生提供广泛的学习空间,但是,教师需要精心设定学习空间的边界,从而让学生在留白的基础上经历有层次的学习过程。

第三节　为掌握而学的教学理论

一、历史背景

　　第二次世界大战以来,随着科学技术的迅速发展,社会经济结构发生了重大变化。特别是在许多发达国家,由于经济发展需要更多的、受过更多教育的、具有一定技能的新时代的劳动力,因而世界各国都在努力解决如何让绝大多数人在特定的时间内,迅速而有效地学会应付复杂社会、人们自身发展所必需的知识与技能。

　　自20世纪60年代以来,随着社会的发展,终身教育的思想日益被人们所熟知、接受。同时,在进行教育改革方面,各国也越来越强调要关注学生的全面发展,关注学生的情感、态度和价值观,进而促成了60年代以来形成的一种"有别于行为主义和精神分析理论的号称'第三势力'的心理学思潮——人本主义心理学"。人本主义认为教育与教学过程就是要促进学生个性的发展,发挥学生的潜能,培养学生学习的积极性与主动性,即教师要营造一种自由、民主、和谐融洽的充满着关爱与真诚的学习氛围。

　　布卢姆的掌握学习理论正是在这样的社会思潮的影响下所形成与发展的,同时,这种理论的产生还与美国当时特定的社会背景有直接的关系。

　　20世纪50年代,苏联卫星上天使美国人意识到其国际竞争力下降,国家安全受到威胁。经过反思,他们认识到问题的关键在于教育,尤其是高科技尖端人才的缺少。因此,联邦政府于1958年颁布了《国防教育法》,强调"天才"教育,加速培养少数"天才学生"。这场教育改革没有取得预期的效果,因为"天才"教育只适用于少数有天赋儿童的学习需要,而忽视了大多数学生的学习状况,导致出现了一大批"差生"。

　　20世纪60年代中期,美国各界人士对20世纪50年代末期的教育改革提出了尖锐的批评,"回归基础运动"席卷全美国,如何大面积提高教学质量,尽量减少中途退学人数,成为当时美国社会十分关注和亟待解决的问题。

　　布卢姆和他的同事们正是在这样的社会背景下,立足于现实,以现行的班级教学为前提,吸收个别化教学中的长处来改进教学过程,力图能使每个学生都能掌握学校所教的东西。他们对美国中小学的教育现状进行了深入广泛的研究,并进行了长期的教学实验,最终创立了"掌握学习"教学理论(张婷婷,2009)。

二、 理论内涵

(一)确保所有学生的终身发展

布卢姆认为,高度发达的社会是一个需要终身学习的环境。他提到:"在劳动大军中,越来越多的人们将需要终身学习。"但是,他指出,如果要使人们具备继续学习的能力以及拥有对于贯穿一生的继续学习的兴趣,其中一个最基本的前提就是学校必须努力确保所有学生在思想活动与自我发展方面取得成功的学习体验。

然而,布卢姆发现,无论是在为更多的人在教育上提供深造的机会方面,还是在为更多的人提供成功的学习的体验方面,教育都存在许多问题,它牺牲了大批学生。他指出,"有些社会在经济上只能利用为数不多的受到良好教育的人士,只能为一小部分学生提供经济帮助以助其完成中等或高等教育。在这样的环境下,学校和校外考试机构花费许多力量去寻找在教育体系的不同阶段上排斥大多数学生的方式,并挖掘少数有才华的学生,在教育上为他们提供深造的机会,这些社会在预测与选拔人才方面的投资要比培养人才的投资多得多。"

所有人的终身发展能力,需要掌握必要的基础知识与学习能力。

(二)学生的学习能力是后天的

布卢姆以现代社会为背景,以他长期的实践经验和实验结果为基础,在批判传统的学生观的过程中,提出了掌握学习理论的学生观。

首先,学生的学习能力主要是后天的、可以改变的。在布卢姆看来,传统的学生观是一种消极的学生观,这种学生观过分夸大学生学习能力的天赋作用,认为学习能力是先天智力的表现,它在个体的一生中始终保持稳定,是个体的高度或持久的特性,并且这种特性是可以高度预测的,用智力测验、能力倾向测验便可测量出来。布卢姆反对这种观点,他认为,学生的学习能力不是天生的,也不是固定不变的,学生的学习能力及其差异完全是后天形成的,它们是可以改变的。

　　其次,他认为学生学习能力的差异是人为的、偶然的,而不是个体所固有的,造成学生学习能力差异的主要因素是家庭与学校环境。布卢姆指出,我们是一直在错误地教育孩子,因为我们误解了他们学习能力上的差异。布卢姆认为在传统的学生观看来,学生的学习能力是个体的高度稳定或持久的特性,有些人具有学习能力而另一些人则缺乏学习能力,其原因并不在学校,造成学习能力差异的基本原因是遗传或者运气。布卢姆认为,如果我们完全接受这种设想,那么学校对学生学习能力的作用就极小或完全不起作用,他发现,学生学习能力差异日益增大的原因主要是教师对学生学习的困难没有采取任何措施。他强调,家庭和学校环境是决定儿童学习优劣的主要因素。

　　最后,学生学习能力的差异并不像人们想象的那么大,它是可以改变的。布卢姆指出,传统的学生观过分强调学生学习能力的参差不齐,大力主张按照学习能力把学习者加以分类。他发现,在传统教学中,长期使用正态曲线来给学生分等,在一个典型的教室里,教师只希望有三分之一学生将完全学会所教的事物,三分之一学生将不及格或刚好"通过",另三分之一学生将学会所教的许多事物,但还算不上是"好学生"。布卢姆认为,这种期望是当今教育体制中最浪费、最有破坏性的一面。他指出,正态曲线不过是最适用于偶然与随机活动的分布而已,教育是一种有目的的活动,我们应力图使学生学会我们必须教授的事物。如果我们的教学是有效的话,成绩的分布应当与正态曲线很不相同(王会娟,2011)。

(三) 教师需要及时地帮助学生

　　布卢姆指出,"掌握学习"不是一种具体的教学方法,而是一种有效的教学策略,它的核心思想是,许多学生在学习过程中没有取得优异成绩的主要原因不在智力方面,而在于教师并没有期待他们去掌握,在于课程设计的不完善和没有得到所需要的学习时间,以及适合他们特点的个别帮助(布卢姆,1986)。

　　"卡罗尔公式"是"掌握学习"理论的一个核心思想。卡罗尔认为,"一个学生的能力倾向是指其掌握一项学习任务所需要的时间量。"这句话可以概括为一个公式:能力倾向$=f$(能力速度),在这个公式里,卡罗尔把学习能力归结到学习速度这个变量上。这个公式实际上包含着这样一个信念:只要有足够多的时间,每一个学生都能掌握一项规定的学习任务。

布卢姆根据卡罗尔公式,建立了他的学习模型:学业达成度 $= f$(实际学习时间/需要学习时间)。由该公式可见,学业达成度与该学生需要的学习时间成反比,与实际给予他的学习时间成正比。一个学生需要的学习时间愈少而实际给他的时间越多,那么,他的成绩就愈好。

布卢姆认为,影响学业达成度的还有如下三个变量:

第一,认识的前提特征在学习中起 50%的作用。所谓认识包括学习者的能力倾向、认知结构水平等。这个结论告诉我们,要掌握某一学习项目,首先要确定前期的准备知识,并且要弄清学生的准备状况,并使学生尽可能在实际上获得这些知识,这是掌握学习策略的一个重要措施。

第二,情感的前提特征在学习中起 25%的作用。所谓情感的前提特征,是指学习者对所学课题的情意、态度、兴趣、信心等非智力因素的总和。一个学习者如果对一项学习活动抱有兴趣并充满信心地去把握它,并且在学习中表现出极大的自制力和恒心,那么,就能在 25%的程度上保证学习目标的实现。这一点在掌握学习的策略中也是非常重要的。

第三,教学的质量在学习中起 25%的作用。所谓教学的质量,在布卢姆看来,主要是指对于学习任务各要素的表现、解释和顺序安排是否适合学习者的学习程度。如果把学习目标定得过高,学习内容大大超过学习者的前期认知水平,而且在解释目标时,又没有适当的顺序,这样的教学就是一种不适合的教学。只有那种适当的教学目标和科学的解释程序的教学,才能够在 25%的程度上帮助学习者实现教学目标(井维华,1999)。

三、 教学启示

(一)留白创造式教学与目标掌握

在布卢姆的掌握学习理论中,强调使每个学生都能掌握学校所教的东西,因此,掌握学习理论特别关注学生的认知基础,并在此基础上设定合适的教学目标。留白创造式教学,关注课堂教学的有效性,倡导将遵循教学目标的学习作为保障效果的前提。所以,教师需要根据课标要求和学生的认知基础设置合适的教学目标,并且在教学过程中围绕教学目标进行"留白"设计和"补白"学习。

(二) 留白创造式教学与学生关注

布卢姆的掌握学习理论最主要关注的是人的积极因素,布卢姆提出学生学习能力上的差异主要是后天的,是由后天的环境因素所造成的,且可以改变的。教育者只要为学生提供适当的学习条件,几乎每个学生都能掌握所学任务,都能学会规定的知识技能。留白创造式教学强调让学生在"留白"的基础上掌握基本知识与基本技能、获取基本活动经验和领悟基本思想方法,因此,留白创造式教学是关注每一个学生发展的教学方法。

(三) 留白创造式教学与教育评价

布卢姆进一步发展了教育评价的新概念,他把教学环节和教学评价结合起来,正如他所提出的以"形成性评价"为中心的评价体系。他对评价所作的最大贡献则在于他"用适应并发展每个人的能力、以改进教学为中心的教育评价来取代传统的、以分等与筛选为主的评价;将教育评价分为诊断性评价、形成性评价、总结性评价这三类"。并且,布卢姆掌握教学的可贵之处还在于,它强调用"形成性评价"贯穿各个教学环节的始终。就评价方式而言,留白创造式教学较强调"形成性评价"的作用,从"留白"设计到师生"补白"的过程中,由于学生思维的开放性,往往难以只用总结性评价进行反馈,因此,"形成性评价"与"总结性评价"在留白创造式教学中都起着较为重要的作用。

第四节　数学学科核心素养

一、历史背景

2014 年,教育部颁布了《关于全面深化课程改革落实立德树人根本任务的意见》，其中明确指出："研究制定学生发展核心素养体系和学业质量标准"。2016
年，研究确定了人文底蕴、科学精神、责任担当、实践创新、学会学习、健康生活等
六大核心素养。为实现学生发展核心素养的层级化与衔接性，需要在彰显学科育
人价值的基础上，确定学科核心素养。教育部 2018 年颁布的《普通高中数学课程
标准(2017 年版)》，2022 年颁布的《义务教育数学课程标准(2022 年版)》，凝练并
明确了中小学数学学科核心素养。

　　虽然数学学科核心素养的提出仅有几年，但已有大量的相关研究成果，是当
今数学教育研究领域的热点问题。

二、 概念内涵

（一）数学核心素养的发展路径

　　有学者从可测量的角度出发将数学学科核心素养分为数学知识、问题解决和
数学思维 3 个层面，其结构如图 3.1 所示。

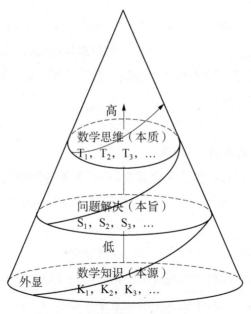

图 3.1　数学学科核心素养三层结构

　　从图中可以看出,数学核心素养的内容构成具有复杂性,包含了数学知识、问题解决与数学思维3个层面,其中,数学知识是数学学科核心素养生成的本源,指向其知识层面,问题解决是数学学科核心素养教学的本旨,指向其能力层面,数学思维是数学学科素养内化的本质,指向其思维层面。数学学科核心素养的发展水平具有双重性,其中涵盖两条进阶线,一条为课程目标指向的螺旋线,包含显性目标与隐性目标,其进阶过程体现了显性目标到隐性目标的转化。另一条为纵向层次指向的直线,从数学知识到问题解决,再到数学思维,是从低到高,逐层进阶的。在两条进阶线的牵引下,数学知识、问题解决与数学思维构成相互融合的有机整体(武丽莎,朱立明,2021)。

　　有学者基于对高中数学课程中数学学科核心素养的6个维度——数学抽象、逻辑推理、数学建模、直观想象、数学运算、数据分析的理解,提出数学核心素养的生成路径,即依靠数学抽象过程生成数学抽象核心素养、凭借数学理性思维生成逻辑推理核心素养、利用数学综合实践生成数学建模核心素养、通过数学问题解决生成直观想象核心素养、借助数学算法算理生成数学运算核心素养、依赖数学统计思维生成数据分析核心素养。(朱立明,胡洪强,马云鹏,2018)进一步地,有研究者提出,可以通过强抽象与弱抽象结合发展数学抽象,演绎与合情推理结合发展逻辑推理,直观与表象表征结合发展直观想象,使用规则与设计规则结合发展数学运算,应用模式与建构模式结合训练数学建模,现实情境与学科情境结合训练数据分析(喻平,2018)。

(二)数学核心素养的培养策略

　　关于一般核心素养,林崇德先生认为,核心素养的培育是全面推进素质教育的具体表现,深化课程改革、教学实践、教育评价等是落实核心素养的基本途径(林崇德等,2017)。

　　对于数学核心素养,史宁中先生提出应将数学核心素养的培养贯穿于数学教学活动中,并且在教学评价中体现对学科素养的关注(史宁中,2017)。其中,学生只有亲身经历数学化活动,才能真正形成数学核心素养。(孔凡哲,史宁中,2017)具体地,在教学设计中要抓住数学内容的本质、知道学生的认知规律,创设合适的情境、提出合适的问题,启发学生独立思考、鼓励学生与他人交流,在掌握知识技能的同时理解数学的本质,形成和发展数学核心素养(史宁中,2017)。

基于数学学科核心素养的发展路径,有学者提出了数学核心素养的培养策略,其中包括以"大概念"为生长点,构建学生学科知识结构;以真情境为出发点,培养学生问题解决能力;以"双向度"为切入点,提升学生学科思维品质(赵思林,2019)。

基于已有研究,有学者提出了培养和发展数学核心素养的多种策略,包括情意激活策略、思维训练策略、问题解决策略、思想感悟策略、数学发现策略、元认知开发策略等,其中数学思维的训练包括对数学语言、思维方式(方法)以及思维品质的训练(李星云,2018)。

针对小学数学核心素养,文献查阅的教学策略包括把握核心素养结构、设计生成平台;创设现实情境,激发已有经验;设计数学活动,促进素养内化;注重师生交流,把握意外契机;重视素养评价,助推学生发展(曹培英,2017)。落实小学数学学科核心素养培育的基本路径有:基础性内容不同领域各有侧重的培育路径和综合性、拓展性内容专题教学的培育路径(洪亮,2017)。还有学者提出核心素养在小学数学中的渗透路径包括把握学科核心内容的基础上培养学生科学精神、激发学生有效参与的过程中引领学生学会学习、基于问题情境的深度探究中鼓励学生实践创新(李洪忠,2019)。

(三)数学核心素养的生成模式

对于数学核心素养的生成模式,有学者提出了基于数学核心素养的项目式学习,教师在教学时讲解基础思想和知识,培养学生学科观念;营造项目式学习的条件,加强学生学习信心;进行数学建模教学指导,提高学生思维能力;开展活动加强学生交流,训练学生分析能力(史宁中,2017)。更进一步地,有学者认为单元设计是提升学生核心素养的途径,而项目学习是落实单元整体设计的途径之一(郝玉怀,薛红霞,马胜利,2018)。

有学者提出数学问题与数学核心素养有密切联系,数学问题对数学核心素养教学具有引导性,数学问题促进学生数学思维的形成。当前,既要关注课堂中数学问题质量的提高,又要重视在合理性教学诊断基础上改进教师的问题教学(潘小明,2018)。进一步地,有学者提出,通过对问题的探究,不仅可以逐步提升学生的"四基"水平,引导学生自觉养成用数学的眼光发现和提出问题、用数学的思维分析和解决问题、用数学的语言表达和交流问题的习惯,更有助于数学学科核心素养的培养(马佑军,2021)。

有学者认为,数学课堂文化应该贯穿数学文化的精髓,融科学精神与人文素养于一体并充分体现师生主体间性,在丰富多样的数学课堂文化模式建构及其实践中,可以通达实现数学核心素养教育的目标(聂晓颖,黄秦安,2017)。

三、 教学启示

(一)留白创造式教学与核心素养发展

已有理论表明,数学核心素养的发展需要经历数学知识、问题解决与数学思维3个层面的进阶过程,其实质体现了从知识到素养的内化过程。留白创造式教学即强调知识的内化过程,并在此基础上强调学生素养的生成。教师首先通过情境的设置,引出所要学习的数学知识,接着通过留白让学生体验问题解决的过程,最后通过教师的评价和反馈将学生的数学经验升华为数学思维,最终完成学生数学核心素养的发展。

(二)留白创造式教学与自我监控

已有研究表明,数学核心素养的培养有多种教学策略,其中包括元认知开发策略,只有让学生进行自我监控,才能更好地培养学生的数学核心素养。实际上,在留白创造式教学中,基于教师的留白,学生在自主学习活动中除了需要积极地思考、合作、体验外,同样需要对自身的学习活动开展监控,根据问题解决过程中发生的各种情况对个人行为进行相应的调整,从而使得教师的留白没有白留。

(三)留白创造式教学与数学史

已有研究表明,数学史在数学核心素养的培养中起到了重要的作用。在留白创造式教学的过程中,数学史为留白创造式教学的设计与实施提供了参照系。在留白式教学的设计过程中,教师可以参照相关主题的历史发展过程设置恰当的留白活动,让学生经历知识发生的过程。在留白式教学的实施过程中,教师可以依据数学史中出现的不同概念、定义或定理证明方法对学生的补白给予相应的评价,并且补充学生遗漏但在历史上曾经出现过的概念定义和定理证明方法。

参考文献

曹培英,2017.小学数学学科核心素养及其培育的基本路径[J].课程・教材・教法,37(02):74-79.

陈威,2007.建构主义学习理论综述[J].学术交流(03):175-177.

郝玉怀,薛红霞,马胜利,2018.以项目学习促进学生数学核心素养发展[J].教学与管理(19):61-63.

弗赖登塔尔,1995.作为教育任务的数学[M].陈昌平,唐瑞芬,等译.上海:上海教育出版社.

洪亮,2017.学生发展核心素养在小学数学中的渗透路径探析[J].中国教育学刊(06):72-74.

夸美纽斯,2006.大教学论・教学法解析[M].任钟印,译.北京:人民教育出版社.

井维华,1999.布卢姆掌握学习理论评析[J].中国教育学刊(03):40-42.

孔凡哲,史宁中,2017.中国学生发展的数学核心素养概念界定及养成途径[J].教育科学研究(06):5-11.

李洪忠,2019.基于数学核心素养培育的项目式学习研究[J].中国教育学刊(12):76-78.

李星云,2018.论小学数学核心素养生成的教学策略[J].内蒙古师范大学学报(教育科学版),31(01):113-117.

林崇德,刘霞,郝文武,胡金木,2017.努力提升学生发展核心素养——访林崇德先生[J].当代教师教育,10(02):10-13+23.

马佑军,2021.问题探究与数学学科核心素养的培养[J].数学通报,60(02):41-44+55.

本杰明・S・布卢姆,等,1986.布卢姆掌握学习论文集[M].王钢,等译.福建:福建教育出版社.

托马斯・库恩,2003.科学革命的结构[M].金吾伦,胡新和,译.北京:北京大学出版社.

约翰・安德森,2012.认知心理学及其启示[M].秦裕林,程瑶,周海燕,徐玥,译.北京:人民邮电出版社.

聂晓颖,黄秦安,2017.论数学课堂文化的内涵与模式及对培养数学核心素养的价值[J].数学教育学报,26(02):71-74.

潘小明,2018.聚焦数学问题,让核心素养在数学课堂落地[J].教学与管理(36):74-77.

蒲淑萍,汪晓勤,2011.弗赖登塔尔的 HPM 思想及其教学启示[J].数学教育学报,20(06):20-24.

史宁中,2017.高中数学核心素养的培养、评价与教学实施[J].中小学教材教学(05):4-9.

史宁中,2017.学科核心素养的培养与教学——以数学学科核心素养的培养为例[J].中小学管理(01):35-37.

王会娟,2011.布卢姆掌握学习理论研究[D].哈尔滨:哈尔滨师范大学.

武丽莎,朱立明,2021.高中数学学科核心素养:生成机制与培养路径[J].数学教育学报,30(04):25-29.

喻平,2018.数学核心素养的培养:知识分类视角[J].教育理论与实践,38(17):3-6.

张婷婷,2009.布卢姆"掌握学习"教学理论解读[J].现代教育科学(04):60-62.

赵思林,2019.数学核心素养的培养策略[J].数学通报,58(05):28-32.

周国正,郭兆年,王长芬,2018.留白式课堂的实践探索[M].上海:上海教育出版社.

朱立明,胡洪强,马云鹏,2018.数学核心素养的理解与生成路径——以高中数学课程为例[J].数学教育学报,27(01):42-46.

邹艳春,2002.建构主义学习理论的发展根源与逻辑起点[J].外国教育研究(05):27-29.

第四章 ‖ 留白创造式教学的理论建构

留白创造式教学作为一种教学模式,有必要建构相应的理论,本章从教学设计的原则、表现形式、实施流程等方面,阐述留白创造式教学的理论,为教师在教学实践中应用这一教学模式提供理论依据和参考。

第一节　留白创造式教学设计的原则

通过之前对留白创造式教学的讨论,并结合课堂留白的表现形式和留白创造式课堂教学的评价,教师进行留白创造式教学的设计时,应当遵循最佳动机原则、主动学习原则、阶段序进原则、目标导向原则。

一、最佳动机原则

"兴趣是最好的老师",这是教学设计中的基本原则,留白创造式教学在设计中运用"留白",在学生已有的认知基础上,激发学生学习的动机,推动课堂教学的开展。教师在教学目标和学生学情的基础上,设计问题串,通过环环相扣、层层递进的一系列问题,开展教学。在教学的关键环节设置"留白",最佳动机原则是留白创造式教学设计的基础。

动机是指引发人们从事某种行为或工作的力量和念头,如理想信念、价值认同、认知悬念、认知冲突等均可以作为动机。学习动机指引发与维持学生的学习行为,并使学生能够完成一定学业目标的一种动力倾向,它包含学习需要和学习期待两种成分。为了激发学生的学习兴趣,克莱因主张每一个教师都应该成为一名演员。"他甚至可以行为古怪一点,他不应害怕幽默而应随意使用它,即使是一个无关的玩笑或故事也能大大地活跃课堂。"克莱因将激发学生对数学产生兴趣作为数学课程的四个基本原理之一。他认为,教师为此应该介绍知识点的历史背景,而数学教材的编写者也应该读一读历史上诸如帕斯卡、开普勒、伽利略、牛顿这样的大科学家的有关著作,从而将教材写得更人性化一些。波利亚认为学习兴趣能较好地刺激学生学习,强烈的心智活动所带来的愉悦是学习活动的最好回报。因此,为了有效地学习,学生应当对所学内容感兴趣,并且在学习中找到乐趣,教师在教学设计中应该激发学生内在的动机,并让学生获得快乐。因此,在留白创造式教学的设计过程中,教师应关注学生对所学知识内容的"兴趣",通过"留白",激发学习动机。例如在"复数的概念"教学中,情境引入环节教师提问:1545年,意大利数学家卡丹在《大术》中提出这样一个问题,即"将10分成两个部分,使得它们的乘积为40,这两部分分别是多少?"

二、 主动学习原则

学生是课堂的主人,数学教学追求"课堂生成",让学生经历知识发生、发展的过程,在教师引导下,"自然"创获数学概念、定理或者方法。主动学习原则是留白创造式教学的重要特征,聚焦教学内容,推动数学课堂中的学生创获。如在复习旧知环节运用陈述之白,让学生表达对已有知识的理解;在概念或者定理的教学中,运用发现之白,让学生独立或者小组合作探究,以达到课堂的自然生成;在核心问题的讲解中运用论证之白,学生在论证过程中实现概念的巩固、方法的学习和数学思想的理解,通过学生的表达、质疑、反驳和争论,教师进行补充、总结,完成"补白"。

三、 阶段序进原则

数学教学中,能力目标的达成往往不是一蹴而就的,学生核心素养的提升需要若干课时、单元教学甚至整个学段的培养,因此教师在教学设计中就需要进行整体设计、循序渐进,在符合学生认知基础的条件上,构建知识创获平台。教师在问题串的基础上,选取教学过程的重要节点,设置方法之白或者问题之白,让学生体会从不同视角中找到问题解决的方案,在不同情境中提出新的数学问题,从而突出教学重点、突破教学难点,发展学生核心素养,提升学生综合能力。

"阶段序进"既要考虑知识的序进,也要遵循学生认知的序进。如实数概念的学习,需要建立在有理数概念、开方运算学习的基础上,首先引进无理数概念,从开平方开不尽的数说起(边长为整数的正方形对角线长度),先从形式上认知,再给出特殊意义的数(如 π)与特定结构的数(如 0.1010010001……),最后再提出"无限不循环"的本质属性。最后进行总结,即无理数与有理数统称为实数。从有理数到无理数,再到实数是知识的序进,直观到抽象、特殊到一般是认知的序进。

四、 目标导向原则

《普通高中数学课程标准(2017 年版 2020 年修订)》指出:数学教育承载着落实立德树人根本任务、发展素质教育的功能,在学生形成正确的人生观、价值观、世界观等方面发挥独特的作用。留白创造式教学基于目标导向原则,在课堂探究活动中,关注学生心理认知和知识创获,发展学生核心素养。同时留白创造式教学为数学教学的德育功能提供了广阔的实践路径,融入了数学文化,通过运用超越之白,能让学生从知识理解、方法掌握、问题解决的过程中,体会到数学思想、理性精神和人文情怀,彰显了数学学科德育的价值。

第二节　留白创造式教学的表现形式

在教学中,教师应为学生留下足够的思维空间和探究机会,即为学生"留白"。"留白"不是"白留",是为了达成明确的教学目标,最终落实立德树人的根本任务。简单地说,留白创造式教学过程就是"留白"和"补白"的过程。课堂教学中,教师为学生留的"白"和学生补的"白"通常有"发现之白""陈述之白""论证之白""方法之白""问题之白"和"超越之白"六种表现形式。其中,"发现之白"和"陈述之白"解决教学中"是什么"的问题,"论证之白"解决教学中"为什么"的问题,"方法之白""问题之白"和"超越之白"解决教学中"还有什么"的问题。

一、陈述之白

学生对于一个数学概念、命题、公式、法则等往往有自己的理解,在教学中,教师应创造机会,让学生表达自己对数学知识的理解,或让学生将图形、符号语言转化成文字语言,即为学生留下"陈述之白"。

德国教育家第斯多惠在《德国教师培养指南》中指出:"学生的立场就是课堂教学的出发点,教师在教学前必须认真研究学生的观点和意见。"根据这一观点,教师在教学前或教学中的新知引入环节,需要了解学生的认知基础,以便确定教学的出发点。为此,教师往往需要留白。如,在高中函数概念的教学之前,为了确定学生的认知基础,教师让学生用自己的语言描述什么是函数,相当多的学生认为"函数是解析式"。一位学生的回答是:"形如 $y=ax$, $y=\dfrac{a}{x}$, $y=ax^2+bx+c\cdots\cdots$,有自变量、因变量,且对于一个 x ,有且仅有一个 y 的值与之对应的式子。"(图 4.1)

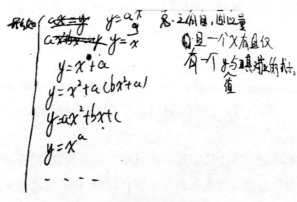

图 4.1　学生关于函数概念的描述

学生的补白表明,经过初中阶段学习后,他们关于函数概念的认识处于"解析式"这一变量说阶段。

又如,在"导数几何意义"教学的新知引入环节中,教师首先让学生回忆:什么是圆的切线？学生的回答有三类:

(1) 与圆只有一个公共点的直线;

(2) 过圆上一点,且与该点和圆心连线垂直的直线;

(3) 过圆上一点,且与圆心的距离等于半径的直线。

学生的补白表明,圆的切线的静态定义是学生关于切线概念的认知起点。

在概念建构环节,也有"陈述之白"可留。例如,教师通过古埃及的猫和老鼠问题、信息传播问题(一传十、十传百)、利息问题(年息3‰)、《庄子·天下篇》中的惠施命题("一尺之棰,日取其半,万世不竭")等引例,得到若干特殊数列:

(1) $7, 7^2, 7^3, 7^4, 7^5$;

(2) $1, 10, 10^2, 10^3, 10^4, \cdots\cdots$;

(3) $1, 1.03, 1.03^2, 1.03^3, 1.03^4, \cdots\cdots$;

(4) $\dfrac{1}{2}, \dfrac{1}{4}, \dfrac{1}{8}, \dfrac{1}{16}, \dfrac{1}{32}, \cdots\cdots$;

教师让学生观察上述数列的共同特征,并给这类数列取一个名字、下一个定义。学生给出的名称和定义有:

(1) 等商数列:从第二项开始,每一项和前一项的商都相等的数列;

(2) 等倍数列:从第一项开始,每一项乘以同一个数,就得到下一项;

……

通过这样的陈述,学生真正参与到概念建构过程中,从而加深对概念的理解。

二、 发现之白

所谓"发现之白",就是新知探索和发现的机会。第斯多惠在《德国教师培养指南》中指出:"不称职的教师强迫学生接受真知,而一个优秀的教师则教学生主动寻求真知。"荷兰数学家和数学教育家弗赖登塔尔在《作为教育任务的数学》中指出,数学学习的过程是"再创造"的过程。学生发现真知和再创造的过程就是补"发现之白"的过程。

在指向"发现之白"的教学中,教师需要给定情境、提出探究任务、激活学生思维,为学生发现新知创造有利的条件。无论是概念教学,还是命题教学,都有"发现之白"可留。

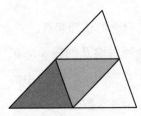

图 4.2　三角形的一种分割方案

如,在三角形中位线定理的教学中,教师从古代两河流域四兄弟分三角形土地的故事入手,抛出问题:如何将一个三角形分割成面积两两相等的四部分? 当学生给出基于中位线的分割方案(图 4.2)后,教师自然引出中位线的概念,然后让学生思考:为什么这样分割得到的四个三角形面积两两相等呢? 学生将三角形纸片沿中位线剪开,通过叠合,发现四个小三角形完全重叠,即四个三角形两两全等,据此发现三角形中位线与底边的大小关系。

这里,教师所留出的三角形中位线概念及其性质之"白",即是"发现之白",学生将通过实验操作、观察去补"白"。

在"正弦定理"的教学中,教师根据 10 世纪阿拉伯天文学家阿尔·库希(Al-Kuhi,约 940—1000)的流星测量方案,提出流星测量问题,引出解三角形问题;再从《几何原本》卷一中的"等边对等角""等角对等边""大边对大角""大角对大边"四个命题出发,引出三角形边角定量关系问题:在△ABC 中,是否成立 $a : b = A : B$ 呢? 学

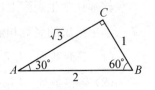

图 4.3　特殊直角三角形中的边角关系

生构造图 4.3 所示的特殊三角形,从中发现上述等式不成立。进一步观察,发现

$$AC : BC = \sqrt{3} : 1 = \left(\frac{\sqrt{3}}{2}\right) : \left(\frac{1}{2}\right) = \sin 60° : \sin 30°,$$

据此猜想出正弦定理的结论。这里,教师留出了正弦定理的"发现之白",学生通

过特殊三角形的边角关系进行观察、归纳、反驳、猜想,完成了补"白"的过程。

观察、归纳、类比等合情推理是数学发现的基本途径。除了新知探究,教师在其他环节也都可以留"白"。如,在点到直线距离公式的教学中,在引导学生探究点 $P(x_0,y_0)$ 到直线 $l:Ax+By+C=0$ 的距离公式 $d=\dfrac{|Ax_0+By_0+C|}{\sqrt{A^2+B^2}}$ 之后,教师可以针对该公式,提出以下问题:

问题 1 等式右边分子上的 Ax_0+By_0+C 的代数意义是什么?(点 P 的坐标代入直线方程左边的结果)

问题 2 如果点 P 不在直线 l 上,那么 $|Ax_0+By_0+C|$ 的几何意义是什么?

如图 4.4,通过计算,可得图中线段 PQ 的长度为

$$|PQ|=\left|y_0+\frac{Ax_0+C}{B}\right|=\frac{|Ax_0+By_0+C|}{|B|}。$$

于是发现,点到直线距离公式可写成

$$d=\frac{|PQ|}{\sqrt{1+\left(\dfrac{A}{B}\right)^2}}。$$

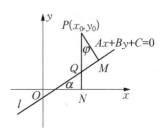

图 4.4 点到直线距离公式的观察之一

这个等式表现了直角三角形直角边 PM 与斜边 PQ 的关系。

问题 3 $|Ax_0+By_0+C|$ 还有什么几何意义?

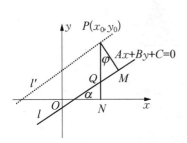

图 4.5 点到直线距离公式的观察之二

如图 4.5,过点 P 作直线 l 的平行线 l',其方程为 $Ax+By+C'=0$,满足 $Ax_0+By_0+C'=0$,或即 $Ax_0+By_0+C=C-C'$,于是得 $|Ax_0+By_0+C|$ 为 l 和 l' 在 y 轴上的截距之差的绝对值,它等于线段 PQ 的长度。

发现定理、发现公式、发现知识之间的联系、发现代数表达式的几何意义或几何图形的代数意义,……没有"发现之白",就没有再创造。

三、 论证之白

理性思维的训练,乃是数学最重要的教育价值之一。17 世纪英国数学家阿布斯诺特(J. Arbuthnot, 1667—1735)曾指出:人们从数学知识中收获的益处之一就是"清晰的、实证的、有法可依的推理习惯"。数学家在利用合情推理发现一个命题之后,需要采用演绎推理对命题加以严格的证明。类似地,在学生通过补白发现数学定理、公式或其他数学结论之后,教师还需要继续留白,让学生对公式、命题或其他结论加以证明。数学命题、公式、结论的论证过程称为"论证之白"。

在三角形中位线定理的教学中,教师在引导学生猜想中位线的性质之后,让他们对定理加以证明。为了将三角形进行转化,学生有构造一对全等三角形的,有构造两对全等直角三角形的,还有构造两对斜三角形的,补白过程精彩纷呈。(图 4.6)

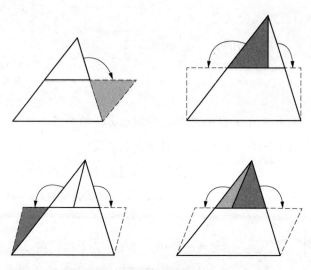

图 4.6　学生对中位线定理的证明

在"一元二次方程根与系数的关系"教学中,教师课前设置任务:求解 8 个一元二次方程并计算两根之和与积,课上让学生总结根与系数的关系,并留下论证之白:所总结的关系可以作为一个定理使用吗? 学生利用求根公式法、因式分解法和代入相减法,完成补白过程。令人印象深刻的是代入相减法(图 4.7):设方程 $ax^2+bx+c=0$ 的两个根为 x_1 和 x_2,

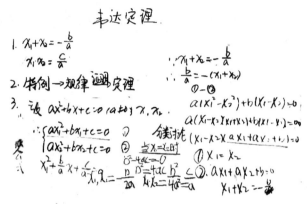

图 4.7　学生用代入相减法证明一元二次方程根与系数关系

则有

$$ax_1^2+bx_1+c=0,$$

$$ax_2^2+bx_2+c=0,$$

相减,得

$$a(x_2^2-x_1^2)+b(x_2-x_1)=0,$$

即

$$[a(x_2+x_1)+b](x_2-x_1)=0,$$

分类讨论,可得根与系数关系。实际上,这就是 16 世纪法国数学家韦达(Francois Viète,1540—1603)所使用的方法,不过韦达没有讨论重根的情形。

　　在"点到直线的距离"的教学中,教师放手让学生分组推导点到直线的距离公式,学生采用了不同的推导方法,有学生将点线距离转化为两点距离、有学生将点线距离转化为三角形的高,有学生将点线距离转化为直角三角形的直角边,还有学生将点线距离转化为向量的投影,补白过程同样令人印象深刻。(图 4.8)

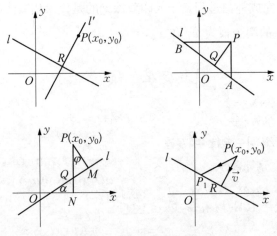

图 4.8 学生关于点到直线距离公式的推导

四、 方法之白

英国著名哲学家密尔(J. S. Mill, 1806—1873)说过:"一个人能够对某个问题有所知的唯一办法是听不同人对这个问题所提出的不同意见,了解具有不同思维特点的人是如何使用不同的方法来探究这个问题的。所有有智慧的人都是以这种途径获得其智慧的,人的智力的本质决定了只有这种方法才能使人变得聪明起来。"(穆勒,2019)我们知道创新是数学研究的一个重要特征,翻开历史的画卷,对于同一个问题,不同时空的数学家会采用不同的方法加以解决,这也正是数学的魅力之所在。因此,在今天的数学课堂上,不同的学生对于同一个问题也往往会有各自的不同方法,学习这些不同的方法有助于培养学生的创造性思维。在问题解决教学中,教师完全放手让学生探究,或在呈现某种方法后,让学生去探究更多的方法,是另一种形式的"留白"。

在六年级"分数除法"的教学中,教师提出如下问题:"已知两根香蕉的长度分别为 $\frac{1}{4}$ 米和 $\frac{1}{7}$ 米。问:短香蕉是长香蕉的几分之几?"学生已知两个分数相除,可以将除数颠倒后再与被除数相乘,即 $\frac{1}{7} \div \frac{1}{4} = \frac{1}{7} \times 4 = \frac{4}{7}$,问题是,如何得出"颠倒

相乘"的结果呢? 此处教师留下了"方法之白"。课上,学生给出以下方法:

方法 1: $\dfrac{1}{7} \div \dfrac{1}{4} = \left(\dfrac{1}{7} \times 28\right) \div \left(\dfrac{1}{4} \times 28\right) = 4 \div 7 = \dfrac{4}{7}$;

方法 2: $\dfrac{1}{7} \div \dfrac{1}{4} = \left(\dfrac{1}{7} \times 4\right) \div \left(\dfrac{1}{4} \times 4\right) = \dfrac{4}{7}$;

方法 3: $\dfrac{1}{7} \div \dfrac{1}{4} = \dfrac{1}{7 \div 4} = \dfrac{1}{\dfrac{7}{4}} = \dfrac{4}{7}$;

方法 4: $\dfrac{1}{7} \div \dfrac{1}{4} = (1 \div 7) \div (1 \div 4) = (1 \div 7) \div 1 \times 4 = \dfrac{4}{7}$;

方法 5:由 $\dfrac{1}{7} \div \dfrac{1}{4} = x$,得 $\dfrac{1}{7} = \dfrac{1}{4}x$,得 $x = \dfrac{4}{7}$。

当教师让 6、7 年级学生推导"勾股容方"公式时,学生先后给出了七种解法。第一种解法是作正方形的对角线,将直角三角形分割成两个三角形(图 4.9),分别计算这两个三角形的面积,得

$$\frac{1}{2}ad + \frac{1}{2}bd = \frac{1}{2}ab,$$

故得

$$d = \frac{ab}{a+b}° \qquad\qquad (1)$$

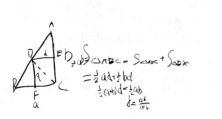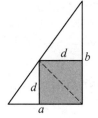

图 4.9 勾股容方问题的第一种解法

第二种解法是将直角三角形补成矩形(图 4.10),得到内接正方形的面积与图中的长方形面积相等。分别计算长方形和正方形的面积,得

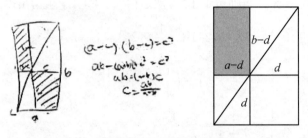

图 4.10　勾股容方问题的第二种解法

$$(a-d)(b-d)=d^2,$$

整理得到(1)。

第三种解法是将直角三角形补成矩形(图 4.11),将每个直角三角形分割为三块,整个矩形由一对正方形、两对小直角三角形组成,分别计算其面积,得

$$2d^2+(a-d)d+(b-d)d=ab,$$

整理得(1)。

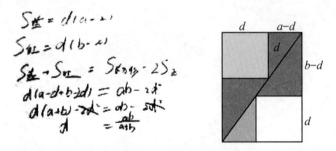

图 4.11　勾股容方问题的第三种解法

第四种解法利用了三角形的相似性。如图 4.12,易知 $\dfrac{a}{b}=\dfrac{x}{b-x}$,整理得(1)。

第五种解法是将直角三角形补成矩形,将一对正方形、两对直角三角形进行重组,得到长为原直角三角形的两条直角边之和、宽为内接正方形边长的新长方形,如图 4.13 所示。分别计算面积,得

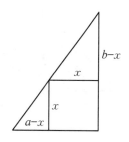

$$a:b = x:(b-x)$$
$$\therefore (a+b)x = ab$$
$$x = \frac{ab}{a+b}$$

图 4.12　勾股容方问题的第四种解法

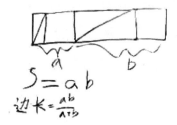

$$S = ab$$
$$边长 = \frac{ab}{a+b}$$

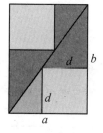

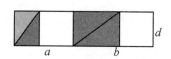

图 4.13　勾股容方问题的第五种解法

$$(a+b)d = ab,$$

故得(1)。

第六种解法先利用相似三角形的性质,再将两个比例式相加。如图 4.14,设斜边上的两段长度分别为 n 和 m,则有

$$\frac{x}{a} + \frac{x}{b} = \frac{n}{m+n} + \frac{m}{m+n} = 1,$$

故得(1)。

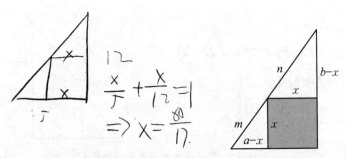

图 4.14　勾股容方问题的第六种解法

第七种解法利用了直线方程。如图 4.15，以直角顶点为原点，分别以两条直角边所在直线为 x 轴和 y 轴，建立平面直角坐标系，则斜边所在直线方程为 $y = \frac{b}{a}x + b$。因位于斜边上的正方形顶点的坐标为 $(-x, x)$，所以

$$x = \frac{b}{a}x + b,$$

故得(1)。不过，学生似乎混淆了正、负坐标。

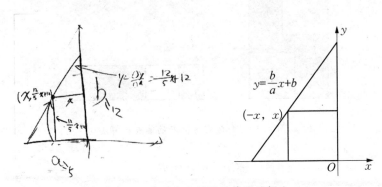

图 4.15　勾股容方问题的第七种解法

可见，面对教师留下的"方法之白"，学生的补白成果有时会超出教师的预期。

五、问题之白

爱因斯坦(Einstein, 1879—1955)说过："提出一个问题往往比解决该问题更

重要。解决一个问题,可能只需要数学运算或实验技能;但要提出新的问题、新的可能性,从新视角看旧问题,需要创造性的想象力,这标志着科学的真正进步。"问题提出不仅是数学活动的基本特征之一,而且也是教师了解学生知识、理解学生现状的窗口。教学中,教师从问题、命题、情境、思想、方法、工具等出发,让学生提出新的数学问题,是留白创造式教学的基本活动之一。

　　学生提出的问题 1　如图 4.16,两条直角边分别为 5 和 12 的 Rt△ABC 中,点 D 在线段 AB 上运动,矩形 DECF 的面积的最大值为多少?

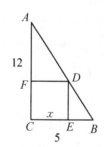 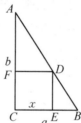

图 4.16　学生的问题 1—2　　　　图 4.17　学生的问题 3

　　学生提出的问题 2　如图 4.16,正方形边长为 a,若点 A 在 CF 延长线上运动,直线 AD 交 CE 的延长线于点 B,$S_{\triangle ABC}$ 是否存在最值,是最大值还是最小值?

　　学生提出的问题 3　直角三角形的哪一种内接正方形面积最大? 是不是对任意直角三角形都有这个结论呢? (图 4.17)

六、 超越之白

　　爱因斯坦曾说过:"发展独立思考和独立判断的一般能力,应当始终放在首位,而不应当把获得专业知识放在首位。"爱因斯坦认为在学校教育中,能力的培养要高于知识的获取。美国数学家舒尔茨(A. Schultze,1861—)在《中学数学的教学》中强调了类似的观点:"数学学习的结果应该是能力的发展,而非事实的获取。一个人知道很多数学事实,并非就是一位好的数学家,只有能够明智地应用这些事实、能够发现全新的事实以及能够重构已经遗忘的事实的人,才是好的数学家。"日本数学家米山国藏在其《数学的精神、思想和方法》前言中指出:"我做了多年的数学教育后发现,学生在初中、高中等接受的数学知识,因毕业进入社会后没有什么机会应用这种作为知识的数学,所以通常是出校门后不到一两年,很快就忘掉了。然而,不管他们从事什么业务工作,唯有深深地铭刻于头脑中的数学的精神、数学的思维方法、研究方法、推理方法和着眼点等,在随时随地发生作用,并使他们受益终生。"(米山国藏,1986)以上诸家观点都表明,数学教学中,能力的培养、思维的训练、思想的引领和精神的哺育要高于知识的传授。实际上,今日数学课程中的核心素养目标也要求数学课堂实现转型,教师在课堂上不能仅仅满足于数学知识的传授,而需要将知识视为能力培养、思维训练、思想引领和精神哺育的载体。上文所讨论的陈述之白、发现之白、论证之白、方法之白和问题之白都是培养能力的手段。

在留白创造式教学中,超越知识本身、指向思想和精神目标的"白",称为"超越之白"。一般来说,要让学生在课堂上补好"超越之白"并非易事,这需要教师对所教授的知识点有深刻的理解,对数学学科的育人价值有深刻的认识,同时,对学生也要进行长期的熏陶。

在上文提到的"三角形内角和""三角形中位线""点到直线距离"等命题或公式的教学中,学生补白之后,教师可以让学生思考:命题的证明和公式的推导过程中,运用了哪些数学思想?

实际上,转化与化归是中学数学基本思想方法之一。在初中数学教学中,因式分解、一元二次方程的求解、二元一次方程组的求解、分式方程、圆的面积、扇形的面积、多边形内角和,等等,无不蕴含着转化思想。用数学思想统领不同的知识点,就可以提高学生的学习效率。

当学生用不同方法解决"勾股容方"问题后,教师可以让学生思考:从不同的方法中可以获得什么启示?

又如,在"轨迹"的教学的课堂小结环节,教师可以设问:平面几何中有三大轨迹,而我们每一位同学也会有自己的人生轨迹。你希望自己的人生轨迹是怎样的呢?用数学来思考人生,这可能是"超越之白"的最高境界了,这样的"白",需要用一生去补。

第三节　留白创造式教学的实施流程

尽管讲练导学式教学和互动掌握式教学也有不同程度的"留白",但仅仅局限于个别教学环节,而在留白创造式教学中,"留白"往往落实于每一个教学环节之中。留白创造式教学是由一个或多个"留白"活动单元组成,每一个"留白"活动单元由"准备与聚焦""探索与发现""综合与交流""评价与延伸"四个阶段构成。

准备与聚焦: 教师设计情境(现实情境或数学情境),引出探究任务。

探索与发现: 教师鼓励学生猜想、分析、推理与试验,并经讨论后获得初步的结果。

综合与交流: 教师协助学生进行讨论,借由辨析、论证、研讨的过程,获得最后结果,在此过程中,学生表达自己的想法,回应他人的意见,教师适时引导或帮助学生得出结论。

评价与延伸: 教师整理、归纳学生的数学发现,对学生表现进行比较、评价和反思,在旧问题基础上提出新问题,或针对已有问题探究新方法,或对主题加以升华。

诸环节与留白方式之间的关系如图 4.18 所示。

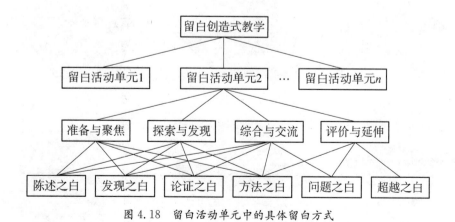

图 4.18　留白活动单元中的具体留白方式

以课例"三角形内角和"为例,教师设计了如下留白活动。

一、留白活动一:三角形内角和定理的发现

该活动的前两个环节于课前完成,后两个环节课上完成。

(一) 准备与聚焦

播放微视频(时长约 2 分钟),追溯三角形内角和定理的历史:泰勒斯受生活中地砖镶嵌的启示,通过对六个全等的等边三角形进行拼图,发现三角形内角之和等于两个直角;之后,毕达哥拉斯和欧几里得相继通过平行线证明了该定理。在学生观看视频后,教师要求学生分组合作,探究以下问题—利用不等边三角形,能否计算三角形内角和? 这里,教师留下的是"发现之白"。

(二) 探索与发现

学生将六个完全相同的不等边三角形在一个点的周围无缝隙、无重叠地拼成不同的图形,部分拼图如图 4.19 所示。

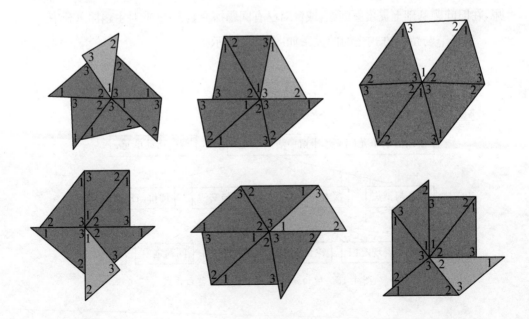

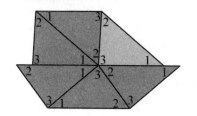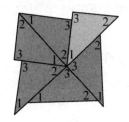

图 4.19　学生给出的部分三角形拼图方案

（三）综合与交流

学生依次展示自己的拼图方案后,教师让学生从不同方案中寻找共同点(三角形的每一个角各出现两次,才能拼成 360°),从而发现三角形内角和等于 180°。至此,学生完成了补白的过程,通过对不等边三角形进行拼图,也能发现三角形内角和定理。

（四）评价与延伸

教师指出,"三角形内角和等于 180°"这个结论大家在小学的时候就已经学过了,对于本节课来说,结论并不重要,重要的是发现的过程。大家通过对不等边三角形的拼图过程,经历了古希腊数学家泰勒斯发现三角形内角和定理的同样的过程。这里,教师采用了"古今联系"的评价策略。

教师让学生思考:对三角形内角和的发现过程,大家有什么感悟呢? 这里,教师留下了一个"超越之白"。有学生提出自己的感悟:"从特殊到一般是数学研究遵循的过程。"这一回答十分精彩,完美地填补了"超越之白"。

二、 留白活动二: 三角形内角和定理的说理

（一）准备与聚焦

在顺利完成留白活动一之后,教师提出新的探究任务:能否用不同于教科书和视频中的方法(即毕达哥拉斯和欧几里得的方法)对三角形内角和定理进行说

理？这里，教师留下的是"论证之白"。

（二）探索与发现

部分学生将三角形的三个内角转化为同旁内角，与克莱罗的证明一致，如图 4.20 所示。

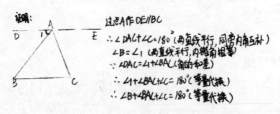

图 4.20　学生的说理方法之一

部分学生仍将三角形三个内角转化为平角，但将平角的顶点转移到三角形的某一条边上，如图 4.21 所示。

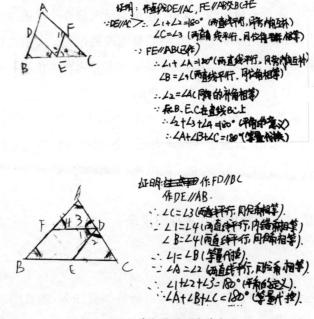

图 4.21　学生的说理方法之二

学生通过探究得到的初步结果是:为实现角的转化,不仅可以过三角形顶点,还可以过三角形一边上的某一点作平行线。

(三)综合与交流

在本环节,教师引导学生思考新的问题:将三角形的三个内角进行转化时,所构造的角的顶点可否不位于边上?通过讨论,部分学生猜想,顶点可以位于三角形的内部,教师要求学生画图验证自己的猜想。图 4.22 给出了部分学生的证明。

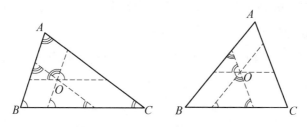

图 4.22　学生的说理方法之四

上述方法激发了学生的思维。部分学生开始思考:顶点位于三角形内部,是否是最一般的情形呢? 经过讨论,有学生将顶点设在三角形外,如图 4.23 所示。

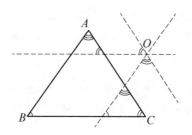

图 4.23　学生给出的说理方法之五

至此,学生通过探究,实现了平角顶点从三角形的顶点、到三角形一边上的一点、再到三角形所在平面内任意一点的演进过程。

(四)评价与延伸

教师仍采用"古今联系"的方式对学生的表现给予了评价,即学生的说理方法

具有一般性,已经超越了古希腊数学家;并让学生思考上述各种说理体现了什么数学思想? 并提出进一步探究的课题:

(1) 过三角形一条边上的任意一点作另外两条边的平行线,这种方法与毕达哥拉斯学派和欧几里得过三角形一个顶点作平行线的方法有何联系?

(2) 过三角形一条边上的任意一点,是否可以作出其他辅助线来对三角形内角和定理进行说理? 由此得到的新证明与毕达哥拉斯学派和欧几里得过一个顶点作平行线的方法有何联系?

(3) 运用在三角形内或三角形外任一点处作平行线的方法,能否对三角形外角和定理进行说理?

(4) 如果规定不能使用平行线,如何对三角形内角和定理进行说理?

至此,留白活动二得以顺利完成。

参考文献

穆勒,2019. 论自由[M]. 孟凡礼,译. 上海:上海三联出版社.

第斯多惠,1990. 德国教师培养指南[M]. 袁一安,译. 北京:人民教育出版社.

弗赖登塔尔,1995. 作为教育任务的数学[M]. 陈昌平,唐瑞芬,等译. 上海:上海教育出版社.

米山国藏,1986. 数学的精神、思想和方法[M]. 毛正中,吴素华,译. 成都:四川教育出版社.

Arbuthnot J, 1701. An Essay on the Usefulness of Mathematical Learning [M]. Oxford: Anth. Peisley.

Bostic J., Lesseig, K., Sherman, M., & Boston, M, 2021. Classroom observation and mathematics education research [J]. Journal of Mathematics Teacher Education, 24(1): 5 - 31.

Einstein A, Infeld L, 1938. The Evolution of Physics [M]. Cambridge: The Cambridge University Press.

Howey K R, Grossman P L, 1989. A Study in Contrast: Sources of Pedagogical Content Knowledge for Secondary English [J]. Journal of Teacher Education, 40(05):24 - 31.

Kline M, 1956. Mathematics texts and teachers: a tirade [J]. The Mathematics Teacher, 49 (03):162 - 172.

Kline M, 1958. The ancients versus the moderns: a new battle of the books [J]. The Mathematics Teacher, 51(06):418 - 427.

Loewenberg Ball D, Thames M H, Phelps G, 2008. Content Knowledge for Teaching: What makes it special? [J]. Journal of Teacher Education, 59(05):389 - 407.

Schoenfeld A H, 2013. Classroom observations in theory and practice [J]. ZDM: Mathematics Education, 45(4):607 - 621.

Schoenfeld A H. , Floden R, El Chidiac F, Gillingham D, Fink H, Hu S, Sayavedra A. Weltman A. Zarkh A, 2018. On Classroom Observations [J]. Journal for STEM Education Research, 1: 34 - 59.

Shulman L, 1987. Knowledge and Teaching: Foundations of the New Reform [J]. Harvard Educational Review, 57(01):1 - 22.

Veal W R, MaKinster J G, 1999. Pedagogical content knowledge taxonomies [J]. The Electronic Journal of Science Education, 3(4).

第五章 ‖ 留白创造式教学的评价

留白创造式教学,需要由具备较高素养的教师承担,对其教学的评价应该符合对相应教师教学的要求。依据建构主义、掌握教学法和再创造教育理论,结合上海市中小学数学专家型教师课堂教学表征的研究,我们提出对此课型教学的评价意见。

第一节 留白创造式教学的评价框架

一、 关于留白创造式教学评价的认识

我们已经研究了"留白创造式"教学设计的原则、课堂教学的流程以及留白教学的几种形式,已经明确这种课堂教学的基本理念,课堂上教师与学生的大致行为以及课堂的整体结构。对课堂教学的评价将从学生、教师以及师生之间的关系展开。

(一) 学生自主学习与创新素养的评价

建构主义理论认为,学生的自主学习是在已有知识基础上的自我建构。瑞士心理学家让·皮亚杰(Jean piaget,1896—1980)认为,一切真理要由学生自己获得,或者由他重新发明,至少是重建,而不是简单地传授给他(皮亚杰,1981)。他要求教师尊重儿童学习的愿望,不应该企图将知识硬塞给儿童,而应介绍问题和对策,让儿童自己主动地、自发地学习。自主学习是学习者根据自己的学习能力、学习任务的要求,自控地、积极主动地调整自己的学习策略和学习行为,自主学习决定自己的努力程度。行为主义理论认为,自主学习包括"自我监控""自我调节""自我强化"三个过程。波利亚(G. Polya,1885—1987)认为,学习任何知识的最

佳途径是自己去发现,因为这种发现理解最深,也最容易掌握其中的内在规律、性质和联系。他在《数学的发现》中提出数学教学三原理,即主动学习原理、最佳动机原理、阶段序进原理(波利亚,2006)。中小学数学"留白创造式"教学是在已有的"互动掌握式"教学的基础上,扩大学生思考问题空间,营造自主学习的课堂,其重要的特征就是自主学习和创新素养培养。

学生自主学习表征包括认知需求与行为跟进。认知需求先要动机激发,即进行课堂"留白",表现为给学生营造符合目标且具有认知挑战性的学习氛围。设计有递进的挑战性问题激发学习动机,满足学生独立思考、合作交流、实践体验、创获新知的需求。行为跟进表现为学生在自主活动中的"补白",学生在问题情境下,积极、主动地表述自己的观点,寻求科学方法论证新知,有机会做出数学上的猜想、解释、反驳、质疑,体验数学化过程,并且围绕课堂内容发现知识、提出问题。教师对学生进行评价、引导,在与学生交流互动中"补白"。学生对比教师的讲解和同学的发言,反思自我认知活动,进行一定的自我监控与调节。

创新是数学课程的核心素养,在创获知识、锻炼思维、自我监控、数学建模等方面创新思维不可或缺,考查学生是否具有创新思维的关键在于学生通过自我思考,是否可以解决非常规问题。当年苏格兰数学家约翰·纳皮尔(John Napier,1550—1617)因天文研究对大数运算(球面三角计算)的需要,从大量计算中获得灵感,发明了"对数",提出了一种简便运算方法,通过观测解决了非常规问题(变"乘"为"加"),即为创新思维体现。当然,将这种创新意识变为简便的运算方式,发明家本人是用了 20 年时间研制了《奇妙的对数表的描述》(1614 年)才实现的。"留白创造式"教学关注学生自主学习、创获知识,教学过程体现出高阶思维,并在积极培养学生的创新意识。

(二)教师机会创设与目标落实的评价

"留白创造式"教学对教师素养要求较高,"留白"的要义在于机会创设与动机激发。教学设计应按照思维的关键点预设激发学生思考的问题,组织启发学生经历数学化的活动,发现知识本质,在完成任务中理解、掌握知识。所以,明确目标是前提,知识的"本质呈现"是要点,而课堂"留白"教学最大的作用在于让学生获得知识的"再创造"以及达成目标。

　　学习目标是一节课的教学方向,从问题设计到活动安排,直至学习效果检测,都需要围绕目标展开,而教学内容需要本质呈现,即教师设计的数学内容应是清楚和准确的。同时,课堂应揭示并解释程序、概念和情境之间的有机联系,即明确知识的必要性,激发学习动机。讲解(理解)知识应准确,建构知识应体现高观点或系统性,程序与策略应预示着方法,让大多数学生在体验、发现的过程中达成教学目标。

　　学习机会是针对不同程度的学生,课堂活动(讨论、交流、练习、阅读、思考、评价)的组织在较大程度上吸引或支撑着学生积极、主动地参与到课堂学习中。学习机会就是一种学习动机创设,学生的独立思考以阅读理解和解决问题为主;师生交流的提问、提示、组织讨论以设疑为主;生生交流(小组交流)的问答补充与重复以发现知识为主;资源利用中的信息技术、教具、教科书以文献功能为主;自我意识(独立思考)以自我调节、分层要求为主。

(三) 评价运用的意义

　　评价是一个过程,评价者既要审视教学结果,又要在教学中激励导向。教学课堂通过评价判断教学效果,又运用评价对学生进行交流引导,从而最大限度地帮助学生获取学业上的成功。数学"留白创造式"教学中,设置"留白"后,教师组织、调控、引导等各项行为的关键在于对学生"补白"后的评价。评价运用的含义即教师诱发、挑战和精炼学生思考的程度,再基于判断的结果,提供教学(学习矫正)的决策。无论是学生个体陈述、方法运用、全班思维活动还是教学资源运用,教师都有评价的行为,并从中引导学生反思、调整、决策与运用。课堂进入尾声,完成出示的练习题、归纳总结课堂内容等要求,都是对课堂教学结果的评价。所以说,评价运用是教师与学生、学生与学生、师生与资源之间的"调节器"与"润滑剂"。

二、 留白创造式教学评价指标体系

　　美国加州大学伯克利分校雄菲尔德(Schoenfeld)教授提出的"数学教学质量

评估系统(Teaching for Robust Understanding in Mathematics,简称 TRU)"是其"课堂观察的理论与实践"的重要内容,探讨了教师决策的主导性与课堂观察方案的可操作性之间的辩证关系。评估体系包含五个指标,依次为核心内容、认知需求、学习机会、学生表现度与课堂练习反馈,每个指标划分三级水平。他认为数学课堂是由教师主导的,学生认知的挑战性和参与的广度关键在于教师对需求的认识与机会的创设。借鉴这种理论,结合多年的实践经验,2019 年 10 月到 2021 年12 月,上海市中小学数学专家型教师课堂教学表征研究组成员集体研发课堂教学评价工具,为"留白创造式"教学评价奠定基础。

（一）基础框架研发

2019 年 10 月设计初稿,一级指标确定为:本质呈现、认知需求、学习机会、学生表现、评价运用,随后增设二级指标。试评 10 节课后第二次修订,一级指标增加权重,调整二级指标,再评 8 节课后进行第三次修订,调整部分指标水平解释,使其更加合理、准确,历时 20 个月完成中小学数学专家型教师课堂教学评价基础框架。2021 年 4 月,又采用专家规定程序调查法(德尔菲法)进行论证,第四次修订指标。2021 年 4 月到 2021 年 12 月,第五次修订指标,对评价指标进行案例说明,开发相关案例,形成了上海市中小学数学专家型教师课堂教学评价体系,作为"留白创造式"课堂教学评价的基础框架。

（二）"留白创造式"课堂教学指标研究

在上述框架基础上,结合"留白创造式"教学原则,2022 年 3 月开始设计"留白创造式"课堂教学评价指标。2022 年 3 月 23 日到 2022 年 4 月 16 日进行多次专家论证,2022 年 5 月 2 日获得第二稿,开始对获得的评价指标体系进行实践验证。

以下介绍此课型课堂教学评价指标体系。

1. 指标体系

一级指标包括目标明确、留白设计、主动学习、成效反馈,每一个指标划分三级水平,每一项一级指标都由四个二级指标进行解释,每一个二级指标也划分三级水平。

表5.1 留白创造式教学评价指标体系

一级指标	目标明确(指向教师)			
含义	需要达成的学习任务在知识、方法、过程、检测界定清晰、准确、合理上的实现程度。			
水平1	教学设计(活动)只是单纯地考虑知识,或体现出不连贯和不准确的特征,或目标设计不合理。			
水平2	课堂呈现的数学内容相对清楚和准确,也注意了方法,但是目标设计部分不合理,或程序、概念和情境之间缺乏联系或仅有草率的联系。			
水平3	课堂呈现的数学内容清晰、准确体现了本质属性,同时,注意了方法、概念和情境之间的正确联系,具有目标意识(达标检测)。			
二级指标	知识(技能)	过程	方法	检测
含义	课堂教学内容符合课程标准与学生认知基础。	知识呈现、数学化与促进自主学习的程度。	问题设计,激励导向,自主学习所采用的思想与方法。	对照目标,落实知识、技能,激发情感与对核心素养培养的评测。
水平1	内容清晰、准确,但合理性不够,缺乏认知基础。	知识呈现程式化,缺乏本质理解,问题设疑不够。	解决问题方法固定,以教师引导为主。	知识、技能评测落实课标要求。
水平2	内容清晰、准确、合理,但不够充分。	体现本质,阶段序进,设疑启发。	问题引导、师生互动,灵活多样。	知识、技能、过程评测符合课标要求,时间把控合理。
水平3	内容清晰、准确,体现课标要求,符合学情与课本要求。	满足呈现本质,突出重点,突破难点,阶段序进,设疑激趣,自主学习。	围绕目标启发、交流,表现形式灵活多样,引导学生发现与创造性学习。	达标检测良好,满足知识落实、归纳、总结、迁移等要求。

一级指标	留白设计(指向教师)
含义	"留白"的前提,是学生有认知上的需求,课堂学习在多大程度上为学生营造并保持具有认知挑战性、自主性的学习氛围。
水平1	"留白"是形式,教学活动只关注套用程序或记忆事实,缺乏挑战性。
水平2	教学活动提供了使互动更丰富的可能性或在问题解决方面的挑战,但是教学互动缺乏有效的"脚手架",针对教师的提问学生仅仅做出简短的回应,自主性不够。
水平3	教学活动通过提供暗示或"脚手架",使学生在构建数学理解和参与数学思维活动中陷入"有成效的思想斗争",体现有效的自主学习氛围。

续　表

二级指标	动机	问题	组织	技术
含义	营造活动设计并保持认知上的挑战性，激励学生自主获取知识的需求。	学生思维空间、自主认知机会、教学留白设计的主要表现形式。	教学分组，参与引导、启发、补白、管理等活动的方式。	实验及技术对知识再现与学生发现知识所产生的激励作用。
水平1	设计问题的疑惑性不强。	依赖课本设计的常规问题。	教学未分组，引导、启发、交流。	信息技术运用。
水平2	设计问题有一定的疑惑性，但不适合学生认知需求。	设计了学生熟悉情境下的常规问题与非常规问题。	分组讨论，引导、启发、交流，教学。	信息技术运用对留白教学产生作用。
水平3	教学活动具有合适情境，能激发学习动机，提供适合学生自主获取知识的需求。	体现知识过程再现与认知思维有序的问题串，有较大的思维空间与较多的学习机会。	提示、引导，教学活动有序且分层递进，在疑惑中启发，有新知创获。	信息技术的运用对知识再现与学生发现知识产生了激励作用。

一级指标	主动学习（指向学生）
含义	在"问题"的吸引或支撑下，不同程度的学生积极主动地参与课堂活动，自主探索问题、发现知识的表现。
水平1	少量学生参与主动学习，组织形式不妥，没有明显的机制吸引和支持多数学生参与活动。
水平2	学生参与到数学活动之中，但是参与程度不均，"问题串"没有为多数学生主动地、有意义地参与提供结构化的支持。
水平3	有序"问题串"帮助大部分学生自主地、有意义地参与课堂活动，并在一定程度上获得成效，或建立有组织的课堂活动使所有学生参与，部分学生表现出较强的自我意识。

二级指标	独立思考	合作交流	资源利用	自我监控
含义	学生独立回答问题、完成任务，以及自我管理、个体表现的程度。	留白学习活动营造的师生、生生之间的讨论、提问、归纳、类比、质疑、辨析等互动形式。	任务为学生提供了恰当的学习材料(情境材料、任务单、学具等)以及教材阅读等。	留白学习活动中，学生自我审视(总结、概括、对比、批判等)、自我评价的意识。
水平1	按照要求思考问题、练习。	师生交流为主，生生合作体现较少。	只有教材。	只有对答案。
水平2	依据任务思考、练习，提出个人学习需求，主动交流。	师生、生生合作，角色认定。	教材、任务单、资源包，学生笔记。	从问题解答(完成任务)中发现个人问题，但不能论证其原因。

二级指标	独立思考	合作交流	资源利用	自我监控
水平 3	完成任务中,独立思考,表达个人观点,有论证、迁移、概括、质疑行为。	师生、生生合作,角色认定,讨论、提问、归纳、类比、质疑、辨析多种互动形式存在。	学生利用教材、任务单、资源包,提出问题、发现知识,笔记辅助学习。	形成从问题解答(完成任务)中发现、纠正个人行为的自我意识。

一级指标	成效反馈(指向学生)
含义	学生在问题引导、诱发、挑战下,基于语言表述、方法运用、新知发现、逻辑论证等活动完成课堂"补白"的程度,是判断学生思维深度的标准,也是留白教学的效果。
水平 1	教学留白设计,学生较多的是在师生对话中活动,独立自主性不够,"补白"不明显。
水平 2	留白设计的问题为学生提供了较好的思维活动空间,出现了各种形式的"补白",但集中于个别学生参与,多数学生是观众。
水平 3	留白设计的问题为学生提供了较好的思维活动空间,分组学习,出现多种形式"补白",学生参与面广,对高阶思维培养有成效。

二级指标	语言表述	方法运用	新知发现	逻辑论证
含义	学生"补白"过程中的表达(回答、交流、辩论、总结、归纳)程度。	学生思考、解决问题中的策略与个性方法,体现一种非常规的思维表现。	学生正确解答问题,发现(创获)知识、提出问题的表现。	学生解决问题的说理、逻辑推理与反驳、质疑、矫正、鉴别的课堂表现。
水平 1	回答问题基本正确。	运用方法正确。	模仿、复述课本内容。	模仿、复述课本推理。
水平 2	回答、交流、辩论、总结归纳体现知识本质。	学生"补白"中个性方法正确。	自主归纳概念、方法、论证。	任务驱动下部分学生论证推理。
水平 3	回答、交流表达个人观点,发现知识、质疑批判。	学生"补白"中个性方法准确多样,体现非常规思维。	自主归纳概念、方法、论证,解决非常规问题,发现基于课本、高于课本的内容。	任务驱动下多数学生参与、准确率高且有高阶思维生成。

2. 指标权重

我们首先平均权重,对 2 位教师录像课进行评价,比对各项指标得分、总得分,发现与专家经验判断结果有差异,认为需要增加权重,作如下调整:

表5.2　权重说明

一级指标	目标明确	留白设计	主动学习	成效反馈
平均权重	0.25	0.25	0.25	0.25
调整后权重	0.15	0.25	0.30	0.30
说明	本指标反映教师对内容、方法以及实施过程的清晰、准确、合理的认知水平,是成熟教师的基本功。	本指标通过问题体现教师对留白课堂结构的设计,通过问题的有序性与问题间的联系呈现教学手段,创设学习机会。	本指标体现有序的挑战性问题,激励学生独立、合作与主动参与活动。其中学生活动包括比较、归纳、辨析、质疑与自我监控。	本指标观测学生学习时语言、方法、发现新知时的表现,以及逻辑论证等思维方式以及解答问题的程度,核心是看学生补白的情况。

(三)评价工具一般性运用设计

上述评价工具在研究中采取人员分工、录像课切片等形式,分三级水平打分评价,实际操作 6 节课。引入日常教学中,并作为一般性课堂教学评价,需要进行简化。其简化设计如下:

表5.3　中小学数学"留白创造式"课堂教学评价表

一级指标	二级指标	(概念引入)第一阶段	(概念理解)第二阶段	(运用巩固)第三阶段	(总结概括)第四阶段	合计
目标明确 15	知识					
	过程					
	方法					
	检测					
留白设计 25	动机					
	问题					
	组织					
	技术					
主动学习 30	独立					
	合作					
	资源					
	监控					

续　表

一级	二级 指标	（概念引入） 第一阶段	（概念理解） 第二阶段	（运用巩固） 第三阶段	（总结概括） 第四阶段	合计
成 效 反 馈 30	语言					
	方法 运用					
	新知 发现					
	逻辑 论证					

三、 留白创造式课堂教学特征表现性任务

美国评价专家斯蒂金斯（Richard J. Stiggins，2005）从任务内容、清晰度、可行性和可信度四方面对表现性评价任务的标准进行研究，中小学数学"留白创造式"教学的设计原则可以看作教学特性，对此评价需要明确其表现性任务，结合留白创造式教学评价指标，从教学的根本要求思考，给出教学特性表现性评价的一般任务。

（一）目标导向

掌握教学法的关键在于目标导向，关注课堂教学实效的前提首先是明确"教学目标"，所以深刻理解与全面落实知识内容，提高解题准确率，都需要围绕教学目标展开。教师实施"留白创造式"教学的要求高于其他课型，"留白创造式"课堂的知识呈现要求有序递进，要按照目标落实各知识点的认知思维需求，设计有挑战性的问题为学生学习活动提供思考的机会，在学习过程中采用具有启发性的追问、互动，激发学习动机，进一步让学生独立思考与合作交流。在探究活动中，学生自主理解、发现新知，并进行课堂知识再创造。突显重点、突破难点、及时反馈等均是检测教学目标、矫正教学行为的有效方式。

如反函数教学对函数概念的反复运用以及对"正与反"的辨析，定义域、值域

的关系以及对一个函数存在反函数的充要条件的认识完成了本节课的知识目标要求。课堂问题设计从函数概念复习开始，"反"解方程，显示了研究反函数的一条新的路径，这是一种方法之变，体现了反函数知识产生的过程，由此获得的对知识本质的理解实现了从过程到方法的目标，这比叙述概念、只会求简单函数的反函数意义更加深远。

在此任务中，目标是主线，知识、方法、过程以及测评是整个结构的有机组成部分。

（二）机会创设

"留白创造式"教学最大的意义就在于课堂为学生创设了更多的主动学习机会。学习机会通过问题呈现，而问题设计首要考虑的是动机，也就是问题设计的必要性。反函数教学一开始需要复习函数的概念，其动机是想指出反函数概念的本质也是函数，只不过对应的方向不一样，所以整节课都会围绕函数概念推进。其次"留白创造式"教学问题设计需要注意两点，一是要设置思考的"悬念"，即问题要有挑战性。反函数教学"反解"方程后，得到的代数式有的是函数，有的不是函数，这就是一种"悬念"。二是需要注意两个问题之间的"距离"，也就是需要留下足够的思考空间，情景创设最好是贴近学生生活实际的"真问题"，知识呈现应将学生的认知思维过程分层递进，留下学生思考的空间，所有学生参与思考，不同的人做不同的事，不同的人有不同的收获。从"反解"方程中提出了"反函数"概念，又遵循了数学史与数学教育（HPM）教学历史发生的相似性设计，从研究方程解的角度，探索原函数与反函数概念，进而"本质呈现"反函数与原函数的定义域、值域的关系，以及函数存在反函数的充要条件。这既符合学生的"认知需求"，也为学生掌握概念提供了良好的"学习机会"。机会创设之后，教学过程将知识发生发展的过程与学生认知循序渐进的过程融合为师生互动的"对话点"，组织教学需要"屏得住"，不要过多的插话以此替代学生思维；还要"舍得起"，花时间让"留白"属实，一开始肯定需要较长的"等待""留空"，让学生有时间参与，当学生习惯不再依赖教师，主动学习就有效了。当然，机会创设有时还需要辅助性技术。

这里，动机是前提，问题设计是关键，组织活动、技术支持是保障，学生发现知识(问题)、学会学习是目的。

(三) 学生表现

通过课堂"主动学习"这一环节观测学生表现,主动学习首先是独立思考,这是个人学习能力的主要表现形式,个人的观察、比较、分析、判断、质疑、反驳、归纳、概括等方式都可以在课堂活动中得到训练。合作交流需要在独立思考的基础上进行,没有独立思考的合作学习只能"人云亦云",自己收获会很有限。"留白创造式"教学的"真问题"设计类似于学术研究,在这种探究的背景下,学生将通过动手做、动脑想、观察思考,独立或合作发现知识,这是自主学习的关键。同时,学生如何利用各种资源也是评价其自主学习表现的一种方式。在自主学习过程中,会出现各种错误与失败,学生将通过自己(或他人帮助)发现问题,并在不断纠错的过程中,锻炼自我监控和自我纠正意识,最终形成完整的自主学习能力。

这项任务中,独立思考是基础与主要形式,借助资源学习也是重要素养,愿意并能够与人合作决定个人学习能力提升的质量与速度,自我监控与不断纠错是完善学习行为的根本方法。

(四) 学习成效

通过观测课堂学生学习成效与反馈检测其学习目标达成度,以此考量机会创设后的学生表现。"留白创造式"教学的学习成效关键要看学生如何"补白"。语言陈述清晰、准确,表述思想具有独到见解,是为"陈述之白";学习活动中,学生从模仿课本方法与他人方法开始,逐步养成遵守流程、寻求策略、形成方法、灵活运用的解决问题方式,个性表达自己的解法,是为"方法之白";解决问题过程中,能够类比、归纳、演绎、推理,养成"说理"的习惯,特别是具有有个性且解答正确的证明方法,是为"论证之白";能在独立思考、合作交流、反思矫正中不断地发现问题与新知,解题思路非常规,并能体现出高阶思维,一般界定为"问题之白、发现之白、超越之白"。超越性表现在课堂教学中是否有启发、鼓励学生的意外之举,即方法之巧,理解之深,问题之新,解题之准,分析之全,等等。

一节课六种"补白"形式不一定全部出现,一般认为,陈述之白、发现之白寓意

"是什么",论证之白、方法之白寓意"为什么",问题之白、超越之白解释"还有什么"。

第二节　留白创造式教学的评价案例

基于数学中留白创造式教学评价体系与课堂教学特性表现性任务要求,我们以"反函数"和"梯形的中位线"这两节课为例,对留白创造式课堂教学进行评价。

一、反函数[①]

(一)开发留白创造式教学表现性任务

"反函数"属于高一数学函数内容,一般是学习了函数概念及其基本初等函数之后出现的(很长一段时间出现在指数函数和对数函数中间),课堂学习的表现性任务为:

任务一:回顾函数概念,从构成函数的要素进行分析,并举例说明;

任务二:借用方程解的讨论,提出"正解"和"反解"方程的说法,引入二元方程式。对一个变量表示另一个变量的式子进行函数判断,检验"正解"与"反解"与函数的两个解析式的关系,发现"反函数"概念,举例说明;

任务三:反函数也是函数,需要研究其与原函数定义域、值域的"互反"关系,探索一个函数存在反函数的充要条件,举例说明;

任务四:会求简单初等函数的反函数。

(二)学生课堂表现及其评价

这节课的框架、结构部分实录曾在第二章第三节"三种课型"教学比较中出现,这里只罗列课堂教学框架。

---

① 本节课的开课情况请见第二章。

表 5.4 教学流程简述

教学环节	教学活动
复习旧知,引起注意	回顾函数的概念,指明函数的三要素,并举例。
设置情境,引出课题	数学中有形如 $y=x$ 的函数,举例:物理学科中是否存在某个现象,该现象仅需通过两个量来刻画,有时这两个量还需要相互表示;生活中,有没有需要两个变量刻画的现象,且它们也能够相互表示?
问题驱动,概括概念	学生举例,教师以函数概念为核心进行辨析、引导,…… 问题 3:根据下列所给的二元方程,讨论并完成下列问题: (1) $y-1.8x=32$;(2) $y-\log_3 x=32$;(3) $x^2+y=0$,其中 $x \geqslant 0$;(4) $x \cdot y=2$。 1. 请用其中一个量表示另一个量,分别判断所写出的表达式是否为解析式,并说明理由; 2. 根据问题 1 所得到的结论,请归纳这些问题结论的共性是什么? 3. 能把问题 2 中的共性一般化地概括吗? 问题 4:根据下列所给的二元方程,讨论并完成下列问题: (1) $y-3^x=0$;(2) $x^2+y^2=1(y \geqslant 0)$;(3) $4x-y+2=0$; (4) $2y-\dfrac{3x+1}{2x+1}=0$;(5) $x^2-y+1=0$。 1. 请用其中一个量表示另一个量,分别判断所写出的表达式是否为解析式,并说明理由; 2. 根据问题 1 所得到的结论,请归纳这些问题结论的差异性是什么? 能分析产生这些差异的根本原因吗? 3. 对于一般函数而言,你们发现的结论是什么?
问题辨析,理解概念	探究反函数存在的条件、函数及其反函数的对应关系。
问题解决,应用概念	求已知函数与反函数的定义域,求反函数的函数值。
课堂小结,凝练方法	从知识、方法层面对此节课内容进行总结。

此节课"留白设计"指标的分项平均分为 2.66,得分较高,各维度总体得分如表 5.5 所示,指标总体接近水平 3 的层次,是体现"留白设计"较高的典型案例。

表 5.5 "留白设计"二级指标得分

维度	动机	问题	组织	技术
得分	3.00	2.63	3.00	2.00

我们选择三个具有代表性的评价片段,展示编码者们如何在观摩 5 分钟的教学片段后,进行二级指标编码打分的讨论。

片段 1：问题驱动，概括概念

(1) 课堂实录(20—25 分钟)

师：我们请第三小组来交流一下他们讨论的结果，找 2 位同学，一位主讲，另一位"掩护"(补充)，隔壁组可以作补充并质疑挑战，然后再隔壁这一组评价他们问题回答的正确性，行不行？

生 1(组 3)：我们发现这个问题的四个式子，都可以通过移项或者变形，将 x 移到等式的另一边，那么就可以用 x 来表示 y 或者用 y 来表示 x。那么如果把 x 当做自变量，得到的函数依次是……这个第三题的 $x \geqslant 0$ 非常重要；如果把 y 作为自变量，那么得到的函数依次是 $x = \dfrac{y + 32}{1.8}$……

生 2(组 2)：是 $x = \dfrac{y - 32}{1.8}$。

师：(对组 2)噢！你们质疑一次了。

生 3(组 3)：第二题同样把 y 移到等式右边，进一步得到 $\log_3 x = y$，则 $x = 3^y$。第三题同样地把 y 移到等式右边，然后开根号，这个自然有定义域。第四题也是把 y 移到右边，得到 $x = \dfrac{2}{y}$，定义域是 $y \neq 0$。

以上片段为学生基于问题 3(见表 5.4)进行分组讨论，并交流讨论结果的五分钟片段。

(2) 编码打分

此片段中，教师通过让学生用二元方程中的一个量表示另一个量，并判断所写出的表达式是否为函数解析式，为学生初步感知反函数概念创设了数学情境，三位编码者均同意此片段在"动机"上达到水平 3；其次，教师对于小组讨论的组织方式有序、有效，顺利推进了讨论与交流的进行，明确各组在交流汇报环节的不同任务，为学生从具体实例中感知反函数概念、提升数学交流能力创设了认知需求，三位编码者均同意此片段"组织"上达到水平 3；"问题"设置上，教师所设置的问题串层层递进，具有针对性，符合学生的认知需求，达到了"留白"在问题设置上的要求，但时间过去 25 分钟后，还没有出现"反函数"概念，显得拖沓、节奏把握不当，三位编码者的打分均为 2；"技术"层面，三位编码者的打分分别为 1、2、2，编码者

A认为教师在这个片段中缺少板书的运用,未能将学生的回答呈现出来,不利于满足其他学生的认知需求。编码者B提出,教师在学生对于第2小题解释模糊时,讲到"我帮你写出来",推测有进行相应的板书,但是镜头没有切过去,所以容易被忽视,但教师在这一段中板书的确较少,技术运用也没有充分体现"留白"。最后三位编码者统一意见,此段的"技术"达到水平2。

片段2:问题辨析,理解概念

(1)课堂实录(25—30分钟)

师:请翻开教材137页,我们齐读概念。

生:(齐读"反函数"概念,略)

师:同学们默读一下,一边默读一边思考我们刚才所研究的问题3和问题4,想想我们的体验和书上的概括是什么关系?

(提问学生)

生:特殊情况。

师:那么也就是说书上概括的是一般情况咯。在解决特殊问题时我们发现了规律,发现了结论,我们的教材高度凝练,A同学还有什么别的体验吗?

生:给定的函数不一定存在反函数。

师:还有什么体验?你刚才求反表示的函数是什么函数呀?

生:反函数。

生:我觉得用 x 表示 y,和用 y 表示 x,它们互相是反函数。

(2)编码打分

此片段中,在学生通过问题3和问题4(见表5.4)形成了对反函数概念的感知后,教师让学生学习反函数的定义,在此基础上,基于前面所研究的特例来理解反函数的概念,总结规律。"动机"设置上,延续前面对函数的研究,增加了"反解"方程后对另一种对应关系的理解问题,有一定的挑战性,符合学生认知需求,三位编码者均同意达到水平3;"问题"设计上,编码者A、B认为教师提出的问题由特殊到一般,从具体到抽象,符合学生的认知需求,达到水平3,而编码者C则认为教师提出的问题较为抽象,且学生理解反函数的概念较少,故只达到水平2,经过与其他编码者讨论,结合课堂上学生的反应情况,推测这一片段中教师前置设计可以达到水平 3;"组织"上,有集体阅读、个别理解、共同思考,从特殊到一般的认知需求具有层次,学生交流组织有序,三位编码者均同意达到水平 3;在"技术"运用方面,这一段信息技术对留白设计的贡献较少,三位编码者一致同意编码为水平 2。

片段 3: 课堂小结,凝练方法

(1)课堂实录(35—46 分钟)

师:请同学举例说明具有"一一对应"关系的函数(学生出错,教师自己举例讲解)

……

师:这节课我们学习了反函数,反函数反函数,在函数前加了个修饰语"反",你怎么理解的呢? 今天我们学习了求反函数的基本步骤、反函数的概念,等等,反函数到底"反"在哪? (出示总结的 PPT)由原来的 $y=f(x)$ 到 $y=f^{-1}(x)$,对应顺序反了;反函数的自变量,取值范围,也就是它的定义域,得到原函数的值域当中去取,取值位置颠倒了(反了);其次,运算顺序逆过来了。

……

再举个例子,$y=3^x$ 和 $y=\log_3 x$ 互为反函数,求指数和求对数互为逆运算。最后,观察方向变了,使我们的观察视角从正面变为了反面(展示教具)。

(2)编码打分

这一片段为课堂小结,教师通过提炼"反函数,'反'体现在何处"这样的批判性思维问题揭示反函数概念的本质,从概念命名的角度进行总结,有效激发了学生的认知需求,三位编码者一致同意"动机"达到水平 3;"问题"对此节课的内容进行了升华,直指数学本质,达到水平 3;"组织"维度上,由于课堂时间有限,教师没有通过提问等方式给予学生总结交流的机会,但清晰地从若干角度解析了"反"的内涵,三位编码者一致同意教师组织达到水平 3;"技术"运用上,教师创新性地使用教具,帮助学生从图像角度理解"反"的概念,为下节课反函数图像性质的学习创设基础,达到水平 3。

(三)评价总结

"留白设计"指标关注教师在课堂上,如何通过情境的创设、问题的设置为学生的概念学习、定理学习和问题解决,激发认知上的学习需求,创设自主学习机会,组织流畅的教学环节、紧凑灵活的课堂结构,以及恰当有效的运用技术,满足学生留白学习。对于 A 教师的此节课,经过切片后的二级编码情况如表 5.6 所示。

表 5.6 "反函数"教学"留白设计"指标得分

	动机	问题	组织	技术
片段 1	3	2	3	2
片段 2	3	3	3	2
片段 3	3	3	3	2
片段 4	3	2	3	2
片段 5	3	2	3	2
片段 6	3	3	3	2
片段 7	3	3	3	1
片段 8	3	3	3	3
片段 9	3	2	3	3

本节课"目标明确"指标评价水平为 2.84 分,得分最高,说明教师具有明确的目标意识,较高的业务水平,较好掌握了"反函数"的教学知识结构,即"反函数"也是函数。从认识函数的要素(定义域、对应关系)出发,抓住"反"的含义,由对应关系的"反",认识定义域、值域的"反",进一步明确函数有反函数时变量之间必须满足"一一对应"关系,会求函数的反函数。教学按照此认知要求设计问题,课堂问题反映了知识本质属性,"知识"得分 2.81。课堂上,教师采用设疑、激趣、众说、互动点评等有效方法,使得学习过程紧扣目标要求,学生表现充分,过程得分 3,方法得分 2.75。目标检测得分 2.81,说明大家对各项教学活动的认可度较高。

留白设计评价水平 2.66。动机激发意识、组织教学得分均为 3,教师留白设计的出发点正确,创设了学生主动学习的机会。问题设计以问题串形式为学生提供任务单,课堂生成时视学生实际进行调整,得分 2.63,扣分原因主要是拖沓、节奏掌握不好。在辅助"留白"上,技术运用一般,得分 2。

下面从学生表现进行评价。

主动学习指标整体均分 2.59,排在第三位。其中学生独立思考得分 2.44,主要问题是留白活动中,教师插话较多,有时影响独立性。合作交流得分 2.63,整堂课的合作交流体现比较充分,在小组内、小组间、师生、生生间均有交流,表现形式多样。资源利用得分 2.81,本单元最高,教师为学生提供了学习任务单,且利用率高,同时注意使用课本、板书、投影等形式。自我监控得分 2.50,虽伴随独立思考,但得分不高,说明学生自我监控意识不浓。

成效反馈指标整体均分 2.39,四个一级指标水平最低。究其原因,此指标完全是从学生课堂补白的各种行为进行观测的,当下学情未免要求较高,另外任课教师也不完全了解留白后学生“补白”的准确方式。语言表述得分 2.75,说明课堂学生补白的主要方式是陈述,这方面课堂呈现较好,水平最高。方法运用得分 2.38,在教师组织下,学生课堂运用了听讲、阅读、交流、辨析、比较、评价等学习方法,应该算比较好的表现,学生总结、归纳缺少足够时间,欠缺了一些。新知发现得分 2.17,为全场得分较低项目,反函数概念属于很抽象的知识,学生只能通过不断的实例体验、感受、理解,课堂因此耗时较多,最终让学生完整的叙述不容易,所以在 30 分钟时,教师组织学生朗读概念,另外课堂没有时间再去进行求反函数的练习,也是遗憾之处。推理论证得分 2.25,数学知识的交流,多数需要有理有据,包括概念描述、事例解释、结论推导,这方面课堂呈现的算比较严谨了。

本节课,我们曾经运用前期开发的专家型教师课堂教学评价工具切片研究,得分高于本次评价,说明此指标评价水平要求高于专家型教师课堂教学评价要求。

二、 梯形的中位线[①]

留白创造式教学内涵是指以学生为中心,立足育人目标,为学生留下充分的思维空间和探究机会,让学生在已有知识基础上,在问题解决过程中,经历新知创获过程的教学方式。

---

① 本节课的开课情况见第七章第七节。

（一）开发留白创造式教学表现性任务

任务一：复习三角形中位线定理；

任务二：回忆平行四边形一组对边中点的连线和另一组对边的关系；

任务三：猜想关于梯形中位线的结论；

任务四：证明梯形中位线定理。

（二）学生课堂表现及其评价

为了展示评价过程，研究者选择了 3 个有代表性的教学片段，展示评课者如何在观摩完 10 分钟的教学片段后进行二级指标编码结果的讨论与统一。

片段 1（时间从 00:00 到 10:00，属于复习旧知，引出新知环节）

（1）课堂实录

师：上节课我们学习了三角形中位线，首先请一位同学来回忆一下三角形中位线的性质定理的内容。

生：三角形的中位线平行于第三边并且等于第三边的一半。

师：好的，在这个定理中揭示了中位线和第三边的数量和位置关系。那么现在三角形变为了平行四边形，点 M 和点 N 分别是线段 AB 和 CD 的中点，那么线段 MN 和线段 AD 和线段 BC 之间有什么关系呢？

生：位置关系为 $MN \parallel AD \parallel BC$，数量关系为 $MN = AD = BC$。

师：我们能否将其写成和三角形中位线类似的一个数量关系呢？

生：$MN = \dfrac{1}{2}(AD + BC)$。

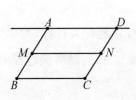

图 5.1　平行四边形中位线

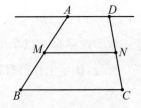

图 5.2　梯形中位线

师：现在老师移动点 D，四边形 $ABCD$ 变为了一个梯形，其中点 M 和点 N 分别是线段 AB 和 CD 的中点，MN 即梯形的中位线。那么 $MN \parallel AD \parallel BC$，以及 $MN = \frac{1}{2}(AD + BC)$ 这样的关系还成立吗？

师：下面我们分为几个小组，来证明梯形中位线的性质，看看哪个小组证明的方法多，我们来比赛一下。

（2）评价过程

对于"目标明确"指标：在知识维度上，教师直接从平行四边形中位线到梯形中位线，跳过了学生的猜测过程，因此为水平 2；过程和方法维度表现较好，呈现了本质，并引发了学生思考和探究，为水平 3；在此十分钟的视频中并未出现检测维度，故为水平 0。

对于"留白设计"指标：在动机上，教师从平行四边形中位线到梯形中位线的性质定理这部分引导太多，目的性太强，因此为水平 2；在问题维度上，跳过了学生对中位线性质定理的猜想，故为水平 2；在组织和技术维度上，教师利用腾讯会议室进行了分组探究，通过几何画板上点的运动让学生感知中位线的变化，故为水平 3。

对于"主动学习"指标：在独立思考维度上，该片段中教师引导的比较多，因此为水平 2；在这个阶段生生互动合作才刚刚开始，故为水平 2；在资源利用方面，学生利用任务单解决问题，故为水平 3；自我监控维度尚未完全体现，但生生交流中会有一定的涉及，故为水平 2。

对于"成效反馈"指标：在语言表述方面，学生完整表达个人观点，发现知识，为水平 3。在方法运用上，缺乏个性化，故为水平 2；在知识创获上，还未出现非常规问题，在发现问题时教师没有让学生自己去发现，故为水平 2；在逻辑论证方面，教师引导过多，因此为水平 2。

片段 2（时间从 20:00 到 30:00，属于证明定理环节）

（1）课堂实录

师：我看到大屏幕上有三个图形了。大家再想想看有没有其他方法。

师：我看到有同学同时从点 A 和点 D 向下做垂线，其中我们可以知道点 P 是

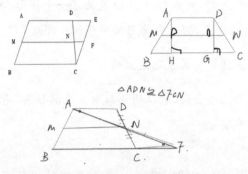

图 5.3　小组 1 学生做法

AH 的中点，因此 MP 平行且等于 BH 的一半。同理，ON 平行且等于 GC 的一半。那么我们如何证明点 M、P、O、M 四点共线呢，大家能帮助一下写出这个方法的同学吗？

生：因为 $AHGD$ 是一个平行四边形，所以 $AH = DG$，又因为点 P 和点 O 分别为线段 AH 和 DG 的中点，所以 $PHGO$ 是一个平行四边形，所以 $PO /\!/ BC$，又因为 $MP /\!/ BC$，所以因此可证，点 M、P、O 三点共线。同理，也可证点 N、P、O 三点共线，因此可得点 M、P、O、M 四点共线。

师：这里我们运用了哪个性质定理呢？

生：过直线外一点有且只有一条直线与已知直线平行。

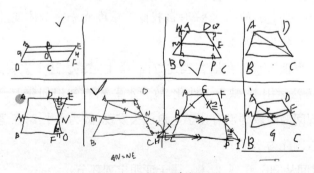

图 5.4　小组 2 学生做法

师：第二小组的做法非常多，一会儿进入主会场每种方法大家选人来交流。

师：现在我们回到主会场，我们先请第一个小组的学生来交流一下他们的做法。

生1：延长 AN 与 BC 的延长线交于点 E，因为 $AD \parallel BC$，所以 $\angle D = \angle DCE$，$\angle DNA = \angle CNE$，又因为 N 为 CD 中点，所以 $\triangle DNA \cong \triangle CNE$，所以 $AD = CE$，$AN = NE$。在 $\triangle ABE$ 中，$AM = MB$，$AN = NE$，所以 MN 为 $\triangle ABE$ 的中位线。又因为 $AD \parallel BC$，所以 $AD \parallel MN \parallel BC$，又因为 $MN = \dfrac{1}{2} BE$，且 $BE = BC + CE = BC + AD$，因此 $MN = \dfrac{1}{2}(BC + AD)$。

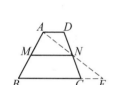

图 5.5　生 1 做法
分享

师：在这个方法里，你用到了什么？

生：我借助三角形全等，用了三角形中位线进行转化。

（2）评价过程

对于"目标明确"指标：在知识维度上，在四点共线这一部分教师缺乏引导，直接告诉学生结论，因此为水平 2；在方法维度上，教师直接告诉学生从一固定角度出发证明四点共线，让学生的思维局限化，并未采用其他方法，因此为水平 2；在过程和检测维度上，教师都做得比较好，达到了水平 3。

对于"留白设计"指标：在动机上，教师方法清晰，为学生创设了论证机会，因此为水平 3；在问题维度上，教师引导学生证明四点共线，引导性过强，故为水平 2；在组织维度，教师设置了小组长，但没有在教学中发挥小组长的作用，故为水平 2；在技术维度，利用小组分类探究，为水平 3。

对于"主动学习"指标：学生不断修改自己的方案，提出自己的思考，对其他学生的方法进行补充，因此独立思考、合作交流、资源利用和自我监控四个方面都达到了水平 3。

对于"成效反馈"指标：在新知发现维度上，教师引导学生证明四点共线，限制了学生思维，这一维度为水平 2；在其他维度上，学生产生了丰富的方法，并论述了自己的方法，语言表达清晰，因此语言表述、方法运用和逻辑论证这三个维度都达到了水平 3。

片段 3（时间从 30：00 到 40：00，属于证明定理环节）

（1）课堂实录

师：请下一位同学分享一下他的方法。

生2：做 $DE \parallel AB$，因此 AB 平行且等于 DE，因此 $ABED$ 为平行四边形，然后我们组继续证明了 ON 为 $\triangle DEC$ 中位线。

师：那么点 O 是怎么出来的？

生2：O 是 MN 和 DE 的交点。

师：那我们如何证明 O 是 DE 中点呢？

生2：有点困难。

师：其实我们可以取 O 为 DE 中点，然后证明 M、O、N 三点共线就可以了。

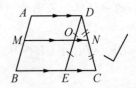

图5.6　生2做法分享

生2：然后根据平行四边形中位线定理可得 $MO = \dfrac{1}{2}(BE + AD)$，由三角形中位线定理可知 $ON = \dfrac{1}{2}CE$，综上所述，$MN = \dfrac{1}{2}(BC + AD)$。

师：那下面还有其他方法吗？

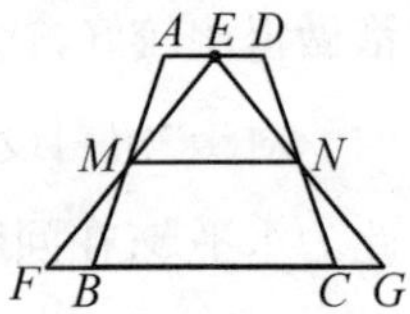

生3：在 AD 上任取一点 E，连接 EM 并延长，交 CB 延长线于点 F。连接 EN 并延长，交 BC 延长线于点 G。因为 $AD \parallel BC$，所以 $\angle A = \angle MBF$，$\angle AEM = \angle BFM$。又因为 $AM = BM$，所以 $\triangle AEM \cong \triangle BFM$，所以 $EM = MF$，同理可得 $EN = GN$，那么 MN 为 $\triangle EFG$ 的中位线，所以 MN 平行且等

图5.7　生3做法分享

于线段 FG 的一半，因此 $MN \parallel BC \parallel AD$，又因为 $MN = \dfrac{1}{2}FG$，且 $FG = FB + BC + CG = AE + BC + ED = AD + BC$，因此 $MN = \dfrac{1}{2}(BC + AD)$。

师：这个方法也是转化为三角形中位线来进行证明的。还有其他方法吗？

生4：我是过点 A 和点 D，做梯形的高，点 P 和点 O 为高 AH 和 DG 的中点，连接 MP、PO、ON 可以证明 M、P、O、N 四点共线，四边形 $POGH$ 为平行四边形，因此 $MN \parallel BC \parallel AD$，又因为 $MP = \dfrac{1}{2}BH$，$ON = \dfrac{1}{2}GC$，$PO = \dfrac{1}{2}(HG +$

AD），所以 $MN = \dfrac{1}{2}(BC + AD)$。

师：这位同学做双高的方法借助了三角形中位线和平行四边形的性质。那么我们经过证明可以得到刚刚的猜想是正确的。现在 K 为 AD 上的一点，我们让 K 运动起来，就能发现很多种方法，如下图 5.9 就是上述同学所做的一种方法。同样我们也可以将梯形旋转形成平行四边形，刚刚老师也看到了同学们有相似的做法。

作$AH \perp BC$, $DG \perp BC$。

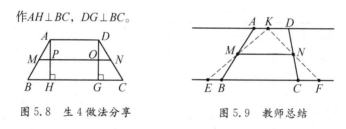

图 5.8　生 4 做法分享　　　　图 5.9　教师总结

由此，我们就得到了梯形中位线的性质定理：即梯形中位线平行于两底，并且等于两底和的一半。

（2）评价过程

对于"目标明确"指标，教师让学生分享自己的做法，巩固了知识，突破了难点，达成了自主学习目标，尤其是在生 3 做法中的将点 E 作为任意一点的作法，具有一般性，体现了方法的多样性。因此在知识、过程、方法和检测四个维度都达到了水平 3。

对于"留白设计"指标，在动机上，教师并未发挥小组长的作用，未让小组长对方法进行总结，没有达成超越之白，因此为水平 2；在问题维度上，问题的设计还需要再加强，并且前面提到的分组竞赛的规则也没有在后面使用，故为水平 2；在组织维度上，缺乏小组长的总结作用，后面进程较为紧张，故为水平 2；在技术维度上，采用了共享屏幕分享和几何画板操作，为水平 3。

对于"主动学习"指标，学生分享自己的做法，表达个人观点，纠正自己的方法，因此独立思考、合作交流、资源利用和自我监控四个方面都达到了水平 3。

对于"成效反馈"指标，首先在语言表述上，教师没有给学生总结的机会，为水平 2；在方法运用上，学生呈现了多种方法，为水平 3；在知识创获上，学生的做法较为零散,教师最后因为时间关系只是匆匆归纳,没有揭示本质性的东西,因此为水平2;在逻辑论证方面,学生做法都非常精彩,逻辑严密,为水平3。

(三)评价总结

根据上一小节所示的评价过程,研究者最终得出梯形中位线定理这节课在4个片段上各个二级指标的水平分数,详见表5.7。

表5.7　梯形中位线案例评分

	子维度	0—10 min	11—20 min	21—30 min	31—40 min	平均分	分项平均分
目标明确	知识	2	3	2	3	2.50	2.75
	过程	3	3	3	3	3.00	
	方法	3	2	2	3	2.50	
	检测	3	3	3	3	3.00	
留白设计	动机	2	3	3	3	2.50	2.50
	问题	2	2	2	2	2.00	
	组织	3	3	2	2	2.50	
	技术	3	3	3	3	3.00	
主动学习	独立思考	2	3	3	3	2.75	2.75
	合作交流	2	3	3	3	2.75	
	资源利用	3	3	3	3	3.00	
	自我监控	2	2	3	3	2.50	
成效反馈	语言表述	3	3	3	2	2.75	2.56
	方法运用	2	3	3	3	2.75	
	新知发现	2	2	2	2	2.00	
	推理论证	2	3	3	3	2.75	
总分 (三分制)							2.64
总分 (百分制)							88.02

　　根据以上4个片段的评分,获得4个一级指标的平均分,其中"目标明确"指标的平均分为2.75分,"留白设计"指标的平均分为2.50分,"主动学习"指标的平均分为2.75分,"成效反馈"指标的平均分为2.56分。最终算出每节课在学生表现这一指标上的总平均分为2.64分,折合成百分制为88.02分。

　　1. 目标明确

　　本节课在"目标明确"这一指标中表现较好,取得了2.75分的平均分。在过程维度上,教师呈现了本质,突出了重难点,并让学生进行了自主学习,取得了3.00分的平均分;在检测维度上,教师有知识落实、归纳等过程,也取得了3.00的平均分;在知识维度上,教师在一些场景中未让学生自主猜测并探究,因此得分的平均分为2.50;在方法维度上,教师有时目的性过强,没有留给学生足够空间去探究,因此本维度得分的平均分为2.50。

　　2. 留白设计

　　本节课在"留白设计"这一指标中取得了2.50分的平均分。在动机维度上,教师在一些课堂环节上目的性过强,没有给学生时间来留白思考,因此取得了2.50分的平均分;在问题维度上,教师在学生遇到困难时,留白时间不够,因此取得了2.00分的平均分;在组织维度上,教师一开始设计的比赛规则在课堂中并没有得到应用,此外设置的小组长也没有发挥他们的价值,因此获得的平均分为2.50;在技术维度上,教师熟练利用信息技术让学生探究知识,因此本维度得分的平均分为3.00。

　　3. 主动学习

　　本节课在"主动学习"这一指标中表现良好,取得了2.75分的平均分。在本节课中,学生总体体现出了独立思考的品质,但教师干预依然有一些多,因此独立思考维度的平均分为2.75;在合作交流上,在课堂开始部分主要以教师讲授为主,没有体现师生和生生交流,因此本维度的平均分为2.75;在资源利用方面,学生利用任务单提出问题,发现知识,表现优异,因此本维度的平均分为3.00;在自我监控方面,在课堂开始部分涉及较少,因此本维度的平均分为2.50分。

　　4. 成效反馈

　　本节课在"成效反馈"这一指标中表现较好,取得了2.56分的平均分。在本节课中,语言表述方面整体较好,但在课堂最后环节,因时间匆忙,教师并未给学生归纳总结的时间,因此本维度的平均分为2.75;在方法运用上,教师在课堂总结环节应让学生总结多种方法的异同,来发现方法间的统一性和差异性,但由于时间限制,并没有这个环节,因此本维度平均分为2.75;在知识创获上,学生给出的方法丰富多彩,但应该让学生课中或课后进行方法的比较和总结,以此来揭示梯形中位线定理证明的本质,因此本维度平均分仅为2.00分;在推理论证上,在一些环节中,教师并未继续使用学生的方法,而是重新提出新的证明方法,丧失了一些学生自己的逻辑论证过程,因此本维度的平均分为2.75。

参考文献

波利亚,2006.数学的发现[M].刘景麟,曹之江,邹清莲,等译.北京:科学出版社.

斯蒂金斯,2005.促进学习的学生参与式课堂评价[M].国家基础教育课程改革"促进教师发展与学生成长的评价研究"项目组,译.北京:中国轻工业出版社.

皮亚杰,1981.发生认识论原理[M].王宪钿,等译.北京:商务印书馆.

陈桃,2016.教师专业发展阶段及与之相适应的培训模式的构建[J].中小学教师培训(03):6-8.

赫尔巴特,2015.普通教育学[M].李其龙,译.北京:人民教育出版社.

《进入21世纪的中小学数学教育行动纲领》课题组,1997.进入21世纪的中小学数学教育行动纲领(讨论稿)(1997~2010)[J].上海教育(09):7-13.

陆伟,葆乐心,2014.教师专业发展阶段论对教师教育工作的启示[J].中国成人教育(24):126-128.

约翰·杜威,2001.民主主义与教育[M].王承绪,译.北京:人民教育出版社.

上海市师资培训中心"双名工程"项目管理组,2019."双名工程":上海教育现代化的动力引擎[J].中小学管理(01):9-13.

王华,陈黎华,2015.数学活动课"好课"表征的探索——八年级《中点四边形》教学设计[J].现代教学(Z3):77-80.

王华,2015.反函数概念教学设计的比较分析与思考[J].数学教学(01):5-7.

王华,2020.期盼明白致远的中小学数学教育——顾泠沅先生访谈录[J].数学教学(02):1-5+50.

王华,任升录,2020.高中数学核心知识的认知与教学策略[M].上海:上海教育出版社.

王华,2012.数学教师专业发展性评价的实践与研究[D].上海:华东师范大学.

王会娟,2011.布卢姆掌握学习理论研究[D].哈尔滨:哈尔滨师范大学.

王建军,2004.课程变革与教师专业发展[M].成都:四川教育出版社.

张婷婷,2009.布卢姆"掌握学习"教学理论解读[J].现代教育科学(04):60-62.

张学民,申继亮,2001.国外教师教学专长及发展理论述评[J].云南教育(22):35.

Schoenfeld A H, 2013. Classroom observations in theory and practice [J]. ZDM, Mathematics Education,45(4):607-621.

第六章 ‖ 留白创造式教学的教师素养

素养是指一个人的修养,包括道德品质、知识水平与能力以及外表形象等。完成某种特定的、重要的任务,一般是把承担人员的素养作为先决条件。留白创造式教学所倡导的教学理念反映了以学生为本的现代教学观,创获智慧、培养能力、陶熔品性的关键在于立德树人。实施留白创造式教学的意义、态度、动机是为信念,这是一种道德力量,而围绕学生自主学习的一切理论、策略方法提供了完成这种教学的行为观念。

第一节 留白创造式教学的教师素养概述

留白创造式教学最重要的是为学生创设自主学习空间。需要营造有如下特点的课堂教学环境:教学方式开放、民主,易于讨论交流;学科知识清晰、深刻,知识本质呈现准确、合理;问题设计有序、有趣,问题难易适度;学生状态乐学、活泼,学习自主有效。教师驾驭这种课堂需要有扎实的学科功底、成熟的专业素养、娴熟的组织管理与奉献的育人精神。时代呼唤具有现代教育理论与创新意识的有志者,以此培养青少年学生的创新意识、创新能力和创新素养,为造就大批创新人才奠定基础。这里最大的挑战是课堂教学的不确定性。无论是目标确定,还是动机激发、留白设计,教师在课堂上都要能够自如应对学生的"补白"、自由驾驭课堂教学、自信驰骋学科天地,也要求教师有较高的教学素养,为学生主动学习保驾护航。

一、理论素养

留白创造式教学首先需要教师具备一般学科教师相关的理论知识、学科知识、实践知识，并在此基础上形成独特的理论素养、专业素养和实践素养。学科教师所具有的理论素养，是一种专业理念与师德要求，也是一种理论与实践相结合、促进课堂教学高效优质的基本底蕴。

本书在第三章已经系统介绍了留白创造式教学相关的教育理论，是每一位执教者需要认真学习和了解的基础知识。当然，除了需要掌握教育学心理学基本原理知识、了解对数学教育活动产生影响的教育心理学观点外，还需要把课程知识、数学史、数学文化知识融入数学教学。通过理解推动迁移，把握课程发展规律，掌握教学专业理论，善于将教学理论知识转化为教学实践行为。同时，在教学实践中，主动自觉地运用教学理论指导教学实践，不断寻找教学实践的理论依据，不断地从教学实践中反思提炼理论。

留白创造式教学，即通过建立一种问题情境来"留白"，教师通过体现思维的有序问题设计，组织学生开展具有一定范围和时空要求的讨论，学生进行局部的探索活动，按照教师提出的问题进行独立的作业或练习。对于学生自主活动的欠缺，教师在问题式留白设计基础上"补白"，学生再进行问题式学习，学生在不断的"补白"中发现新知，课堂呈现一种知识的"再创造"模式。留白创造式教学不但改变了原有的教学形式，更是在原有的教学基础上体现出了学生的知识创获方面的根本性的转变，同时也使得技术赋能教学得到发展。留白创造式教学对教师的理论素养提出了更高的要求。

美国著名的教育心理学家本杰明·布卢姆于1976年提出的掌握学习理论认为，只要有足够的时间和合适的教学方式，几乎所有的学生都可以对几乎所有的学习内容达到百分之八九十的掌握程度。学生在学习能力上的差异并不能决定他能否学会教学内容，而只能决定他将要花多少时间才能达到对该项内容的掌握程度。他认为，学生具备的认知条件越充分，对学习就越积极，学生原有认知结构决定着新的知识的输入、理解和接纳。学生积极的情感特征是"掌握学习"的内在因素。具有较高学习动机和兴趣的学生，会学得更好。反馈—矫正是"掌握学习"的核心。在每个学习单元结束时进行达标检测，找出还没有掌握的内容所在并及时纠正错误，最后进行第二次检测，目的是获得反馈信息，了解有多大比例学生经过矫正达到了对内容的掌握，以及能否进行下一单元教学。"掌握学习"关注知识的掌握程度,但对学生主动发现新知,经历再创造的过程关注不够,也不利于培养学生创新思维。

留白创造式教学的顺利实施,在知识层面上需要教师个体对学科本质有清楚准确的理解和感悟。只有这样才可能对学生提出深刻的、有启发性的留白问题,在课堂教学的组织实施中进行强有力的引导和调控;只有这样才有可能在课堂中从容自如推进自主学习,对学生的原始想法有准确的理解,碰撞出智慧的火花;只有这样才能让补白朝着教学目标方向顺利发展,教师也能更客观即时地和学生交流评价。知识内容都是在人类已有的发现和发明后进行的概括和总结,教学内容对学生来说一般总是"过去式",留白创造式作为"再创造"教学,在讲授"过去式"的时候,应当尽量抓住若干典型,把学生拉回到那个"过去了"的年代场景,和他们一起来经历这一创造的过程。在教师的启发下,学生能再发现它,那就成功了。

"再创造"的教学法可以应用到一章一节的总体讲授中,也可以运用到局部的原理、定理和方法的讲解中,为了培养学生的发现能力,要注意将知识的来龙去脉告诉学生,它是怎样提出问题,又怎样一步一步展开的。在展开的过程中又要克服哪些困难,有哪些知识可以类比、有哪些原型可以提供给我们作具体的想象,又有哪些工具和技巧可以让我们借用,以及哪些是需要注意的问题和可能产生的新问题。

再创造的教学法和模拟教学法为顺利实施留白创造式教学提供了实践支持。教师需要懂得,知识的真正掌握需要学生经历思考、实践的过程,是将新知识纳入到已有知识体系中的同化过程,是主动建构的过程。教师要充分认识到建构主义理论中的合理成分,教师合理留白,恰当地设置情景,引导学生充分地思考、建构,才能很好地完成补白。

元认知理论认为,人们在从事认知活动时,有一个将自己的认知过程作为意识对象,对它进行自我知觉、自我评价、自我控制和调节的元认知过程。元认知在学生的学习、记忆、理解、注意、交往、问题解决、社会认知等方面的活动中起到极其重要的作用,元认知的训练可极大提高学生的思维水平。在元认知过程中,学生为了达到学习目标对学习过程的自我监控是核心。自我监控能力是影响学生学习质量和效率的关键因素。数学学科的自我监控能力,是指学生为了保证数学学习的高效和成功,而在整个数学学习过程中,将数学学习活动作为意识对象,对

其进行积极主动的计划、检验、调节、管理和评价,从而实现学习目标的能力。(章建跃,2003)

留白创造式教学保证了学生在数学学习中的自主活动,使学生有机会经历数学活动的真实过程,实现较为充分的交流探究与思维整理过程,通过自我监控可以极大地提高学习效果。

二、专业素养

2012 年年初,教育部印发《中学教师专业标准(试行)》,对教师的专业素养作了较为全面的描述。专业素养不仅是在教师学习生涯中习得的与本学科有关的经历,还包括在工作中积累的经验。原有学科知识的遗忘或加强,教学的经历与反思,观摩别人(同行、专家)教学经验的内化,同事之间的相互影响,区域教研与在职培训的收获等都是影响教师专业素养积累的重要方面。教师自觉获取实践中需要的未知专业知识的能力,是良好的专业素养体现,专业知识是专业素养的载体。

范良火的研究表明,教师的专业知识包括教师知识、教师学科教学知识、教学的课程知识和内容方法知识等,并提出问题,原来不具备的知识是否可以通过学习获得?(范良火,2013)

拉布夫博士(Labouff, 1996)在美国加利福尼亚大学的博士论文中做了一个类似研究,调查数学教师对“为了理解而进行数学教学”这一问题的认识,发现大多数人并没有具备多少关于为理解而教学的深入认识,他们的教学模式还是传授型的(范良火,2013)。大学里的职前培训所产生的影响是否会被未来学校的教学经验所消除?不同的研究,得到的结论不同。中小学学习的经验、职前培训、在职培训以及教学经验最多可当作教师知识的来源,但这类研究得到的有关对教师知识发展影响的结论,对于同一种来源而言缺乏一致性,而对于不同来源而言则缺乏完整性。

教师知识,如知道某事、知道什么、知道怎样这类知识主要是本体性知识,是学生学习知识的上位、下位、同位必备的学科知识。在不同的专业发展阶段,虽然以前所学的知识渐渐淡忘,但新知识不断增加,在需要用时,原来学习过的知识不仅可以回忆起来，而且是学习新知识的必要基础。学科知识是理解所教学科的知识体系、基本思想与方法，掌握所教学科内容的基本知识、基本原理与技能。了解所教学科与其他学科的联系，了解所教学科与社会实践及社团活动的联系。留白创造式教学要求教师应当有扎实的学科基础知识，有较好的通识素养，包括科学素养、人文素养和信息技术素养等。教师在抓住学科本质属性的同时，能够对数学知识有较为深刻的理解，也包括对数学结构的梳理。了解数学学科与物理、化学、生物，甚至音乐、艺术、地理、历史、政治、经济学、体育等学科的联系。

教师自身的教学经验和反思、与同事的日常交流是教师关于教学课程知识的所有三部分（教材、技术、教辅或实物模型）的最重要的两种来源（范良火，2013）。教师的教学知识、课程知识统称为学科教学知识，具体指掌握所教学科课程标准（在本章下一节展开），掌握所教学科教材课程资源开发与校本课程开发的主要方法与策略，了解学生在学习具体学科内容时的认知特点，掌握针对具体学科内容进行教学和研究性学习的方法与策略。留白创造式教学要求教师应当有系统的和更高观点下的课程知识、内容知识等过硬的专业素养；能够把国家正式颁布的课程形态（课标和教材）转化为学生可以理解的课程形态，并基于教师自己的理解，设计和组织教学活动，促进学生发展，同时也提升自身的专业发展水平，以自己的发展促进学生的发展。

对于教学的内容知识，教师的教学经验、与同事的交流是重要来源，参加"有组织的专业活动"是其次重要的来源（范良火，2013）。留白创造式教学要求教师应当能够完整理解内容知识，在传递给学生的过程中不递减、不走样，知识技能表达清晰准确。可以通过教研示范引领，实现整体推进，创设有利于学生理解的问题情境，促进学生自主、合作、探究的学习。

想要获得教学的方法知识需要教师更多地、更有效地和同事们进行交流。方式有正式的如以老带新计划，或者非正式的如在教研组、备课组或者教学研究小组内创造合作机会以及让教师坐在同一办公室内等。好教师带头作用的重要性也得到了高度的承认（范良火，2013）。内容知识和方法知识还包括程序性知识，如信息技术知识、教学设计知识等条件性知识，教师需要自己制作课件，将现代教育技术手段整合应用到教学中。留白创造式教学要求教师有娴熟的方法知识和教学知识。

能够从教学的正反两方面寻找经验,汇聚闪光点,研究教学中各个层面的问题,主要包括知识技能层面、习惯养成层面、学习心理层面、组织管理和团队合作等层面。

　　教师在教学中,要使学生掌握两种知识,一种是书本知识,一种是怎样在学生学习知识的过程中发展智力的知识。怎样才能不断提高教师的素养以胜任留白创造式教学呢? 教师要善于接受新事物,学习新知识、新方法;了解学生,跟学生有对话的基础;敢于创新,不断适应学习方式的改变,不断提高设计问题的能力。智力的核心是思维,实质上不单是单纯思维,应该是创造性思维。学生的学习不能缺少教师的指导,即鼓励、启发、诱导、点拨、质疑、解惑、辅导、示范、训练、帮助,应在教师引导下实现主动思考、主动学习、创获知识、发展能力。

　　数学的严密性主要体现在数学思维过程中的严谨和逻辑,数学知识是思维的方法和过程形成的产物。学习中的灵感是长期留白教学不可预知的思维积淀,是创造力的火花,是富有灵感的策略创造和直觉顿悟。思维连着教学和数学,教师要善于等待,让学生思考、讨论,引导思维活动真实发生。

　　提升教师的专业素养,是打造高素质教师队伍的核心环节。点燃激情才能让教师树立为教育事业献身的精神。搭建教师干事业的平台,要让教师在工作中感受到幸福,热爱自己的工作,实现人生的价值。要创造条件提升教师的教育教学理论水平和实践能力,发挥骨干教师在教学的内容、方法知识积累方面的引领作用,关心青年教师的成长,重视教师团队建设,形成合理的梯队,建设有利于教师共同发展的机制。

三、实践素养

　　在教师的教学实践中,除了专业素养,还需具备学科教学、学生交往、学情了解、班级管理,甚至怎么跟家长打交道的实践素养,包括对课程、教材内容的把握和处理,课堂教学的策略设计和组织管理,作业设计、批改和讲评能力,对学生学业反馈和激励评价、即时评价、循环验证、过程评价,以及对课内知识的学习应用。教师对不同课型的问题设计能力、课程教学管理能力、评价的实施能力和评价指标的内化执行和反思能力等都是非常重要的实践素养。

关于实践素养，人民教育家于漪先生有一句经典话语——一辈子做教师，一辈子学做教师。她说，教师要有时代气息，要创新开拓、献身教育，要具有中国根、文化魂、世界眼。教师要把精力放在教学上，放在课堂上。教育教学要走到学生中去，了解学生，与学生沟通。要想站稳讲台，教学设计能力、课堂教学能力、教学反思能力、研究能力、教学评价能力等都是必备的实践智慧知识。不同发展阶段的教师有不同的实践知识、实践素养，涉及课堂导入、课堂提问、课堂等待、课堂倾听、课堂反馈、学生参与、课堂管理等教学实施行为诸多方面。

教师教学的本质在于引导，引导的特点是含而不露、指而不明、开而不达、引而不发。从现实情境的数学化开始，引导的内容不仅包括方法和思维，也包括价值观和做人。教师个人也要做好反思。

留白创造式教学中教师的实践素养主要体现在课程的理解结构化、内容的处理问题化、教学的形式过程化、自主的学习趣味化上。具体表现为关注过程、关注变化，提出问题有新意，主动思维有体现，操作求解有创意，合作学习有效率，结果呈现有特色，反思拓展有眼光，自我感受有收获，兴趣动力有增强，创新素养有提高。

教师应科学设计教学目标和教学计划，合理利用教学资源和方法设计教学过程，引导和帮助学生设计个性化的学习计划，着力实现教学改进，营造良好的学习环境与氛围，激发与保护学生的学习兴趣。通过启发式、探究式、讨论式、参与式等多种方式，有效实施留白教学，有效调控留白教学过程，合理处理课堂偶发事件。引导学生独立思考和主动探究，培养学生创新能力。

利用评价工具，掌握多元评价方法，多视角、全过程评价学生发展。引导学生进行自我监控与自我评价，自我评价教育教学效果，及时调整和改进教育教学工作。

实施留白创造式教学，对教育管理者也提出了新要求。教师在课堂中留白，不是偷懒而是点燃，在兴趣激发的主动和机械灌输的被动之间，要让学生保留原本的好奇心。这是教师育人能力的提升。适度为学生的智力发展留白，让学生对新鲜事物持续保持灵敏性和欣赏度，这是教师会教学、实践素养高的表现。

"留白"课堂强调教学反思，教学工作分为教学前、教学中、教学后三个阶段。教学前，需要正确把握教学目标，合理进行留白设计；教学中，要时刻关注学生课堂活动表现的思维与目标和留白"再创造"学习的差异,通过适度干预(补白)调控教学;教学后,教师针对自我感觉、学生的表现、补白的时空适切性、学生交流的程度、引导与评价的时机、达标测试等,主动收集分析相关信息,不断进行反思,改进教育教学工作。促使教师形成自我反思的意识,是教师专业发展和自我成长的重要途径。针对教育教学工作中的现实需要与问题,主动进行探索和研究,制订专业发展规划,积极参加专业培训,不断提高自身实践素养。

教师的威信很大程度上来源于其深厚的实践素养。教师站在学生的角度,以理解学生外在行为表现的本质为前提,在父母为孩子创建的客观生存环境的基础上,正确培养和调整学生的外在行为。教师的内在权威具有双重价值:(1)教师自身的道德修养、学识修养以及敬业精神、为人风范,作为学生学习和效仿的对象,本身就具有教育价值;(2)由于教师在学生中获得了威信,他们所实施的教学、教育,比较容易得到学生认同,甚至使学生信服。需要注意的是,学术权威高于教师权威,公职(外在的权威)高于个人的意愿与威信(内在的权威)。

就知识信念而言,对数学学科的认识和数学教育价值的认识,需将理性精神与人文情怀相结合,通过融入数学史与数学文化,加深对数学价值的感悟和理解。将数学建模思想融入数学主干课程,数学建模的一些经验,对课堂教学诸方面的认识,都是实践素养的具体表现。

为了有效实施留白创造式教学,教师需对学习的内容、达成的任务从知识、方法、效果等方面清晰、准确、合理界定。知识技能要符合必要性、科学性与学生认知基础。知识的呈现过程阶段序进,体现数学学科本质。能够围绕目标启发、交流,激发学生自主学习,引导学生发现与创造性学习。达标检测任务明确,各种问题讨论时间把控合理。

留白设计的教学活动具有数学的、现实的、科学的情境,要激发学习动机,激励学生自主发现知识。设计体现知识过程再现与认知思维有序的问题串,留出较大的思维空间与较多的学习机会供学生学习,恰当应用教学组织和技术。出示问题、提示、引导等教学活动时有序且分层递进,在疑惑中启发,寻求创获新知。留白学习活动中,实验及技术对知识再现与学生发现知识需求起到激励作用。

留白教学过程中,应激发学生主动学习。学生无论是回答问题还是完成任务的过程,都能积极思考,主动发现知识。留白活动营造出学生讨论、提问、归纳、类比、质疑、辨析等主动思考的互动形式。教学任务为学生提供了恰当的学习资源(情境材料、任务单、学具等)以及教材阅读等。

留白活动为学生自我监控能力的培养提供了可能,创设了自我思考、自我矫正的机会(总结、概括、拓展提升等)。学生"补白"过程中的陈述(回答、交流、辩论、总结、归纳)与程度(模仿引用,个人观点,质疑批判),以及思考与解决问题中的个性方法、论证思路,都是一种非常规的思维表现。学生正确解答问题,是发现(创获)知识、提出问题的良好表现。教师基于学情、对问题设计的弥补、矫正或对学生的回应、反馈应及时适当。

案例　优秀教师的实践素养提升之路

教师长期跟学生打交道,每天都在实践并产生着教育智慧。教育智慧既有稍纵即逝的灵光乍现,也有长期教学的经验沉淀。教师遇到的问题,不都是教师个人能够解决的,产生的经验也不是都是教师个人能认识清楚的,需要适当的外部介入。

这是某教研员指导入职三年的青年教师上课的过程。

教研员让教师先自己备课,按照约定的时间到学校跟教师一起讨论准备好的教案。

青年教师:打开电脑,边播放课件,边解说这个动画是干什么的,这个卡通提示学生注意,这段知识导图的意图,这道题给学生练习……

青年教师设计了很多环节和细节,但就是没有对教学内容进行整体设计,对教授内容和环节设计的必要性也缺乏考虑,更没有考虑学生的现实情况。

教研员:你这节课准备达成什么目标? 动画、导图或练习,有什么内在关联?
青年教师答:我苦思冥想,通过动画吸引学生注意,展现知识导图让学生体会知识脉络,通过做题巩固内容,目标很明确呀!

这是一节高一年级不等式基本性质课,通常有两大教学路径。

路径一:从等式性质类比引入不等式性质,向学生提出思考问题:等式性质与不等式性质的差别在哪里? 利用新旧知识冲突,通过讨论探究,引导学生顺利完成这一知识的初高中衔接和新知学习。

路径二:从实数的大小比较入手,两个数 a、b,三个数 a、b、c,迅速抓住对称性和传递性这一理性思考的核心要素,领会"比较法"实质,学生的理性思维素养在青年教师娓娓道来的逻辑推理过程中得到提升。

教研员跟青年教师漫谈、讨论,经过一"备"一"磨",青年教师回去再修改后,先在一个班试讲,结果准备的内容讲不完。原因是青年教师开始时的节奏过于拖沓,在细节问题上花费了大量时间,内容不聚焦,目标不明确,细节高于整体,重点没抓准,课中发现时间不够,又急于赶进度。学生错了,也没有明确错在哪里,对学生的真实学习状态关注不够,对学生发言提炼不到位。

纸上得来终觉浅。在外部干预指导下或者参考现成案例后完成的教学设计,必须经过教师亲身教学实践,才能够领会和掌握其中要领并有自己切身的感受,这也是实践素养积累的必经之路。学生不仅掌握知识有差异,是否善于选择主题组织讨论,是否愿意参与成为焦点也有差异。学生如果学科知识掌握一般,是否希望聆听或能够课后借助笔记反思? 是乐于展现、自我效能感强、积极性容易被激发,还是习惯独立解题、行为内敛或缺乏自信? 教师如何设计板书才能更好地帮助学生掌握重点、理解难点、获得新知? 如此等等,教师都要有所了解。课堂是学生展现自我、激发兴趣、体验成功、增强自信的互动场所。让学习真实有效地发生,才能撬动学生的思维能力,提高辨别能力,促进学生终身发展。

教研员再一次跟青年教师一起磨课,由于有了直接感受,触动了青年教师的内在需求,通过教学实战磨练,反思总结鲜活经验,修改设计了真实反映了学生思考的过程,定位准确。修改设计后再上课,学生也获得了数学活动经验,最终形成了一节"拿得出"的课。

___

点评:这节课的特点是基于学生现有水平,展现数学学习的特点,让学生在亲历自己补白的过程后,有了新认识,产生了新知识,有了数学研究的味道。经过这样的一个循环实践过程,教师的教学信心大为增强。即使到了这一步,仍有许多改进之处,也有新情况产生,教师可以继续反思。磨课是无止境的! 留白创造式教学的实践素养需要不断积淀。

教师的素养表现在专业情感、专业理想、专业自觉,教学组织管理能力、抗挫能力上,教师把握课堂组织的节奏动态稳定且目标清晰,对学生在小组内和小组间的学习的协调性能产生积极影响,消除消极影响。班级规范等也能综合体现教师理论素养、专业素养和实践素养。

青年教师直接有效的学习就是听课,或者和专家与经验教师一起磨课、设计上课,经过课后反思,再设计再上课。教师通过这一过程锤炼基本功,转换角色,潜心钻研,倾情欣赏,积极探索,勇于创新。教师要做学者,须在实践中不断总结。

青年教师精力好、热情高、好胜心强,但困惑多,经常不知道需要在哪里实施教学,课堂常常形式大于内容,需投入大量精力制作课件,而研究教材、研究学生的投入不足。通过他人(如带教师傅、教研员或者经验教师等)参与备课、修改教学设计、观摩同类课、听课指导、反思后再设计上课等方式,释疑解惑,掌握教学规范,积累经验,感受教学乐趣。

第二节　课程标准与教材运用

教师的课程意识表现为整体理解基础教育课程的结构系统,熟悉国家课程方案,理解课程标准基本要求与实施路径,正确认识教材在课程中的地位和功能,创造性地使用国家课程,积极进行国家课程校本化、校本课程项目化的实践探索。新课程的实施,要求教师应该是一个研究者,在教学过程中应以研究者的心态置身于教学情境中,以研究者的眼光审视和分析教学理论与教学实践中的各种问题,要在实践中总结经验与反思过程,形成规律性的认识。

一、课程标准的学习

(一)课程标准的把握与理解

实施留白创造式教学的数学教师要具备良好的课程素养。把握数学课程标准的内容与要求,熟悉、理解数学课程性质,认同、践行课程理念,落实、实现课程目标。

1. 课程性质

《高中数学课程标准(2017年版2020年修订)》关于课程性质描述中指出：

"数学是研究数量关系和空间形式的一门科学。数学源于对现实世界的抽象，基于抽象结构，通过符号运算、形式推理、模型构建等，理解和表达现实世界中事物的本质、关系和规律。数学与人类生活和社会发展紧密关联。数学不仅是运算和推理的工具，还是表达和交流的语言。数学承载着思想和文化，是人类文明的重要组成部分……"

"数学在形成人的理性思维、科学精神和促进个人智力发展的过程中发挥着不可替代的作用……"

"数学素养是现代社会每一个人应该具备的基本素养……"

"高中数学课程是义务教育阶段后普通高级中学的主要课程，具有基础性、选择性和发展性。必修课程面向全体学生，构建共同基础；选择性必修课程、选修课程充分考虑学生的不同成长需求，提供多样性的课程供学生自主选择；高中数学课程为学生的可持续发展和终身学习创造条件。"

《义务教育数学课程标准(2022年版)》中指出："义务教育数学课程具有基础性、普及性和发展性。学生通过数学课程的学习，掌握适应现代生活及进一步学习必备的基础知识和基本技能、基本思想和基本活动经验；激发学习数学的兴趣，养成独立思考的习惯和合作交流的意愿；发展实践能力和创新精神，形成和发展核心素养，增强社会责任感，树立正确的世界观、人生观、价值观。"

数学是一门古老而又年轻的独特的科学，经历了漫长的发展过程，但却始终是围绕着"数量关系"和"空间形式"来不断提炼抽象、演变发展的。

数学具有严谨、抽象、运算、推理等特有的本质属性。

数学是一种工具，是一种语言，数学与人类的生产生活、社会发展都是紧密相联的。在当今信息化、大数据发展时代，现代科技、社会管理、文化教育、医疗健康等所有领域，无论是前台还是幕后，数学的抽象、建模等手段都发挥出重要的作用，是解决问题的"利器"。数学语言是所有科学都需要使用的语言，马克思说过，一门学科只有当它达到了能够成功地运用数学时，才能真正成为科学。数学语言特有的逻辑性、简约性以及形式化特征,无论是在人际交往、文化交流,还是信息科技等方面无不体现出强大的优势。

数学的本质是蕴含在"数量关系"与"空间形式"中的思想、方法,数学的思想、数学的方法不仅仅在各行各业中都有着广泛而又重要的运用,在对人的思维发展、人的素质的提高、人的理性精神、人类文明的推动等方面也体现出数学特有的力量和魅力。

2. 基本理念

《义务教育数学课程标准(2022年版)》指出,义务教育阶段数学课程基本理念是:确立核心素养导向的课程目标;设计体现结构化特征的课程内容;实施促进学生发展的教学活动;探索激励学习和改进教学的评价;促进信息技术与数学课程融合。

高中数学课程标准确定的课程基本理念是:以学生发展为本,立德树人,提升素养;优化课程结构,突出主线,精选内容;把握数学本质,启发思考,改进教学;重视过程评价,聚焦素养,提高质量。

"数学课程以学生发展为本,落实立德树人根本任务,培育科学精神和创新意识,提升数学学科核心素养。高中数学课程面向全体学生,实现人人都能获得良好的数学教育,不同的人在数学上得到不同的发展。"

数学素养是公民应具备的基本素养,在数学教育的过程中,所体现出的百折不挠、刻苦钻研、坚忍不拔等优秀品质和作风,数学的逻辑性所体现出的仔细严密、求真务实的精神,对我们的学习、工作和生活乃至一生的发展都起着十分重要的作用。数学教育承载着立德树人的育人功能,学生发展为本、立德树人、提升素养这三者是紧密联系在一起的,本质上是一致的,学生发展是方向目标,立德树人是根本任务,提升素养是途径方法。要面向全体学生,不是部分学生,更不是少数个别学生。这里特别要注意的是,发展学生的核心素养要与学生的认知心理发展相适应。学生在不同阶段,其核心素养有不同发展水平,在初中阶段,核心素养主要表现为抽象能力、运算能力、几何直观、空间观念、推理能力、数据观念、模型观念、应用意识、创新意识。但到了高中阶段,需要在数学抽象、逻辑推理、数学建模、直观想象、数学运算、数据处理等方面有较好的发展。发展核心素养最具体的体现就是会用数学的眼光观察世界,会用数学的思维思考世界,会用数学的语言表达世界,也就是要在数学与世界之间建立"立交桥"，在人与自我、人与自然、人与社会关系上建立数学的联系。

3. 课程目标

高中数学的课程目标是：

通过高中数学课程的学习，学生能获得进一步学习以及未来发展所必需的数学基础知识、基本技能、基本思想、基本活动经验（简称"四基"）；提高从数学角度发现和提出问题的能力、分析和解决问题的能力（简称"四能"）。

在学习数学和应用数学的过程中，学生能发展数学抽象、逻辑推理、数学建模、直观想象、数学运算、数据分析等数学学科核心素养。

通过高中数学课程的学习，学生能提高学习数学的兴趣，增强学好数学的自信心，养成良好的数学学习习惯，发展自主学习的能力；树立敢于质疑、善于思考、严谨求实的科学精神；不断提高实践能力，提升创新意识；认识数学的科学价值、应用价值、文化价值和审美价值。

以学生发展为本，不仅要注重学生能力发展，更要注重学生核心素养的培养，倡导独立思考、自主学习、合作交流的学习模式，重视过程性评价，促进学生在不同的学习阶段数学核心素养水平的达成。

基础知识与基本技能（简称"双基"）是我国基础教育数学课程目标的奠基部分，注重"双基"是我国数学基础教育的优势和宝贵传统。但从目前的教学实际来看，过度重视"双基"，训练过度，以至于"在花岗岩上盖茅草房"，这就忽视了更重要的教育目标—立德树人。发展学生的核心素养，必须要经历一个持续性的、综合性的学习、感悟、体验的过程，不是仅靠"双基"的获得，而是要通过对数学思想、方法的感悟、领会，对数学活动经验的积累、归纳，以及对数学知识的条理化、结构化等数学活动才能达到。在数学活动中，教师要留有充分的时间和空间让学生去思考问题、发现问题、提出问题，要让学生主动去分析问题、提炼方法、解决问题，在培养"四能"的过程中发展学生的核心素养。如何让学生从"数量关系""空间形式"的角度去发现问题、提出数学的问题，也就是要思考"是什么？""可以是什么？""能做什么？"等问题，如何让学生分析问题并解决问题，其策略、方法和途径是什么？这都需要我们去设计和思考。

基于数学核心素养教学的基本框架，要求教师把握内容的数学本质，创设合适的教学情境,提出相关的数学问题,引发学生的认知冲突,组织互动探究的教学活动,留给学生充分思考的时间和空间,实施留白创造式教学,形成"数学化"的深度学习。基于这一框架的教学,能让学生在掌握知识技能的同时,积累数学活动经验,感悟数学思想方法,发展具有数学基本特征的思维品质、关键能力和价值观念。

核心素养是制定课程目标的基本依据,课程目标以及课程标准中对教学内容的要求和"教学提示",是教师落实课程教学目标、单元教学目标、课时教学目标的主要依据。而课程目标又是作为教材处理、问题设计的依据。课程标准中对所有教学内容的"学业要求"所做的具体的描述,是教师作为教学评价的主要依据。

(二)课程、教材体系的结构与联系

1. 总体结构认识

在义务教育阶段,课程内容选择保持着相对稳定的学科体系特点,体现数学学科特征;关注数学学科发展前沿与数学文化,继承和弘扬中华优秀传统文化;与时俱进,反映现代科学技术与社会发展需要;符合学生的认知规律,有助于学生理解、掌握数学的基础知识和基本技能,形成数学基本思想,积累数学基本活动经验,发展核心素养。

课程内容组织上,重点是对内容进行结构化整合,探索发展学生核心素养的路径。重视数学结果的形成过程,处理好过程与结果的关系;重视数学内容的直观表述,处理好直观与抽象的关系;重视学生直接经验的形成,处理好直接经验与间接经验的关系。

课程内容呈现上,注重数学知识与方法的层次性和多样性,适当考虑跨学科主题学习;根据学生的年龄特征和认知规律,适当采取螺旋式的方式,适当体现选择性,逐渐拓展和加深课程内容,适应学生的发展需求。

义务教育阶段数学课程内容是由数与代数、图形与几何、统计与概率、综合与实践四个学习领域组成,按学段循序渐进。综合与实践根据不同学段学生特点,以跨学科主题学习为主,适当采用主题式学习和项目式学习的方式,设计情境真实且较为复杂的问题,引导学生综合运用数学学科和跨学科的知识与方法解决问题。

义务教育阶段各学段各领域的主题

领域	学　段			
	第一学段 （1—2 年级）	第二学段 （3—4 年级）	第三学段 （5—6 年级）	第四学段 （7—9 年级）
数与 代数	数与运算； 数量关系。	数与运算； 数量关系。	数与运算； 数量关系。	数与式； 方程与不等式； 函数。
图形与 几何	图形的认识与测量。	图形的认识与测量； 图形的位置与运动。	图形的认识与测量； 图形的位置与运动。	图形的性质； 图形的变化； 图形与坐标。
统计与 概率	数据分类。	数据的收集、整理与 表达。	数据的收集、整理与 表达； 随机现象发生的可 能性。	抽样与数据分析； 随机事件的概率。
综合与 实践	重在解决实际问题，以跨学科主题学习为主，主要包括主题活动和项目学习等。第一、第二、第三学段主要采用主题式学习，将知识内容融入主题活动中；第四学段可采用项目式学习。			

高中数学课程分为必修课程、选择性必修课程和选修课程。高中数学课程内容突出函数、几何与代数、概率与统计、数学建模活动与数学探究活动四条主线，它们贯穿必修、选择性必修和选修课程。课程内容中也融入了数学文化知识。

高中数学的课程结构如下（见下页程序图）。

高中数学课程体现社会发展的需求、数学学科的特征和学生的认知规律，发展学生数学学科核心素养。优化课程结构，为学生发展提供共同基础和多样化选择；突出数学主线，凸显数学的内在逻辑和思想方法；精选课程内容，处理好数学学科核心素养与知识技能之间的关系，强调数学与生活以及其他学科的联系，提升学生应用数学解决实际问题的能力，同时注重数学文化的渗透。

以上海高中数学新教材为例，从学习领域来看，有函数、几何与代数、概率与统计三条主线，另外还有一条活动主线，即数学建模活动与数学探究活动。

函数主线是以方程和不等式为基础，重点在函数概念、性质及其应用，函数内容是整个高中数学课程内容的一个系列，具有核心地位、统领作用。在初中已经感受到了函数的变量说的含义，在学习了一次函数、二次函数、正比例函数、反比

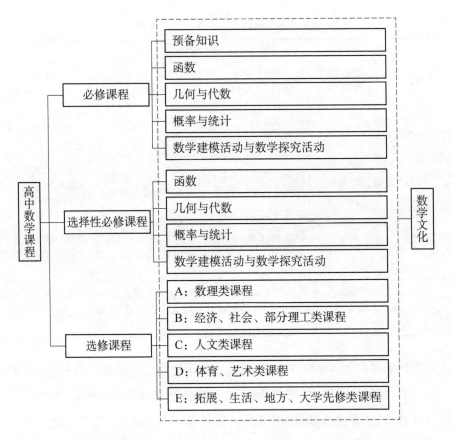

例函数等具体函数模型的基础上,高中教材首先是学习一些预备知识即集合与逻辑,然后从方程与不等式的复习与研究开始,先学习幂、指数、对数运算,再学习幂函数、指数函数、对数函数等具体函数的图像与性质,再研究一般函数的性质与图像。这种遵循从具体到抽象、从特殊到一般的研究方法,也贯穿于其他内容领域的教学中,贯穿于整套教材中。在学习一般函数的概念及其性质之后,再学习三角运算、三角函数。数列可以看成是一种特殊的函数,我们也可以用研究函数的方法处理某些有关的数列问题,这样可以更好地帮助我们研究数列。然后再学习导数,导数是微积分初步的内容,可以更好地用来研究处理与函数的有关性质与图像问题。总体上是沿着幂函数、指数函数、对数函数——函数——三角函数——数列——导数及其应用这样的顺序,分布于必修和选择性必修来展开教学。

几何与代数主线是按照幂、指数与对数——三角——平面向量——复数——

立体几何——平面解析几何——空间向量等这样的顺序构成,分布于必修和选择性必修来展开教学。其核心是代数运算、运用代数的方法研究几何问题,以及对空间想象能力和逻辑思维能力的培养。这里需要特别注意的是,向量运算是一种新的代数运算,要注重代数运算的算理、法则、规律,运算结构不仅是当下学习所必须的基础,也是未来学习高等代数的基础。向量是沟通几何与代数的一个有力工具;复数与平面向量有着紧密的联系;立体几何内容的学习是培养学生空间想象能力和在三维空间中的逻辑推理能力的最佳时机。

概率与统计主线是由概率初步——统计——计数原理——概率初步(续)——成对数据的统计分析构成,其核心是随机事件的概率以及数据分析。

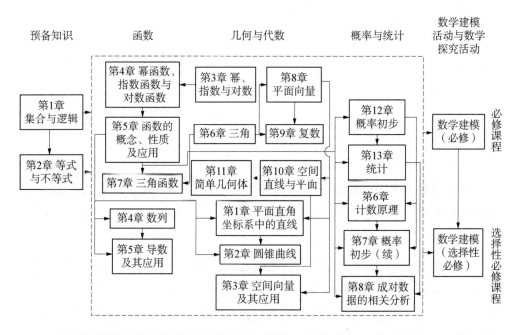

这种按学科发展主线安排教学内容,就是注重数学知识的承前启后和体系的完整性,避免知识的碎片化,所以要关注主线的整体性,给学生以数学整体性的体验,以激发学生学习数学的兴趣和动力,从根本上提高他们的数学素养。

2. 数学核心素养视角理解的课程体系与结构认识

(1) 数学抽象体系与结构

数学抽象就是从数量与数量关系、图形与图形关系中抽象出数学概念及概念之间的关系,注重从现实生活中、数学本身的发展演绎中或者其他学科知识中,即从事物的具体背景中抽象出一般规律和结构,并用数学语言予以表征。主要是发展学生的数学抽象核心素养。

数学抽象,主要以数学中的基本概念的构建为重点,贯穿于整个数学教育课程。主要体现在数学概念的发现、提炼和形成中,比如函数、方程、向量、异面直线所成的角、直线与平面垂直、导数,包括解决实际问题中的数学建模活动,等等。数学抽象是分层递进的,内容呈现是螺旋式上升的。例如对"直线"的认识,从最初平面几何的描述性定义开始直观感知,讲述平行、相交、异面的位置关系,给出一次函数图像的代数模型,数形结合,直至在学完解析几何"直线与方程"后建立较完整的认知体系。

这里我们要特别关注的是,学生在不同情境中抽象出数学的概念、命题、方法和体系时,数学概念和规则是如何获得的? 数学命题和模型是如何提出的? 数学方法与思想是如何形成的? 数学结构与体系是如何认识的?

数学抽象体现了数学的抽象性、一般性。通过发展数学抽象核心素养,培养学生一般性思考问题的习惯,善于把握事物的本质。

(2) 逻辑推理体系与结构

逻辑推理就是从一些定义、定理和事实出发,根据规则推导出其他命题。推理主要包括两类:一类是从特殊到一般的推理,主要形式有归纳、类比;一类是从一般到特殊的推理,主要形式有演绎。

逻辑推理,主要以数学中的命题、法则、公式、定理等的构建为重点,贯穿于整个数学教育课程。主要体现在公式、法则、命题、定理等的证明中。这里我们要特别关注的是,学生是如何发现问题和提出命题? 是如何掌握推理基本形式和规则? 如何探索和表述论证过程? 如何理解命题体系,有逻辑地表达与交流?

例如,已知直线与平面平行的性质定理——一条直线与一个平面平行,如果过该条直线的平面与此平面相交,那么该直线与交线平行。在这个教学过程中,可以通过举一些生活中的实际例子进行教学,如观察翻开的书页,页边所在的直线和平面、书脊所在的直线、书封面所在的平面之间的关系,转动的门的直边所在的直线、门所在的平面与门轴所在的直线、门框所在的平面之间的关系,等等,无不体现直线与平面平行的性质定理中所表达的条件和结论之间的关系。再结合长方体模型,学生在观察、讨论、尝试过程中,就可以发现命题,并对提出的命题不断地修正、完善,达到准确的表达。将口头语言转化为文字语言,再运用符号语言和图形语言表达命题的条件和结论。继续引导学生观察思考,执果索因,要说明空间中两条直线平行,可以说明这两条直线没有公共点并且在同一个平面内即可,那么又如何说明这两件事情呢? 最后用演绎的方法表达推理过程。在这探索和表述论证过程中,学生掌握了推理的形式和规则,理解了命题体系,就可以做到有逻辑地表达与交流。

逻辑推理体现了数学的严谨性。通过发展逻辑推理核心素养,培养学生有逻辑地思考问题,形成推理严谨、思考有据的思维品质和理性精神,增强交流能力。

(3) 数学建模体系与结构

数学建模就是对现实实际问题进行数学抽象,用数学的理论、数学的方法构建模型解决实际问题的素养,也是荷兰数学家弗赖登塔尔所说的"水平数学化"。数学建模过程主要包括在实际情境中从数学的视角发现问题、提出问题,分析问题、建立模型,确定参数、计算求解,检验结果、改进模型,最终解决实际问题。

数学建模,主要以数学建模活动和数学探究活动主线的构建为重点,贯穿于整个数学教育课程。主要体现在主题活动或者项目化学习活动等问题解决中。在函数主线、几何与代数主线、概率与统计主线中,也体现了对数学建模这一核心素养的培养。这里我们要特别关注的是,学生是如何发现和提出问题? 如何建立和求解模型? 如何检验和完善模型? 如何分析和解决问题?

例如"刹车距离问题",现实中驾驶员突然发现安全隐患,需要紧急刹车,从大脑反应到操作刹车制动需要时间,刹车开始到车停下来需要时间,而这些时间内汽车都在行驶,这段距离即为刹车距离。解决这样的问题,需要考虑汽车速度、反应时间等,需要建立表示"刹车距离"的数学表达式。学生将经历从现实问题中发现问题、提出问题、确定变量、探寻关系、建立模型、求解模型、检验结果的过程。

数学建模搭建了数学与外部世界联系的桥梁,体现了数学应用的广泛性。发展数学建模核心素养,提升了学生的实践能力,增强了创新意识和科学精神。

（4）直观想象体系与结构

直观想象就是借助几何直观和空间想象认识事物的数与形的变化，构建数学模型理解和解决数学问题。直观想象主要包括借助空间图形的形式理解与认识事物的位置关系、度量关系、变化规律；构建直观模型，建立数与形的联系，分析、表达、探索解决数学问题的思路。

直观想象，主要以能够借助空间图形解决问题等内容的构建为重点，贯穿于整个数学教育课程，主要应用在立体几何、空间向量等内容中。这里我们要特别关注的是，学生是如何建立形与数的联系？是如何利用几何图形描述问题、理解问题？是如何运用空间想象认识事物的？

直观想象体现了数学的数与形的结合，体现了数学的内在统一性。直观想象是探索和形成推理思路、进行数学论证、构建抽象结构的思维基础。发展直观想象核心素养，培养学生数形结合的能力，形成数学直观，在具体的情境中感悟事物的本质。

（5）数学运算体系与结构

数学运算就是依据运算对象，选择运算法则和运算方法解决数学问题的素养，主要包括明确运算对象、理解和掌握运算法则、探究运算思路、设计运算方法和程序、求得运算结果等。

数学运算，以解决数学问题过程的构建为重点，贯穿于整个数学教育课程。主要体现在数与式的运算，函数、方程、不等式中的运算，向量的运算、几何中的度量计算等。数学运算是解决数学问题的基本方式和方法，也是数学推理的基础和方法。在小学、初中阶段，数学运算是数学课程学习的主要内容，以具体数字运算为主，学生已经积累了丰富的经验。到了高中阶段，学生不仅要进一步提高数、式的运算能力，还需要学习向量、复数等新的运算对象，感悟运算的抽象性。这里我们要特别关注的是，学生在不同情境中是如何理解运算对象？如何掌握运算法则？如何探究运算思路求得最后运算结果的？

数学运算体现了数学的一种组织结构，是一种数域性质。通过发展数学运算核心素养，培养学生数学运算能力，促进数学思维发展，形成规范化思考问题的品质，养成一丝不苟、严谨求实的科学精神。

（6）数据分析体系与结构

数据分析就是运用数学知识与方法，对数据进行收集、整理、分析和推断，以解决现实问题的素养。数据分析过程主要包括收集数据、整理数据、提取信息、构建模型、进行推断、获得结论。

数据分析，主要是在大数据背景下，运用数学的手段处理现实问题，主要体现在概率与统计主线中。数据分析是研究随机现象的重要数学技术，也是"互联网＋"相关领域的主要数学方法。这里我们要特别关注的是，学生是如何收集和整理数据？如何理解和处理数据？如何获得和解释结论？如何概括和形成知识的？

数据分析体现了数学的应用性。通过发展数据分析核心素养，培养学生获取有价值信息并进行定量分析的意识和能力；增强基于数据表达现实问题的意识，形成通过数据认识事物的思维品质；积累依托数据探索事物本质、关联和规律的活动经验。

总之，要树立正确的课程观。把握好数学课程的内容、结构和主线，特别是要认识到数学课程的内容、体系、结构的科学价值和教育价值，要"凸显数学的内在逻辑和思想方法"，要"强调数学与生活以及其他学科的联系，提升学生应用数学解决实际问题的能力，同时注重数学文化的渗透"，要把握住核心观念、大概念，从更高的观点统摄数学课程。

二、 教学内容的要求

（一）把握数学本质，注重教学改进

高中数学新课标强调：

高中数学教学以发展学生数学学科核心素养为导向，创设合适的教学情境，启发学生思考，引导学生把握数学内容的本质。提倡独立思考、自主学习、合作交流等多种学习方式，激发学习数学的兴趣，养成良好的学习习惯，促进学生实践能力和创新意识的发展。注重信息技术与数学课程的深度融合，提高教学的实效性。不断引导学生感悟数学的科学价值、应用价值、文化价值和审美价值。

　　这段话既明确了素养教学的课堂落实方向,又强调了"把握数学本质"是展开"基于情境、问题导向、深度思维、高度参与"教学的大前提,数学核心素养的教学不是脱离了数学本质的表面热闹。那么,什么是数学本质? 怎么把握数学的本质? 数学对象有内容与本质两个方面,数学内容表现为概念、法则、性质、公式、公理、定理等可呈现的数学事实;而数学本质则是这些丰富内容所体现的更深层次的结构与联系以及所反映的数学思想与内在规律。李·舒尔曼(Lee Shulman)指出:"教师怎样理解学科知识对教学十分重要,专家型教师教学的成功,主要基于对学科知识的通透理解。"就数学教师而言,可以着眼于以下几个方面:①从微观上对数学知识的准确掌握。力求获得对教材的透彻理解,形成对所教内容的深刻感悟,切实把握教材内容的内涵与外延。教师对所讲授的数学主题,解释应很清晰、准确、合理,要给学生留下比较深刻的印象;②从宏观上对数学知识整体结构的正确把握。建立知识之间的紧密联系,形成完整的知识结构;③对显性知识背后隐性的思想方法的统领性认识。数学问题可以千变万化,而其中运用的数学思想方法,却往往是相通的,系统掌握数学思想方法对于提升教师的数学素养非常重要;④对数学知识产生、发展等"来龙去脉"的过程要有基本的把握,对知识的必要性要有彻底且深刻的讲解。要从 HPM 角度理解数学知识;⑤教师对知识的讲解要符合绝大部分学生的认知基础,要从高观点认识与把握数学。所谓高观点,是指"站在更高、更广的知识体系中来理解和认识下位知识的思想方法"。

　　以概念教学为例。数学概念的典型特点是其抽象性。所以概念课教学的特征是化抽象为具体,用丰富、典型的事例感知、概括、归纳、提炼出概念,语言表达通俗而不失严谨、多样而不失内涵。对概念的解释清晰、准确、合理。

　　概念课的教学设计按教学流程大致为:

| 感知、体验 | → | 抽象、提炼 | → | 表达、形成 | → | 辨析、理解 | → | 巩固、应用 |

　　感知、体验阶段:尽量提供一些感性认识材料,形成对概念的感性认识,通过辨认,对各种属性加以分化。

　　抽象、提炼阶段:引导学生从不同的角度和侧面去分析比较,学生独立思考,充分表达个人观点,舍弃非本质属性,分化出概念的本质属性,形成对概念的理性认识。这是发展学生数学抽象核心素养的最佳时机。

表达、形成阶段:在给概念下定义时,明确概念的内涵和外延,学生表达逐步准确、严谨。

辨析、理解阶段:从正反多角度辨析、变式,加强对概念的理解。

巩固、应用阶段:运用概念时,尽量使概念具体化,纳入概念系统,形成新的认知结构,达到对概念的掌握。

例如,关于解三角形,需要明确对于给定的三角形,在角和边的六个元素中,已知一些元素(至少有一条边),求(确定)另一些元素的过程。这是可以感知与体验的事实。联想初中数学学过的三角形全等判定定理,与对应三角形满足全等判定条件的三角形是确定的,即解三角形时有唯一解;不能够判定全等条件的对应的三角形不确定,可能无解或两解。这是由"形"到"数"的抽象并提炼出的解三角形的不同类型,并由解的过程表达而形成完整的逻辑表示,对三角形的边或角的情况做出符合现实的数学解释。

辨析理解阶段,认识符合三角形边与边(如勾股定理)、角与角(内角和定理)、边与角(正、余弦定理)之间关系的规律所形成的解三角形的数学模型,需要从正面、反面多个角度审视,寻找一定的表达规律,方便记忆。如余弦定理,是三角形的边角关系,由两边及其夹角求另一边的等式,有三种对称的形式;另一方面,由三边求角也有三种表达形式,掌握了结构也就了解了记忆方式。

在巩固应用阶段,常常进行概念的变式理解或结论的变式应用。

要有正确的知识观。数学知识不是那种从外界引进的一种空洞的符号和贫乏的数字,数学具有丰富的生活实际背景和数学文化背景,是学生进行数学实践和数学发现活动的对象和材料。对新知识的发现与掌握,都离不开学生的积极参与,学生掌握知识的过程,就是一种探究、创造的过程,也是世界观形成的过程。要注重与学生的生活世界联系,以学生最熟悉的事实现象与知识经验为出发点,让学生感到好奇与"惊讶",唤起学生学习的内在需要、兴趣、信心,提升他们主动探求的欲望及能力。

要有科学的教学观。教师在实际的教学中要精心创设有趣的问题情境,找准问题的切入点,在思维的最近发展区巧妙设疑,在情境中沉思,在情境中领悟,"疑则思,思则通"。要以问题引导学习,引导学生参与课堂教学,从而激发学生的数学思维和学习热情,给学生提供广阔的思维空间,让他们积极主动地探索、思考问题,引导他们学会不断地回到基本概念和定义上来,改变学生"被动接受"知识的学习状态。今天的课堂教学,机械的接受式教学方式随处可见,需要亟待转变为有意义的接受或者是有指导的发现式教学,让学生有时间思考,创造,即留白创造式教学。

教学过程中要引导学生参与课堂教学互动。教师不能对课堂教学内容"一手包办",要灵活利用多种教学方式,丰富学生数学学习的经历,合理选择有效的教学方法和策略,引导学生主动探究。按照"知识的发生、发展过程"来呈现学习内容,让学生经历概念的形成过程,体验结论的揭示(发现)过程、数学方法的运用过程、数学思想的积淀过程。要符合学生的数学认知规律,促进学生对数学进行深刻理解,帮助学生建立良好的数学认知结构。

充分重视信息技术,合理地发挥教育技术的作用。利用信息技术,创设一个探索数学、欣赏数学的学习环境,促进学生的探究性学习,完善学习方式。要在课堂教学中普及计算器的使用,通过技术的运用,进行体验性活动或验证性实验,帮助学生理解数学。充分利用网络资源服务数学教学,可在网络上进行数学教学,实施学习指导和开展研究性学习,拓展学生的数学视野,发展学生自主学习的能力。现代信息技术的运用要适量和适切,注意与传统教学技术手段的整合,避免由于课堂教学中信息技术的不当介入而限制了师生的思维与交流。

重建教学常规,不断改进教学,提高学习效率。针对不同课型,要设计合理的数学问题,以问题引导学习,重视合情推理,合理使用演绎推理;要通过典型的、丰富的例子来表征概念;要通过归纳、概括形成结论,让学生经历概念的概括过程、思想方法的形成过程,既讲逻辑又讲思想。引导学生通过类比、推广、特殊化等思维活动找到他们要研究的问题,形成研究的方法,使学生在建立知识的内在联系过程中领悟本质。

例如,"正弦定理"的教学要做到:①基于史料——丈量宇宙星辰、测量月地距离、测量隔江两岸的地标之间的距离,认识到已知三角形的两角一边,求未知边的问题,经常用到正弦定理。通过创设实际情境,激发动机,引发思考,体现学习内容的必要性；②小组讨论中先独立思考，后合作交流，表达个人观点，探究获取知识，再论证、迁移、质疑；③小组汇报展示，学生进行自主归纳、总结，比较多种方法，要做到调整、自我监控、矫正认知；④教师启发、矫正、调整、引导，证明过程中，利用直角三角形的方法、面积法、坐标法等方法的实质，都是在寻找三角形的边、角之间的一种关系，这种比值相等的形式有什么合理性？"正弦"来源于圆心角所对的弦，如果将三角形的外接圆做出来，会得到什么结论呢？学生讨论可揭示其所蕴含的几何意义……

在上面的举例中，我们可以体会到，教师围绕教学目标，依据学情与课本要求，阶段序进，设疑激趣，注重启发与交流，引导学生进行发现与创造性学习，注重激发学习动机，提供适合学生自主发现知识的机会；留下思考时间，创设充分的思考空间，让学生表达个人观点。

基于学生的认知基础和教学内容特点等，教师不断优化教学方式，丰富学生的学习经历，科学合理地选择教学方法，探寻教学策略，启迪教学智慧，创设适合学生探求问题的情境，使学生的认知获得、过程经历、情感态度与价值观不断提升，并在数学学习中得到和谐发展。

教师要有积极的专业素养提升观，认识到课堂教学是一项需要不断创新的工作，教师要有扎实的专业知识和专业技能，更要有崇高的职业境界。通过聚焦思维过程的教学改进，学生能主动参与课堂教学，积极体验数学思维过程、感悟数学思想方法，实现学习方式的多样化。对数学的理解水平有一个明显的提升，学习数学的兴趣、学好数学的自信心、学习效率才会提高。

课堂教学改进过程既是学生受益的过程，同时也是教师专业素养提高的过程，只有积极开展课堂教学改进实践，才能适应新时代对教师的要求，教师的成就感才能有所体现，数学学科的育人价值才能得以实现。

（二）实施单元教学，重视过程评价

对课程体系和知识结构的整体把握，首先要从章节、单元开始。会区分课程目标、单元目标与课时目标，把握数学课程内容的连贯性和系统性，包括知识的源头、知识发展过程、知识的应用以及知识对于人的价值观的形成等。这里倡导从

单元教学的角度入手,深刻理解和把握数学本质,重视学习过程评价,不仅关注明确的数学知识,还要关注默会知识,注重数学活动经验的整体的形成。

高中数学新课标指出:高中数学学习评价关注学生知识技能的掌握,更关注数学学科核心素养的形成和发展,制定科学合理的学业质量要求,促进学生在不同学习阶段数学学科核心素养水平的达成。评价既要关注学生学习的结果,更要重视学生学习的过程。开发合理的评价工具,将知识技能的掌握与数学学科核心素养的达成有机结合,建立目标多元、方式多样、重视过程的评价体系。通过评价,提高学生学习兴趣,帮助学生认识自我,增强自信;帮助教师改进教学,提高质量。

要有发展性的评价观。数学课堂上,应该给学生留有思考的时间和表现的机会,让学生做学习的主人,应把学生推向学习的"浪尖"和"顶峰"。教师只是轻轻地追问,激发学生去思考,让他们在自主探索中去学习,去获得知识,从而提高课堂有效性。要营造积极的学习氛围,培养自信。良好的学习氛围是高效课堂的基础,教师能否营造宽松和谐的氛围,能否调动学生学习的积极性,能否培养学生学习的自信心,能否让学生充满激情,充满活力,决定着教学效率的高低和课程改革的成败。教师哪怕是一句鼓励的语言、一个赞赏的眼神、一个肯定的手势,对于学生来说,那都是无价之宝。提倡教师多鼓励、多表扬和多肯定学生。从多维角度测试、监控学业质量,加强科学合理的作业训练系统的构建和管理,通过多元评价优化教学过程,提升教学质量。

下面以三角与三角函数单元为例,试说明如何把握单元教学与评价。

"三角与三角函数"单元教学设计

1. 内容教学分析

(1)基于内容的结构及地位作用

三角与三角函数单元对应"高中数学课标"必修课程主题二"函数"中的三角函数部分。新课内容是在沪教版必修2的第6章和第7章。第6章三角有3节内容,分别是正弦、余弦、正切、余切,常用三角公式和解三角形;第7章三角函数有4节内容,分别是正弦函数的图像与性质,余弦函数的图像与性质,函数 $y = A\sin(\omega x + \varphi)$ 的图像和正切函数的图像与性质。三角与三角函数的学习是相辅相成的,两者缺一不可。三角是学习三角函数的基础,三角函数是对三角的运用。

(2) 基于教学基本要求

《上海市高中数学学科教学基本要求》指出,本单元主要内容包括:角与弧度、同角三角函数的基本关系式、三角恒等变换、三角函数的图像与性质、三角函数应用。本单元的教学,应发挥单位圆的作用,可以采用不同的方式得到三角恒等式,探索三角函数的有关性质。鼓励学生运用信息技术学习、探索和解决问题。

(3) 基于数学核心素养的培养

本单元可提升的数学核心素养包括数学抽象、逻辑推理、直观想象,数学运算及数学建模。如:对于任意角的概念、三角函数概念教学中数学抽象核心素养的培养;三角公式的推导与三角恒等变换中的逻辑推理素养与数学运算素养的培养;借助单位圆对三角公式进行的探寻或是借助对三角函数图像与性质的探究对直观想象素养的培养;解三角形和三角函数应用中对数学建模素养的培养。从大问题、大观念的视角,注重提炼核心问题,如周期性的理解和应用等,以发展学生数学核心素养。

(4) 基于学情的需要

① 学生在小学,对角已有一定的认识。在初中,学生对锐角的正弦、余弦、正切、余切的定义等知识已有了一定的基础。高中阶段所学习的三角知识是对学生既有知识的再认知和升华,体现了从几何方法到代数方法这一研究方式的转变。

② 通过必修 1 第 4 章和第 5 章的学习,已有函数这个概念和工具,从而可以从对应关系角度建立正弦函数、余弦函数和正切函数的概念。将"三角函数"从三角中分离出来独立成章,这既突出了"函数"这一数学课程主线,又凸显了函数学习中由特殊到一般再由一般到特殊的认知规律。

2. 教学目标设计

(1) 理解三角与三角函数的内容、联系及意义,经历概念获取、公式发现的过程,掌握研究运算对象的方法,发展数学抽象、逻辑推理、数学运算的核心素养。

(2) 理解三角及三角函数各知识的几何与代数形态,体会几何与代数的转化,发展直观想象、逻辑推理的核心素养。

（3）了解三角知识的丰富背景（历史的、各学科的、现实生活的），能用数学语言来表达实际问题，并建立三角模型解决问题，发展数学建模的核心素养。

3. 教学策略分析

教师是建构学生学习活动的建筑师，教师需要有把原来的"教材"转化为适合学生发展的"学材"的能力。适当地教学策略，可以让学生一直处于积极探究的状态，就像一个永远吸不饱水的海绵，永远有潜力可挖，永远处于不断进步的状态。以下是对该单元教学内容的教学策略建议：

（1）以本为本，强调学生对书本的自主预习，自主提问，自主归纳，教师启发延拓课本例题、挖掘潜在思想方法，力求衍生出新问题并加以解决，力求对课本内容融会贯通。三角函数性质部分的教学可进行类比探究。

（2）对重点、热点、难点知识适时适度开展专题研究，注重教学方式的探究性、开放性，重视对学生合作、表达能力的培养，使其在探究中领悟知识、建构网络、形成能力，提升数学核心素养。

（3）重视信息化手段的利用。通过画板，图形计算器等信息技术手段，实现课堂中的"形、动、思"统一，提高课堂效率，注重实施课堂评价及学生自我评价。

4. 教学活动设计

依据学情分析和教学目标来设计教学活动，教学活动要关注情境的创设和学生的兴趣，要关注自主学习与小组合作学习，要关注数学交流与表达。

［活动举例］概念的生成实例

对于任意角的正弦、余弦、正切、余切，如何让学生理解定义呢？这是我们需要思考的问题。教学中可遵循由旧及新、由易及难、逐步加强、逐步推进的原则。从直角三角形中锐角三角函数的定义开始回忆，然后发展到在直角坐标系中对锐角函数进行定义，转换定义方式，将直角三角形改变为平面直角坐标系。由于角定义的发展，需要定义任意角的正弦、余弦、正切、余切，所以考虑用新的合理定义方式建立概念。这样的概念形成过程，是符合最近发展区原则的，是可实现学生对定义的生成体验的。

（1）任意画一个锐角 α，借助三角板，找出 $\sin\alpha$、$\cos\alpha$、$\tan\alpha$ 的近似值。

复习初中的三角比概念，加深对锐角三角比概念的理解，突出两点：①它与点的位置的选取无关;②它是直角三角形中线段长度的比值。

（2）前面已经将角的概念推广到了任意角,任意角的三角函数应该如何定义?是否还能继续在直角三角形中定义呢?

以此引导学生在直角坐标系中定义三角函数,引进直角坐标。

（3）如图 6.1,在平面直角坐标系中,如何定义任意角的三角函数?

（4）终边是 OP 的角一定是锐角吗? 如果不是,能否利用直角三角形的边长定义? 如图 6.2,如果角 α 的终边不在第一象限又该怎么办?

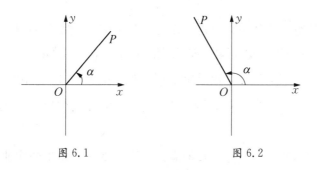

图 6.1　　　　　　　　　图 6.2

（5）我们知道,借助平面直角坐标系,可以把几何问题代数化。如,用坐标表示点,用坐标计算线段的长。现在回到锐角三角比问题,大家能否用平面直角坐标系中的角的终边上的点的坐标来表示定义式中的三条边长?

（6）请大家尝试给出任意角的三角函数的定义?

定义的习得,需要教师和学生共同的参与,以上例子就是一个典型。其实,定义习得的过程有三,一是生成,二是表述,三则是辨析。所以在概念生成后,需要有典型的例题及变式对概念加以巩固、延伸。巩固概念的形式、延伸概念的内涵。如,在会求三角函数值的基础上,延伸出符号与角象限的关系等。

5. 作业设计(略)

6. 评价设计

教学评价是以教学目标为依据,对教学过程及结果进行相应的测量,并给予价值判断的过程。教学评价对教学的影响至关重要,有什么样的评价就有什么样的教学。在核心素养推进的当今,我们需要思考基于数学核心素养的教学评价如何设计。

教学评价需要关注学生的学习过程,关注学生对知识和技能的掌握及情感态度和参与的表现,关注有关数学核心素养的发展。三角和三角函数单元的评价实施中,需关注以下几点:

(1) 关注学生对三角公式的学习方式,包括图形表达、语言表达、符号表达,关注知识背后的数学核心素养的提升。

(2) 关注学生学习三角函数的方法—类比探究,关注学习过程的自主性与开放性。

(3) 关注学生对三角相关问题探究的多维性及层次性,是否只是就题论题,还是会知识迁移,还是能提出更多值得探讨的问题。

(4) 关注学生用三角有关知识建立数学模型解决实际生活中的问题的态度和能力,学会用数学的眼光观察世界,用数学的语言来表达世界,用数学的思维分析世界。

(5) 关注学生的作业状况。教师应该从多角度关注学生的作业:①作业的过程书写及对错情况,以此寻找学生在知识、方法上的漏洞;②作业的做题痕迹,即哪些是独立完成的,哪些是参考别人后完成的,哪些是不会做的;③学生对作业的自我评价。在订正后,可以要求学生分析本次作业所涉及到的知识点,通解通法是什么,并分析自己当时做错或不会做的原因。

本单元的教学评价可以包括这样几个部分:一是课堂活动评价;二是日常作业评价;三是测试评价。

例如:已知三角形两边之和为 8,其夹角为 $60°$,分别求这个三角形周长的最小值和面积的最大值,并指出面积最大时三角形的形状。

分析 本题是解三角形相关内容,所指向的三角形具有不确定性,可利用余弦定理来解决问题。

解:不妨设 $\triangle ABC$ 中,角 A、B、C 对应边分别为 a、b、c,其中 $A = 60°$,$b + c = 8$,所以有 $a^2 = b^2 + c^2 - 2bc\cos A = (b+c)^2 - 3bc = 64 - 3bc$,而 $bc \leqslant \left(\dfrac{b+c}{2}\right)^2 = 16$,所以 $a^2 \geqslant 64 - 3 \cdot 16 = 16$,即 $a_{\min} = 4$,所以三角形周长的最小值

为 12,当 $b=c=4$ 时取到。

又 $(bc)_{\max}=16$,当且仅当 $b=c$ 时取等号,而三角形面积 $S=\dfrac{1}{2}bc\sin A$,所以

$S_{\max}=\dfrac{1}{2}\cdot 16\cdot\dfrac{\sqrt{3}}{2}=4\sqrt{3}$,即三角形面积的最大值为 $4\sqrt{3}$,此时三角形为正三角形。

序号	内容	素养	水平
例 2	解三角形	数学运算 逻辑推理	B

说明　本题是必修 2 教材中习题 6.3 B 组的一个问题,它作为作业评价需要考虑对解三角形的工具(正弦定理、余弦定理、面积公式等)的恰当选择,解决问题过程中是否有对均值不等式的利用或者是否用单变元函数化处理最值问题。因此本题的评价可以考虑学生是否能恰当地选择解三角形的工具及运算策略解决最值问题。上述问题既考查了对本章节内容知识的掌握情况,又考查了与函数、不等式内容的联系性。

(该案例由华东师范大学第二附属中学紫竹校区程丽君老师撰写)

第三节　问题设计与组织管理

留白创造式教学设计的关键在于动机激发,基础是问题设计,实施在于组织教学,教学技术是辅助提升。

一、问题设计的基本要求

我们强调课堂教学要以学生为主开展一系列的探究活动,"问题"是学生探究的开始。"问题是数学的心脏",问题也是数学课堂教学的心脏。教师只有设计恰当的、合理的、有效的问题,才能激发学生积极思考、主动探究。

留白创造式教学,就是师生在特定的情境当中发现问题、提出问题,学生是通过自主或者是相互合作,探究问题,解决问题,并进一步发现并提出新的问题的这样一个循环过程中,逐步实现知识的建构和核心素养的发展。这种形式的焦点在于,"问题"是让学生分解、分析、解决的,问题提出的形式是为学生自主探究而服务的。而掌握互动式教学中的问题设计是为促进师生互动服务的,是在师生对话与探究中分解问题与解决问题的,两者有较大的区别。

由于数学课程体系特点、不同教学要求、学生数学基础和能力等原因,数学课堂教学中的问题设计应该要留有充分思考的时间和空间,既要体现问题的发现过程,又要体现问题的探究过程。因为发现问题是提出问题的基础,探究问题是提出问题后的继续完善与深化。

留白创造式教学对问题的设计应该符合下列要求。

(一)符合目标,关注评价

留白创造式教学设计的目标导向原则要求教师所创设的问题首先要有利于教学目标的达成。每节课都要有一定的达成目标,在为实现教学目标而开展的数学活动过程中,"问题"起核心引导作用,"问题"要指向目标,服务于目标的实现,服务于突出重点与难点。学生如果偏离了目标问题进行讨论,教师要机智地引导学生到正确的方向上来,不能单纯为了好奇或者所谓的"激发兴趣"而让"问题"游离于本堂课教学内容之外。是否达到了教学目标,教师要从不同方面,运用不同手段加以检测、考查。

(二)情境体验,悬疑启发

孔子曰,疑是思之始,学之端。疑问是思维的起点,疑问的设置要能激发学生兴趣,还要能促进学生积极地思考,产生探究问题的必要性和内驱力。教师要设置悬疑,提出的问题让学生能想、会想,具有创生性,且通过积极的思考,能想得出,这样的问题才富有启发性。留白创造式课堂教学的主动学习原则要求学生必须自己亲自体验数学知识的发现、探究、形成的过程,体验用数学知识解决实际问题的乐趣。借助多种媒体等信息技术,呈现直观、动态、有趣、易记的情境,能极大地激发学生学习的积极性,提高教学质量以及效率。

如"为什么'负负得正'学习探究的课例研讨"案例中的问题设计:

……

师:这是我们学习过的有理数的乘法法则,大家有没有想过,为什么同号得正? 两个正数相乘,结果是正数,这是之前就学习到的。两个负数相乘,为什么结果是正数呢? 大家有没有想过为什么"负负得正"呢?

生:(思考)

师:历史上有很多人都对这个问题进行了思考。例如法国大文豪司汤达就是如此。

法国文豪司汤达(Stendhal,1783—1842)在学生时代就曾被负负得正这个法则困扰了很久。他的两位数学老师迪皮伊先生和夏倍尔先生都未能给他一个令人信服的解释。司汤达因而对数学和数学教师产生了不信任感,说道:"到底是我的两位老师在骗我呢,还是数学本身就是一场骗局呢?"

司汤达在小时候很喜爱数学,也很爱动脑筋。但当老师教到"负负得正"这个运算法则时,他一点都不理解。他希望老师能对"负负得正"的缘由做出解释,但并没有得到满意的回答。司汤达后来回忆说:"对我来说,这个没有解释的难题真是够糟的了(它既然能导致正确的结果,无疑也应该可以解释)。而更糟的是,有人用那些显然对自己都不清不楚的理由来对我讲解。"老师被问得没有办法,只好用债务来作比喻。司汤达更加困惑了:"一个人该怎样把10 000法郎的债与500法郎的债乘起来,才能得到5 000 000法郎的收入呢?"这一下老师彻底崩溃了,他的老师只好搬出大数学家欧拉和拉格朗日,说道"这些大数学家都理所当然地使用法则,你又何必钻牛角尖呢?"

各位同学们,如果你是司汤达的老师,你会如何向司汤达解释呢?

……

(张静,2020)

从这节课的教学情况来看,学生迫切想讨论,认为非常有必要给小司汤达解释为什么负负得正。教师提出的问题具有情境体验性、悬疑性与启发性。由此,学生思考、探究的兴趣和愿望也被激发。

（三）整体关联，体现本质

留白创造式课堂教学的阶段序进原则也强调教师对问题的设计要考虑问题的逻辑关联，不能仅仅是内容性问题，要从整节课来设计，如要解决什么问题，有哪些要素。设计的问题不是孤立的，不能仅仅解决某个单一的问题，而是要从整体关联性考虑，服务于教学目标，有利于突出重点、突破难点。多数问题的设计能够达到串珠成链的效果，形成一个整体，利于学生全面把握所学的知识及其联系，帮助他们提炼数学方法，领悟数学思想，把握数学本质。

例如，第七章第五节勾股定理的教学案例中，教师引导学生通过算两次直角三角形面积，关注三边之间的长度关系，理解勾股定理的本质就是直角三角形三边之间的长度关系。

（四）层层递进，把握节奏

留白创造式课堂教学的阶段序进原则，要求教师设计问题的难度合理适当，太难或者太容易都是低效的，提问的频率不能太高，要有层次性，要符合学生的思维节奏。教师要有一个由浅入深、由易到难、循序渐进的过程，要寻其"序"而引导，科学把握提问时机和提问对象，关注不同问题之间的联系，从一个问题顺利过渡到下一个问题。也就是说，设计的问题要有引领性，通过问题自然地引领出下一个问题，形成一连串的问题链，促进学生表达交流。教师要在学生思维的最近发展区设计问题，铺设学习的"桥梁"，让学生"跳一跳"就可以摘到"桃子"，充分了解学情，对学生的知识基础、认知特点、身心发展规律等都有一个客观的分析。

例如，下述对"导数的几何意义"的问题设计（上海教育出版社普通高中教科书选择性必修第二册2022年版）。

问题一：圆的切线是如何定义的？

说明：学生从位置、交点个数、直线到圆心的距离实现对"圆的切线"的再认识。

问题二：一般曲线的切线如何定义？

说明：在"圆的切线"定义基础上，思考一般曲线的切线如何界定？可能会从"曲线外部""交点个数"等方面思考。

问题三：若不能区分曲线的外部和内部，如何界定曲线的切线？

说明：从直线与曲线相对位置的运动变化思考，如直线与曲线有两个交点，固定其中一点，让另一点运动，逐步接近固定点。

问题四：如何将"割线"转化为"切线"？

问题五：如何用学过的知识表示直线的位置变化？

问题六：从函数的角度审视直线的斜率表达式，与前面学过的什么概念有关？

说明：由此引出导数的几何意义。

（五）动态发展，深度学习

留白创造式课堂教学的最佳动机原则，要求教师的问题设计应引起学生的认知冲突，激发学生进一步探究的欲望，积极参与到教学活动中。问题的设计要有利于学生的思维向纵深发展，有利于动态生成和目标指向，有一定的开放性和探究性，入手容易，方法多样，可以从多个角度、多个层面展开思考和讨论，甚至可发展为学生自己主动设计问题，将知识引申、拓展，层层递进，实现揭示本质，深度学习的目的。

例如，梯形中位线定理教学中，可以设问：

问题一：你能猜测梯形中位线的位置关系如何吗？

问题二：比较三角形中位线定理的证明方法，你能证明梯形中位线的结论吗？

说明：由学生已经掌握的三角形中位线定理设置新的认知挑战，从最近发展区体现教学设计的动机原则。

再如，第七章第三节"负负得正"教学案例中，教师启而得法，通过一系列的问题之白，启发学生产生超越之白。

生：一个人，向后转一次，再向后转一次，朝向和原来一样。

师：也是很好的逻辑说明。今后我们会学习到复数，一个数乘以负数，就表示这个数在复平面内旋转180度，再一次乘以负数，又旋转180度，就回到了原来的方向。两个负数相乘，结果是正数。这个是高中将要学习到的知识，大家以后努力学习，掌握更多的技能武装自己。

这里就很好地留下了一个超越之白。

二、 问题设计举隅

　　课堂教学设计是教学的一种艺术,身为一线的教师,我们应注意积累经验,对学生已经出现的问题要心中有数,同时认真研究怎样设计问题,如何选择最佳时机以什么方式提出。另外,我们还应看到,精心设计的提问还要用灵活的即兴提问作补充,即兴提出有针对性的问题,有时能收到意想不到的好效果,有教育价值的即兴提问是教学机智的表现,需要丰富的教学经验和理论积累。

　　教师要有问题意识,循循善诱,叩其两端。从事物的正反两个方面去寻求线索,激励学生寻求正确的答案,鼓励学生提出深刻的问题。当学生提出问题或者做出错误回答之后,教师不急于直接回答或纠正,而应根据目标导向补充追问,促进学生认识与改正。在这种问题情境下,学生进行研究探索,最后理解或者解决问题,实现补白,把教师的教授和学生的积极思维活动结合起来。

　　恰当的问题设计要求教师在放手和控制之间把握一个度,因而对教师的教学智慧提出了较高的要求。每个教师都有自己一套独特的个人经验和学习教学经历,对问题设计的方法有各自不同的理解,通常都会采用自己比较自如的方式。

　　课堂的主人是学生,培养学生的学习兴趣则离不开教师,创设良好的问题情境,激发学生内在的主动学习动机,培养学生的创新精神和实践能力,做学生全面发展的促进者,是教师义不容辞的责任。

(一)新知识展开的问题设计

　　从课时目标的要求中,对知识进行系统整理;提出问题不仅要有利于促进学生对数学知识的理解,还要提高他们的学习兴趣,培养学生发现问题的创造潜能,为终身学习和毕生的发展奠定基础。

　　例如,"向量的数量积"的第一课时的教学。从物理中"功"的定义出发,通过观察、类比,可以设计问题串:

　　问题一:物体在外力 $\vec{f}$ 的作用下的位移是 $\vec{s}$,这个外力所做的功如何计算?

问题二：可否把"功"看作是两个向量的某种运算结果？这种运算与向量的线性运算有何区别？

问题三：可否对任意两个向量定义一种新的运算？

问题四：如何由力的正交分解类比迁移到向量的投影和数量投影？

......

在引导学生讨论、探究这些问题的过程中，还需关注学生思维的连贯性，问题的严谨性，比如两个向量的起点位置在哪里？夹角的范围是不是要考虑确定？以及信息技术、媒体动画、学习单、工具等资源如何利用等。

（二）由特殊例子到一般情形的问题设计

特殊的例子推广到一般情形，可以推广到哪一步骤呢？通过留白问题设计，呈现发现之白，由特殊到一般，由具体到抽象，也是新课标新教材的基本理念。

例如，在"一元二次方程的根与系数的关系"的教学中，可以从特殊到一般进行类比，发现规律并加以证明。可以设计如下问题：

问题一：求下列一元二次方程的根：$x^2 - 5x + 6 = 0$、$x^2 + 5x - 6 = 0$、$6x^2 - 5x + 1 = 0$、$6x^2 + 5x + 1 = 0$。

问题二：对上述方程的两个根做怎样的运算，其结果和方程的系数才有简洁的关联？

问题三：对于一般的一元二次方程 $ax^2 + bx + c = 0$，你能得出关于根与系数的什么关系？并请证明之。

问题四：一元二次方程的两根之差、商、平方和又有何关系呢？

问题五：一元三次方程 $ax^3 + bx^2 + cx + d = 0$ 的根与系数有什么关系？

......

结合学情可以给予适当的课后作业延伸。

（三）针对学生的错误进行的问题设计

学生学习中出现的错误，是重要的教学资源，教师可以通过提示、探究、反问，对已有的知识经验进行反思、质疑,引导学生深入思考,让学生自己得出问题的答案,提出自己的独立见解,形成发散思维和求异思维的积极心向。

例如,"同底数幂的运算法则"的教学。在学生出现 $3^2 \times 3^3 = 3^6$,$a^2 \cdot a^3 = a^6$,$2m^2np^3 \cdot 4mn^2 = 2m^3n^3$ 这类错误时,可以提出以下问题:

问题一:3^2、3^3 各是几个 3 相乘?a^2、a^3 又各是几个 a 相乘?

问题二:再将它们相乘,可以看成一共是几个 3、几个 a 相乘呢?

问题三:根据运算的结果应该如何归纳同底幂相乘的运算法则呢?

问题四:系数和剩下的字母又该如何处理呢?

……

为了纠正学生在数学学习中的错误,教师往往要从概念、定义、法则中去寻找错误的根源。

(四)基于学生交流的问题设计

问题设计也可以是在学生回答、交流、提出问题的基础上的设计或者再设计。教师要尊重学生的原创想法,顺着学生的思路往前走,不断地追问,根据教学要求重新设计。在留白创造式教学课堂中,更容易达成预设的效果。

例如,本书第七章第二节"圆的面积"的教学案例中,有以下教学片段:

生 1:我们小组是先把圆进行了 16 等分,每一个小的"三角形"的面积都是相等的。想求出一个"三角形"的面积再乘以 16 就可以得到圆的面积了。

师:很好,那你们组是如何来求每一个小的曲边三角形的面积的呢?

此时,这组的孩子直摇头,面面相觑。

师追问:能否利用转化的思想,进行细分,比如平均分成 160 份,可行吗?

生齐答:可行。

师:那每一个小的曲边三角形的曲边发生了怎样的变化?

生齐答:差不多可以看成直边了,可以用近似三角形的面积来计算。

师:请大家动笔试着推导一下圆的面积公式。

生 2:近似三角形的底可以看成圆的周长÷160,高是圆的半径。所以圆的面

积为 $\dfrac{1}{2} \times \dfrac{2\pi r}{160} \times r \times 160 = \pi r^2$ [①]。

（五）开放式问题设计

教学的开放性，有助于创新型人才的培养，在教学中需要有开放性问题支撑。例如，本书第七章第六节"初中几何直观图的画法"的教学案例中，教师请同学们先发挥自己的想象画图，再由学生选择哪个图更优美、直观，最后呈现教科书上的长方体的不同画法，让学生"修订古书"。这样的学习过程，将现实世界的混沌无序经过数学学习建立（画法）规则实现有序。

三、 留白创造式教学的组织管理

（一）教师的角色定位

2016 年 12 月 7 日，习近平总书记在全国高校思想政治工作会议上指出："教师做的是传播知识、传播思想、传播真理的工作，是塑造灵魂、塑造生命、塑造人的工作。教师不能只做传授书本知识的教书匠，而要成为塑造学生品格、品行、品味的'大先生'。"

教师自身应有着对教育教学研究的兴趣并怀有对学生成长的热爱，应不断丰富自己的学科专业知识、学科教学知识、社会文化知识、教育心理学知识等，以自己良好的知识结构、修养和人格魅力去塑造学生的品格修养和知识结构。

教育的本质就是培养学生良好的个性和智慧，教师职业的价值就在于学生的发展。所以教师是学生学习的组织者、引导者、支持者，不应是单纯地传授知识，而是要注重在不断自我完善的过程中，科学、精准、有效地组织学生学习。教师要引导学生科学地管理时间，培养学生自主学习能力，指导学生开展个性化学习，在此过程中培养学生关键能力、必备品格和情感态度价值观。

实施留白创造式教学的教师必须具备较强的实践素养，包括分析处理教学内

---

① 将曲边三角形近似地看成三角形，就已经体现了极限的思想。

容、洞察把控学情、分析把握教学目标、制定实施教学策略、选择使用教学媒体、评价反思课堂教学等方面的能力。

(二) 课堂教学的组织管理

留白创造式教学不同于讲练导学式和互动掌握式教学,其实质是以学生的认知基础、学习特点、学习心理为基础,精心设计问题,提出让学生思考的问题,促进学生主动探索解决问题,从而获得知识、能力、价值观的发展。为了实施留白创造式教学,教师需要进行有效的课堂组织管理。

1. 课堂教学的导入

设计引人入胜的情境并设置一定的悬念,能够激发学生学习的兴趣,产生探究的动机,为后续的学习提供良好的准备。

比如,在学习矩形的判定定理前,教师生动地描述一下在装修时,只要测量一下门框的对角线长是否相等,就可以轻松地判断门框的里外是否都是矩形,为什么会这样呢?接着在复习平行四边形有关知识的基础上,提出问题:对角线相等的平行四边形是否是矩形呢?……

课堂教学的导入的目的是激发学生的求知欲,提高注意力,使得学生拥有一个愉快的学习心理状态,为学习后面主要内容做好知识和心理上的准备,有时还要起到先行组织者的作用,直接为重点学习内容服务。

2. 课堂教学的语言

教学语言是课堂教学的灵魂,是师生交流的重要工具,教学艺术本质上就是语言艺术。当然这里讲的语言主要是指口头语言和肢体语言,而非书面语言。教学语言能够充分体现教师的教学能力、教学修养以及教育教学效果。

在留白创造式教学中,教师要为学生营造充分的交流机会和自我思考的机会。教师的课堂用语要准确清晰、简洁明了、和蔼平等、连贯顺畅,提问引导要富有启发性,符合大多数学生的认知需求;解释说理生动,语调富于变化,有声有色,有节奏,有感染力;要形成逻辑结构严谨、有效的问题串,恰时恰点留白。让学生有机会思考、讨论、猜想,能够有条理地说理、解释和论证,正确地发表自己的观点。另外恰当的肢体语言也有助于师生间交流与互动反馈。

案例　勾股定理课堂教学问题设计的语言和活动（尤文奕，2020）

问题 1　应该如何研究直角三角形的边呢？

活动 1　画直角三角形,测量三边长度,小组讨论并尝试发现其中的规律。

问题 2　依靠现有的数据我们发现了其中的规律了吗？如果没能发现其中的规律,那么我们应该如何调整研究策略？

问题 3　我们研究特殊的直角三角形——等腰直角三角形,你发现其中的规律了吗？

追问　如果还是没能发现,问题可能出在哪里呢？

问题 4　直角三角形中的直角有什么独特的作用呢？

活动 2　小组讨论直角在三角形中的作用。

问题 5　在两条直角边相等的情况下,有 $c^2 = 2a^2$,那么一般情况下应该会有怎样的结果呢？

问题 6　我们知道 $c^2 = 2ab$ 这个猜想是错误的,但也许 $c^2 = a^2 + b^2$ 这个猜想也是错误的呢？

活动 3　对已有的数据进行检验,利用几何画板的计算功能对课件中的数据进行检验。

教师提出的问题要语言连贯流畅,内在逻辑递进且清晰易懂,能够跟学生的活动密切配合,形成有效的问题链条。留白要为学生补白提供较大自由空间,补白后学生再进行交流,从而激励学生主动思考。课堂活动的问题体现了数学活动的意义和价值,有利于吸引学生参与到课堂活动中来。

3. 课堂教学的分组

在课堂教学中,将学生适当且合理地分为几个学习小组是非常有意义的。分组学习有利于相互讨论、取长补短,有利于合作精神、社交能力的培养,有利于身心健康的正常发展,等等。课堂分组要注意异质互补,避免同质化,要注意男女生搭配、基础好差搭配、不同能力不同特长搭配,等等。教师要精心设计问题,促进合作讨论有效进行,做到及时评价,促进个人全面发展。

　　比如,在为什么"负负得正"学习探究中,美国数学家和数学教育家 M·克莱因(M. Kline,1908—1992)成功地解决了司汤达遇到的"债务×债务＝收入"困惑。他运用模型来推演与阐释,帮助人们理解。现在,学生的学习认识,是否也达到了这样的程度呢? 教师在讲述了司汤达对负负得正困惑的故事后,说:"如果同学们跨越时空到司汤达的年代,你会对司汤达进行怎样的解释? 是否还有其他的事例可说明负负得正的合理性?"

　　学生通过课堂分组,得到了许多出乎意料的回答,非常有成就感。

　　4. 课堂教学的活动

　　留白创造式教学需要有更多的课堂活动,活动能更好地促进信息的交流,提高思维能力、表达能力,更好地促进学生对知识的建构。活动既能体现激励又能体现合作,当学生对某一问题发表不同见解或者质疑某一观点时,这就体现了激励作用,而为了解决这一问题,需要小组成员之间分工合作,共同讨论解决方案,这就体现合作效应。

　　课堂活动的设计是针对教学的重难点展开的,要体现数学活动的意义和价值,要为突出教学重点、突破教学难点而服务。课堂活动的形式可以是全班活动或小组活动。要适时地引导组织好学生开展数学活动,朝正确的方向思考进行,不要偏离主题。课堂活动的气氛要民主、活泼,学生要全身心地投入,还要利用学习资源,比如文本、电子工具、媒体、资料等。课堂活动的组织需要吸引不同程度的学生参与到课堂中来,教师要尽可能为学生营造并保持具有认知挑战性的学习氛围。课堂活动要能促进课堂的生成,能水到渠成,能出现意想不到的精彩,起到"补白"之效。

　　通过课堂讨论、探究、归纳、总结,使得学生建立知识之间的紧密联系,形成完整的知识结构。

　　教师关注全班学生在典型性问题上的表现,对学生的错误回答找出原因,正确回答讲出道理,总结成功的经验并作一定的延伸拓展,促进学生思考。教师对学生资源利用的结果有较充分的评价,对学生之间的交流和讨论作出充分的判断。

　　留白创造式教学过程中,教师教学知识的储备增加了,师生的思想碰撞增加了,学生独立思考的机会增加了,解决问题的成效也增加了。这种教学形式更新了教师原有的观念,体现了学习活动的创造性,有效提升了课堂教学效率。

（三）需要认识的几对关系

我们从教师和学生在课堂中的不同地位来认识以下三对关系。

1. 教师主导与学生中心

以教师为主导的知识呈现是以知识结论的讲授为主;问题形式多是一问一答或者师问齐答,因此问题必然是以短问题形式呈现;课堂形态表现出来的状态主要是我说你听;对全体学生来说,主要表现在记忆模仿,以落实知识技能为目标。

以学生为中心的知识呈现是以知识发展过程为主要特征,由于具有思考性和探究性,以启发式的长问题形式居多。多是问题抛出后,需要学生思考,等待学生回答;以思考感悟为主,课堂形态表现出来的状态就是火热的思考和积极的讨论;对全体学生来说,主要表现在思维活动上,即以发展思维为目标。

2. 教师传授与学生发现

教师传授知识是显性表述的知识呈现,问题形式也多是封闭的、简单的,以讲授式课堂状态呈现。学生在此模式中的表现是静态的,是在被动接受,这一课堂模式反映的是教师水平。

学生发现知识是隐性表述的知识呈现,问题形式是开放的,因而也多是复杂的,以讨论式课堂状态呈现。学生表现是动态的,是在主动发现,反映的不仅是教师水平,更是教师活动设计水平和对认知规律的认识和把握。

3. 教师留白与学生补白

教师留白、学生补白或者师生共同补白是同一事物的两个方面。教师需要有预先的问题设计与管理的能力,更要有灵活机动地调整应变能力。问题形式突出思维空间有序,以具有关联序进的问题串呈现,课堂以分组交流为主。补白需要学生经过思考后表述、论证、探索,甚至向老师提问。课堂中民主意识的体现非常有必要,学生要有充分的思考活动空间。在学生补白的过程中,教师可以启发,创设情景,给学生提醒或补充,深究学生内在的想法,帮助学生思维向更高层次延伸展开,关注学生是否有再创造和发现新知识。留白要清晰、准确、深刻,"白"要合适,如果留了不需要补的"白",或者留了补不了的"白",那就"白留"了。

4. 短期效果与长期效益

留白教学需要克服急功近利的思想,要增加学生主动思考的时间,着眼于长远的创新素养的培养。通过减少教师"独白",增加课内交流,烘托主动学习气氛,延长教师与学生、学生与学生、学生与文本的交流对话时间,在课堂探究和思考讨论中,促进学生习惯养成与方法形成。

留白教学需要全身心投入,以兴趣先导。虽然短期内可能并没有优势,但长期效益得到保障,学生印象深刻,对知识关系理解牢固,有利于长期效益提高和学科核心素养的培育。

总之,要把思考的时间留给学生,要把表现的机会留给学生,要把质疑的机会留给学生,要把创生的机会留给学生。

参考文献

陈桂生,2009.普通教育学纲要[M].上海:华东师范大学出版社.

赫尔巴特,2002.普通教育学、教育学讲授纲要[M].杭州:浙江教育出版社.

范良火,2003.教师教学知识发展研究[M].上海:华东师范大学出版社.

弗赖登塔尔,1995.作为教育任务的数学[M].陈昌平,唐瑞芬,等译.上海:上海教育出版社.

教育部基础教育课程教材专家工作委员会,2018.普通高中数学课程标准(2017年版2020年修订)解读[M].北京:高等教育出版社.

刘彭芝教育思想研究课题组,2010.刘彭芝教育思想与实践[M].北京:中国人民大学出版社.

刘彭芝,周建华,2012.我们的国培2011·高中数学[M].北京:中国大百科全书出版社.

施良方,崔允漷,1999.教学理论:课堂教学的原理、策略与研究[M].上海:华东师范大学出版社.

汪晓勤,2017.HPM:数学史与数学教育[M].北京:科学出版社.

尤文奕,2020.关于勾股定理教学中"合理猜想"的思考[J].数学教学(11):25-28.

张静,2020."为什么'负负得正'"学习探究的课例研讨[J].上海中学数学(102):40-43.

章建跃,2003.中学生数学学科自我监控能力[M].上海:华东师范大学出版社.

中华人民共和国教育部,2020.普通高中数学课程标准(2017 年版 2020 年修订)[M].北京:人民教育出版社.

中华人民共和国教育部,2022.义务教育数学课程标准(2022 年版)[M].北京:北京师范大学出版社.

中小学教师专业发展标准及指导课题组,2012.中小学教师专业发展标准及指导 数学[M].北京:北京师范大学出版社.

第七章 ‖ 留白创造式教学案例

第一节　20 以内退位减法①

本节课运用留白创造式教学的方式,以小学阶段"20 以内退位减法"教学内容为载体,以留白任务引发认知冲突,体现发现之白,以学习工具支持协同探究,体现方法之白,以练习设计关注高阶思维发展,体现问题之白等,引导学生在理解算理的基础上掌握算法,培养运算能力。

一、教学背景

"20 以内退位减法"是上海九年义务教育小学课本一年级第一学期第三单元"20 以内的数及其加减法"中的教学内容,属于"数与运算"领域。

本单元主要是在学习了 11—20 各数的基础上,继续学习加减法,重点学习 20 以内进位加法和 20 以内退位减法,教材内容与学情分析见表 7.1。通过小棒、双色片、20 数板等学具的操作活动,进一步理解 20 以内数的组成、"十进制""位值制"等内容,可以把 20 以内退位减法转化为十几减几、十减几、几加几的算式,从而理解算理,掌握算法,体验和感悟转化的思想,培养运算能力。

表 7.1　沪教版一年级第一学期"20 以内的数及其加减法"教材内容与学情分析表

章名与课时	内容	课时	教材简析	学情分析	备注
20 以内的数及其加减法(14 课时＋1 机动课时)。	11—20 的数。	1	10 以内数图扩展到 20 以内,先从具体的海洋生物抽象到点子图、再抽象到数,表达 11—20 各数,并比较大小。	已学过关于数 5、10 的知识。	

---

① 本案例的执教者是上海市黄浦区北京东路小学林雁平老师;上海市嘉定区绿地小学徐逸凡老师参与了案例的整理。

章名与课时	内容	课时	教材简析	学情分析	备注
	十几就是十和几。	1	通过计算条片的直观呈现,进一步认识 11—20 各数,初次出现数位表。	日常生活中关于 10 以内数的经验。	重点课时,初步体会数的位值制,为学习加减法提供铺垫。
	20 以内数的排列。	1	借助数射线等学具标识,对 11—20 各数排序。	已有的 10 以内数的学习积累的经验,如"填出相邻的数"。	排列过程亦是运用数的过程,会 2 个一数、5 个一数。
	加减法一。	2	通过双色片、小棒、数射线呈现 20 以内没有进退位加减法的计算方法。	10 以内数加减法的计算方法。	重点课时,类比学习,建立联系。
	加减法二。	6	通过小棒、20 数板、数射线呈现"凑十"的算理。	10 的分与合是基础。	重点课时,体验十进制、位值制,理解加法中"凑十"、减法中分拆计算的方法。
			通过小棒、20 数板、数射线体现"退一当十"的算理和算法。		
			呈现被减数、减法、差之间的关系。		
	讲讲算算三。	1	根据生活情境口头编加法、减法、加减混合题,并列式解答。	学生已有的生活经验。	
	加进来,减出去。	1	借助 20 序列图、双色片体现加减法的互逆关系。	10 以内探究加减法关系积累的经验。	
	数墙。	1	以数墙为载体,找规律,指向推理能力。	10 以内数的拆分以及生活经验。	不同的练习形式,有利于激发积极性。

二、 设计依据

(一)运算能力要求

上海市数学特级教师曹培英老师提出了刻画运算能力结构的四面体模型(图7.1),为教学过程中学生运算能力的培养指出了一条路径。算法、算理是运算能力的一体两翼,尤其是在小学数学中,两者相辅相成,不可偏废。道理很简单,不掌握算法就无法确保实现运算能力的最低要求——"正确";只知怎样算,不知为什么这样算,充其量只是在搬弄数字的操作技能。(曹培英,2014)

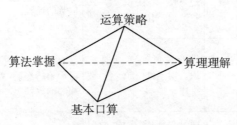

图 7.1 运算能力的四面体模型

(二) 单元教学设计

依据运算能力培养必须在理解算理的基础上掌握算法的要求,针对留白创造式教学的特点,从驱动型任务引发认知冲突、学习工具提供学习支架、练习设计关注高阶思维发展三个方面开展单元整体设计,注重前后内容之间的关联,关注知识的迁移与运用,在理解算理的基础上掌握算法,指向运算能力的培养,表 7.2 给出了本单元学习活动的设计。

表 7.2 一年级第一学期"20 以内的数及其加减法"单元学习活动设计表

单元目标				核心素养
1. 认识、计数、表达 11—20 内的数; 2. 会根据 10 以内数的加减法计算出十几加、减几的结果; 3. 会在 20 数板、数射线上进行 20 以内进位加法、退位减法的计算; 4. 知道被减数、减数、差之间的关系; 5. 能根据 20 以内加减法的计算,初步理解加法与减法之间的关系。				运算能力。
学习内容	课时目标	驱动任务	学习工具	学习评价点
十几就是十和几	1. 通过计算条片直观呈现等方式,会把 11—20 各数分拆成"十和几",初步感知以"十"作计数单位,知道十和几组成十几; 2. 初步认识数位表。	观察计算条的摆法,用小棒呈现 11—20 内的各数。	计算条、小棒。	1. 能正确说出 20 以内数的组成; 2. 初步理解位值制,知道同一个数在不同的数位表示数的大小不同。

续　表

学习内容	课时目标	驱动任务	学习工具	学习评价点
加减法一（没有退位减法）	1. 会计算 20 以内没有退位的减法； 2. 借助小棒、数射线把 10 以内数的减法的计算方法迁移到十几减几没有退位的减法。	借助小棒、数射线，说出 20 以内没有退位的减法的计算方法。	小棒、数射线。	1. 能正确分拆 20 以内的数； 2. 理解退一当十，相同计数单位的数才能相减； 3. 能把 20 以内退位减法转化为十几减几的减法； 4. 能有条理地思考，比较清楚地表达自己的思考过程与结果，说出算理。
加减法二（退位减法）	1. 会计算 20 以内的退位减法； 2. 借助学具小棒，理解"退一当十"这一计数单位的转换，探索计算方法； 3. 通过小棒等学具操作，体验把 20 以内退位减法转化为十几减几、十减几、几加几的算法； 4. 在评价、交流的过程中互助互启，激发合作学习的热情。	1. 说出 1 个十和 10 个一的关系； 2. 试着说一说 14－5 是怎么算的； 3. 找找"算一算"中的题目与今天新知之间的关系。	小棒、数射线、20 数位板。	
讲讲算算三	1. 会根据生活情境编加法题和减法题，并列式解答； 2. 能阅读和理解描述情节的文字，会口头编应用题并列式解答（包括口答结果）； 3. 初步学会根据情节口头编加减混合应用题，并列式解答。	请根据情境图的意思，用双色片摆一摆。	情境图、双色片。	1. 能在理解 20 以内退位减法算理的基础上正确计算； 2. 在情境中运用 20 以内退位减法的算理和算法解决问题。

三、课堂实施

（一）留白任务引发认知冲突，体现发现之白

教学中创设了三个数学情境任务，引发思维冲突，为学生主动发现、主动学习提供机会。

课堂导入环节借助 15－4 的计算过程，说出 1 个"十"和 10 个"一"之间的关系，感悟计数单位转化"1 个十转化为 10 个一"（图 7.2），为后续理解"退一当十"提供支架，引导学生发现数学本质。

图 7.2　把 1 捆小棒分拆为 10 个一　　　图 7.3　主动探究退位减法的解决办法

新知讲授环节,改变 15－4 中 5 和 4 的位置,呈现 14－5 算式,试着说出 14－5 是怎么算的? 引导学生发现退位减法的算理与算法(图 7.3)。

课堂小结环节,找找导入环节"算一算"中的题目与 14－5 之间的联系(图 7.4),进一步理解退位减法的计算方法。

图 7.4　导入环节与小结环节题目的比较

通过口算复习与课堂小结之间的前后呼应,在发现、联系的过程中感悟转化思想。具体来看,在导入环节算一算中,复习了三类题目,其一是十加几;其二是十几减几、十减几;其三是几加几。在课堂小结环节要求学生找一找口算练习与今天学习的退位减法 14－5 之间的关系,建立新旧知识之间的联系,体验与感悟转化的数学思想方法,体现发现之白。

(二) 学具助力探究数学本质,体现方法之白

数学学习领域中很多学习对象都可以用实物情境、教具模型、图形图表、言语描述、书写符号等类型来表征其学习过程。通过不同方式呈现数学学习的思维过

程,可以多层次抽象数学内容,多视角归纳数学内容,多维度建构数学内容,让数学学习的思考与形成过程"看得见",思维"可视化",引导和帮助学生发现数学的本质规律,为学生学习方法留白。

例如,学生探索 20 以内退位减法的教学判断。

师:14－5 等于几? 你们会算吗?

生:我感觉答案是 9,但不知道怎么讲。

师:我们学数学,不光要知道答案,还要知道为什么。老师为大家提供了学具。(出示学具)这是一捆小棒,表示 1 个十,这还有 4 根,它们合起来是 14 根。请大家动手操作,探究一下 14－5 等于几? 怎么得到的?

通过问题引导学生探索算理算法,为学生自主学习提供空间。

从单元的视角看,在本内容学习之前的"20 以内进位加法"的学习过程中,学生已经经历了借助小棒、20 数板、数射线等学具,对 20 以内进位加法进行探究,积累了关于"凑十"的活动经验。这些活动经验都为借助学具进行自主探究打下了基础。

因此教学过程中提供小棒、20 数板等学习工具,从具体的实物小棒,到 20 数板建立认知表象,再到用算式表征 14－5 的计算方法,逐步从具体走向抽象。多样化学具作为学习支架,解决抽象知识与低年级学生形象思维之间的矛盾,在两者之间架起一座桥梁,调动各种感官参与学习活动,引导和帮助学生在动手操作的过程中主动学习、自主探究,逐步理解退位减法及其算理。

小棒的操作较为直观,学生有两种操作路径:第一种,先拿走 4 根小棒,再把 1捆小棒打开,把 1 个 10 拆成了 10 个 1,从中拿走 1 根,最后得到 9 根;第二种,先把 1 捆小棒打开,把 1 个 10 拆成了 10 个 1,从中拿走 5 根,还剩下 5 根,与剩下的4 根合并为 9 根。无论哪种方法,都需要经历把 1 捆小棒打开数一数的过程。学生在打开 1 捆小棒的实际操作中发现:两种方法中不管用哪一种方法,都有一个将 10 拆开的过程,进一步理解 1 个"十"就是 10 个"一"。

20 数板的学具操作较为清晰地呈现了退位减法的计算过程(图 7.5),教师把分小棒时采用的不同方法在 20 数板上进行呈现,引导学生在类比中建构不同方法之间的沟通与联系,为之后用算式表达 14－5 的计算方法做铺垫,促进学生理解计算方法的本质就是相同计算单位之间相减,为后续计算学习提供思考路径,体现出学习方法的留白。

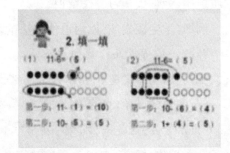

图 7.5　操作 20 数板理解退位的算理

（三）练习设计关注高阶思维,体现问题之白

练习设计类型多元,有填空、判断等题型。练习设计中呈现两种不同的问题解决路径(见表 7.3):一种是分拆被减数,另一种是分拆减数,但都是把 1 个"十"看成 10 个"一"参与计算。在问题解决的过程中理解旧知识、提出新问题,在比较、判断的过程中理解计数单位的一致性。

表 7.3　"20 以内退位减法"课堂练习内容表

序号	具体内容	设计说明
第一组	(1) 11-6=(　)　(2) 11-6=(　) 第一步: 11-(　)=(　)　第一步: 10-(　)=(　) 第二步: 10-(　)=(　)　第二步: 1+(　)=(　)	第一组是基本练习,呈现 20 数板作为学习工具的支架的作用,使思维过程可视化,帮助理解算理和算法。
第二组	3.判断 (正确的在括号里打"✓",错误的在括号里打"×") 13-8=5 第一步: 10-8=2 第二步: 3+2=5	第二组是变式练习,以判断题的形式呈现,学生在探究阶段借助表象理解算理,加深对算式的理解,提升至练习阶段的解读算式,借助表象表达算理,在判断思辨中进一步理解退位减法及其算理。
第三组	4.填一填 (1)　12-5=(　) 0 1 2 3 4 5 6 7 8 9 10 11 12 13 14 15 16 17 18 19 20 第一步: 12-(　)=(　) 第二步: (　)-(　)=(　)	第三组是采用数射线方式呈现退位减法的计算方法,是由具象思维至抽象思维的进一步过渡,多元模型满足不同层次学生的认知需求。

例如对于第二组练习,学生会提出"第一幅图表示把减数 8 分拆成 5 和 3,先减去 5,再减去 3,为什么不正确?""第二幅图是先拆哪个数呢?"等问题,此处练习设计为学生在学习过程中提出问题提供了空间,有利于批判、反思等高阶思维的培养。

师:根据左边的算式,判断右边两种 20 数板的解法是否正确,正确的打"√",错误的打"×"。

生1:我觉得两种解法都是正确的,第一种是在 13 里先减 3,再减 5,等于 5。第二种是在 10 里先减 8 等于 2,再和剩下的 3 合起来,也是等于 5。它们虽然方法不一样,但都是对的。

师:谁有不同意见?

生2:我不同意,虽然图的两种解法都是对的,但是我们要和左边算式连着看。左边第一步算式是 10-8。如果按照第一幅图的话,应该先算 13-3 才对啊。所以第一幅图应该打"×"。

师:大家同意谁的想法呢?同意第 2 位同学想法的起立。(第 1 位同学也起立了)

师:真理果然越辩越明。同学们善于发现问题,乐于提出自己的想法,真棒!

四、 效果反思

从教学效果看,学生能在教师提供的学习支架下,有意识地用数学语言表达退位减法的过程。整节课中绝大多数学生积极举手发言,且表达较为准确。即便是理解有困难的同学也愿意说出想法,在课堂上有长进。

本节课在留白创造式教学理念的指导下,通过任务驱动、学具支持、练习设计等方式,实施了留白创造式教学,促进学生主动学习。

通过创设三个留白任务,即说说 1 个"十"和 10 个"一"的关系;试着算一算 14-5 的结果? 找找"算一算"中的题目与新知之间的联系,为学生发现 20 以内退位减法及其算理提供机会,体现发现之白。

在学习过程中提供小棒、20 数板等操作性的学具,引导学生体验当 14-5 的个位 4 减去 5 不够时候,无论是分拆被减数 14 或是减数 5,都需要把 1 个"十"转化为 10 个"一",使计数单位相同才能相减。此过程为后续百以内的退位减法、万以内的减法等内容的学习提供了可供迁移的思考方法,体现了方法上的留白。

在巩固练习中通过呈现具有一定思考力度的学习内容,引导学生在问题解决的过程中生成对于自身而言的新的学习疑点、难点,为问题的产生提供条件,体现出问题之白。

留白创造式教学有效激发了学生自主探究学习的兴趣,促进其数学地思考与表达,帮助学生在 20 以内退位减法的学习过程中,经历动手操作—建立表象—抽象算式(理解算理算法)等过程,培养学生的运算能力。

第二节　圆的面积①

本文以初中六年级"圆的面积"第一课时的教学为例,从实验操作入手,立足问题驱动,经历知识发生发展的全过程,不仅获得了探究的体验,更参与了从认知出发,演绎化曲为直数学思想方法的过程。课堂教学留白式,化曲为直再创造。

一、教学背景

"圆的面积"是沪教版初中六年级上册数学教科书第四章"圆和扇形"第 3 节的内容,是在学习了圆的周长、弧长等知识点之后出现的。它不仅是对前面知识的深入与继续,也是今后学习扇形、弓形,亦或者高中学习圆柱、圆锥和球等知识的基础,在系统中起着承上启下的作用。

查阅相关文献资料发现,几个版本的数学教材关于"圆的面积"的内容都有动手实践环节,在操作中一般是学生在教师的启发下,进行剪切拼组,边讨论边理

---

① 本案例的执教者是上海外国语大学嘉定外国语学校朱文彬老师;上海外国语大学嘉定外国语学校曹艳侠、朱文彬、薛蓓老师参与了案例的整理。

解。教师主导探究过程,学生的探究空间有限。

六年级学生以感性思维为主,动手实践是探究新知的方式之一。前期教学发现,将圆转化为长方形、三角形、梯形等直线型图形对学生来说有难度。分割重组等操作环节要不要作为本节课的关键? 整个操作到底是学生事先知道要这么做,还是当堂生成? 安排几个操作合适呢? 除了动手操作,能否将实际操作与空间想象、几何推理、视觉空间推理等结合起来? 带着这些问题,我们尝试运用留白创造式教学,重新设计这节课,针对学习内容,按照思维认知顺序设置教学问题,创设学生思考空间,发挥实际操作在几何思维中的重要作用,有意识地寻求不同的方法解决问题。

从引入、建构、抽象概括、提炼表达和感悟体验等环节完整地体验数学知识的形成过程,通过观察、思考、动手操作、合作探究,推导出圆的面积公式并能灵活运用公式解决实际问题。课堂上,教师把握学生的认知起点,聆听学生数学思考最真实的声音,立足问题驱动,有效提问,适度追问,学生才有自我发现、自主探究、合作交流、感悟知识和数学方法的可能。从直观想象到演绎推理,渗透化曲为直的数学思想方法。

二、 设计依据

(一)数学史料

公元前 3 世纪,阿基米德的细分同心圆;公元 263 年,我国数学家刘徽的割圆术;公元 17 世纪,开普勒的分割变形等例子表明,古人对圆面积的思考和探索都试图采用无限分割跨越曲与直的界限。因此教师可借助数学史料,基于学生的认知起点与学习需求,引导学生进行"再创造",呈现更多的想法。

(二)留白创造式教学

经历多次课上的操作尝试后发现,学生把圆拼成学过的平行四边形、三角形、梯形,然后教师引导继续细分,学生才能实现由曲到直的思维跨越。而对于其他的推导方法,学生想到的不多。基于"再创造"的理念,为学生提供更广阔的天地,使其各种不同的思维、不同的方法得到自由发展尤为重要。

课堂教学中的留白,是指教师为了达成一定的教学目标在教学过程中有意识地以问题形式,留出时间和空间,引发学生在更自主的环境里理解并运用、发现、创造知识的一种教学理念与策略(上海市教育委员会,2004)。课堂常见留白形式有陈述之白、方法之白、论证之白、发现之白、问题之白、超越之白。留白创造式教学一般具有以下五个特征,即主体性、过程性、探究性、实效性、超越性。

"圆的面积"公式的推导过程有一定的难度,运用留白创造式教学,通过问题串的巧妙设计,适度留白,将学生的思维空间放大,引发学生深入的思考,让大多数学生参与思考,不同的学生做不同的事情,不同的学生有不同的收获,使知识的发生发展过程与学生的思维过程融合。

(三) 数学学习"再创造"理论

世界著名数学教育家弗赖登塔尔提出的"再创造"理论,在数学教育界产生了较大影响。"再创造"理论建立在充分发挥学生的主体地位、体现"以人为本"的现代教学理念基础之上,是当代基础教育课程改革倡导的新的教学模式和方法。

三、 课堂实施

(一) 以史为鉴,引导"再创造"

在数学史上,人们对圆面积的思考和探索前后跨越了数千年,置身历史的坐标,可以看到几千年来数学家对圆面积计算原理的探寻轨迹。当年,刘徽或阿基米德等前辈,无论怎样割圆或细分,始终无法逾越直边与曲边之间留有的那道缝隙。开普勒试图采用无限分割变形法跨越曲与直的界限,也遭到诸多质疑;卡瓦列里从棉线带来的灵感中获得了不可分量原理,但曲与直的鸿沟依然存在。这些探索本质上都是对直与曲、有限与无限关系的挑战,虽没有最终解决问题,但他们都为微积分的诞生奠定了基础,是数学发展史中宝贵的财富。

表 7.4　历史上对圆面积的推导

出处	推导方法
3 800 年前 古埃及	实验操作归纳法:把大小均匀的谷粒铺满一个圆和圆的外切正方形,利用两个图形中的谷粒数量比值求出圆面积。
公元 263 年 刘徽	割圆术:
公元前 3 世纪 阿基米德	细分同心圆:

公元 17 世纪	开普勒	分割变形:
	卡瓦列里	由衣服的布料不断分拆,拆到棉线为止不能再分得到"不可分量"启示,提出"全体不可分量的和"解决面积问题。
	微积分	对圆周长进行积分 $$S = \int_0^r S'(r)dr = \int_0^r 2\pi r dr = \pi r^2 \Big|_0^r = \pi r^2 \text{。}$$

历史上推导圆面积的方法很多,每种方法都曾经在一定的时期得到推崇,但方法背后的"无限分割、化曲为直"对后续数学学习而言,才是最具有价值的,也是圆面积教学中最应该注重的。因此,在本节课的操作环节中,学生在对方法的选择和理解上很容易被教材或者他们查阅的史料所禁锢,难免会跟着教材走,进行剪一剪拼一拼。鉴于此,我们希望教师引导学生进行"再创造",以呈现更多的想法。

（二）留白设问,及时追问,驱动思维
教学片段一:复习旧知,引导转化思想。
问题 4:我们学过哪些图形的面积公式?

问题5：这些面积公式是如何推导而来？

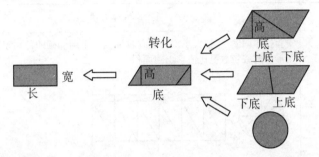

刚才我们通过割补法，把未知的问题转化成了我们可以解决的问题，这是学习数学过程中的很好的一种思想方法，那么，求圆的面积又可以用什么方法来解决呢？

教学片段二：明确思路，确定策略。

问题6：请观察你们的圆形纸片，与之前学过的平行四边形、三角形、梯形等平面图形有何不同？

问题7：如何推导圆的面积公式？（这里不再追问：能否转化为已学过的图形呢?)

设计意图：留白创设后，引导学生动手实验、抽象概括，利用已学知识解决新问题，渗透转化思想，为新知的再创造做好准备。

教学片段三：小组合作、探究、交流，成果展示。

教师：下面请同学们借助桌上的工具（圆形纸片、剪刀、胶水等）来尝试动手操作，剪一剪，拼一拼，折一折等，推导出圆的面积公式。

学生的思考方式形态各异，有苦思冥想单独思考的，有和旁边同学讨论的，更多的是拿起了桌上的圆形纸片观察后或折或剪的。（如图7.6）

图7.6 学生探索圆的面积公式

展示环节

展示交流并介绍:(1)你拼成了什么图形?你是怎么样拼成的?

(2)如果我们再继续等分下去,拼成的图形会怎么样?

有三组同学都用了转化的思想(如图7.7),通过剪一剪、拼一拼,把圆拼成平行四边形,并初步感知到了分的份数越多,越像平行四边形,且越接近长方形。平行四边形的面积公式是 $S=ah$,而这个平行四边形的底是圆的周长的一半,高是圆的半径,所以推导出圆的面积公式是 $S=\pi r^2$。 还有两组的同学也交出了惊喜的答卷,如下:

图7.7　部分成果展示

成果展示如图7.8:演绎化曲为直,感受极限思想。

图7.8

第四组的学生交流：

生1：我们组先把圆进行了16等分，每一个小的曲边三角形的面积都是相等的，先求出一个曲边三角形的面积再乘以16就可以得到圆的面积了。

师：很好，那你们组是如何来求每一个小的曲边三角形的面积的呢？

此时，第四组的学生直摇头，面面相觑。

师追问：能否利用转化的思想，进行细分，比如平均分成160份，可行吗？

生齐答：可行。

师：那每一个小的曲边三角形的曲边发生了怎样的变化？

生齐答：差不多可以看成直边了，可以用近似三角形的面积来计算。

师：请大家动笔试着推导下圆的面积公式。

生2：近似三角形的底可以看成圆的周长÷160，高是圆的半径，所以圆的面积公式为 $S_圆 = \frac{1}{2} \times \frac{2\pi r}{160} \times r \times 160 = \pi r^2$。

通过第三、四组的汇报，我们可以发现，虽然这一小组分割以后又拼成了一个圆，表面上看他们从起点又回到了起点，但是在教师的有效提问以及适度追问下，学生的思维开始活跃、拓展。学生从数学直观出发，想象等分了160份以后，每个小的曲边三角形近似于直边三角形，自然而然过渡到了演绎推理的阶段，符合学生的认知规律，很好地演绎了化曲为直的思想，学生比较容易接受。接着学生顺理成章地推导出了圆的面积公式，这也给本组学生种下了自信的种子，认识到要探求数学活动的本质就不能害怕失败。在此阶段，学生的"补白"呈现出"陈述之白""发现之白""论证之白""问题之白"！

成果展示如图7.9：从直观想象到演绎推理，呈现思维过程。

第六组的学生交流：

生3：我们组讨论的结果是不需要用剪刀剪开，再拼起来推导圆的面积公式。我们在不停地对折，对折到不能对折为止。我们对折了五次，展开后发现圆由32个小的曲边三角形组成。我们组讨论了很久，只要把一个小的曲边三角形的面积算出来，再乘以32就得到圆的面积公式了。刚刚听了第四组的讲解以及老师的提示，我们恍然大悟，这样是可行的。如果对折的次数越多，每个小的曲边三角形

图 7.9

就越接近直边三角形,它们的面积是近似相等的,底边可以看成圆的周长除以分成的小的三角形的个数。这样就跟第四组的方法异曲同工。

　　课堂小组交流给了我很大的启示,我们的"留白"让学生经历了如何将"圆"转化为规则图形(三角形、梯形、平行四边形等)的过程,演绎了多种不同的方法,或许折一折才真的符合学生的认知起点。在此过程中,学生的"补白"呈现"陈述之白""发现之白""方法之白""论证之白""问题之白",乃至于"超越之白"!

（三）学生反馈

　　基于本节课,笔者对班级 39 位学生进行了前测和后测。在前测中,通过问卷调查了解到,90.91%的学生知道圆的面积公式,只有 9.09%的学生不知道圆的面积公式,如图 7.10 所示。由此可见,对于圆的面积的计算公式,只要学生有课前预习,很容易知道结果 $S_{圆} = \pi r^2$。但是,只有 42.42%的学生会推导圆的面积公式,不会推导圆面积公式的学生高达 57.58%,如图 7.11。

　　因此,本节课的教学重难点的设计放在了圆面积公式的推导上。让学生亲历操作过程,引导学生再创造,演绎化曲为直的思想方法。在实践操作实验过程中,进一步渗透转化思想,感悟"无限逼近"的数学思想;增强合作交流意识和能力,激发学习数学的兴趣。

　　在后测中,笔者对全班学生进行了问卷调查,旨在了解学生对本节课的收获、

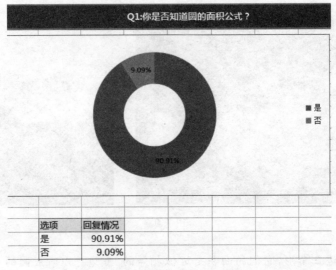

图 7.10

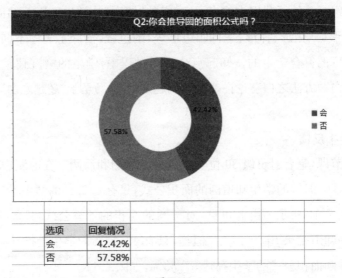

图 7.11

感想及建议。94.87％的学生都会推导圆的面积公式。全班共计 39 人,余下 2 位学生还没掌握圆的面积公式的推导,课下需要老师单独辅导,为教师的辅导明确了对象,总体目标完成尚可。如表 7.5 所示。

表 7.5 ［单选题］通过本节课的学习,你会推导圆的面积公式吗?

选项	小计	比例
会	37	94.87%
不会	2	5.13%
本题有效填写人次	39	

本节课学生通过观察、思考、动手操作、合作探究、推导出圆的面积公式并能灵活运用圆的面积公式解决实际问题。

这节课与平时的课堂教学的最大的不同通过 39 位学生的问答统计结果(如图 7.12 所示)表现。

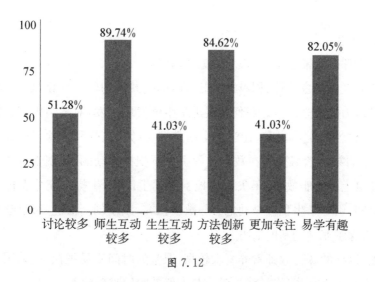

图 7.12

由此反馈可见,本节课教师立足问题驱动,引导学生亲历再创造过程,演绎化曲为直,给学生留下了深刻的印象,师生互动和方法创新较多,课堂易学有趣。通过问题串的形式有效引导学生,把圆通过折叠或者割补转化为已学过的平面图形,体现了"把未知问题转化为已知问题"的数学基本方法,把新知识纳入已有知识中分析、归纳,从而完成对新知识的建构过程,圆满完成了教学任务。

四、 效果反思

（一）效果

学生在课上经历了充分思考、实践活动、同伴互助、共同探究问题的过程，深度学习得以发生，思维的火花得以碰撞。教师采取创造发现式教学，基于问题驱动，抓住核心内容，有效提问，适时追问，开展深入的交流和讨论。在抽象与具象相结合的过程中，体会"化曲为直""无限逼近"的极限思想。通过操作，经历公式的推导过程，不但加深了学生对公式的理解，而且还能够有效培养逻辑推理能力，体会数形结合的内在美，品尝成功的喜悦。

（二）反思

随着新课改的推进，课程观念的更新，教学方式和学习方式的转变，学生在课堂上要充分发挥其主体性、积极性、创造性，师生共同构建个性化、自主化、轻松和谐并充满活力的数学课堂。我们从促进学生的发展出发，对教学内容进行合理组织，设计多样性的学习内容，让学生全面掌握、探究、接受和体验多种数学学习方式，使学生的数学学习变为在数学教师引导下积极主动的、体现学生个性的鲜活过程。课堂上要大胆放手，不失时机地引导学生，为学生提供充分发挥创造力的空间和时间，引导学生积极主动地参与数学探究，激发创新潜能，彰显学生的主体性，让数学课堂充满创新的活力。

当然，这样的课对教师素养要求较高，课堂的时间不易把控，应采用多次集体备课、专家介入进行指导，一线教学中与一般教师较难单独实现。

第三节 "负负得正"合理性探索[①]

"负负得正"是重要的代数运算法则，其合理性的探索历来为人们所关注。事

---

① 本案例的执教者和整理者是上海中医药大学附属闵行晶城中学张静老师。

实上,在数学教育史上,该法则是一个教学难题。本节呈现了初中六年级学生的一节拓展课,教师借助数学史,实施了留白创造式教学。

一、 教学背景

《义务教育数学课程标准(2022 年版)》提出了 9 大数学核心素养,其中关于运算能力,要求能够明晰运算的对象和意义,理解算法与算理之间的关系;能够理解运算时遇到的问题,选择合理简洁的运算策略解决问题。

有理数的运算是学生进入初中阶段要学习的一类重要数学运算,也是进行后续计算、综合问题研究的重要基础。"有理数的乘法法则"是初中有理数运算教学中的基础内容,其中对于"负负得正"的乘法运算法则的学习,课本中给出了模型的分析过程,得出有理数的乘法法则。对于法则的进一步认识,课本并没有给出更多的解释。在数学史上,这一相关内容有着跌宕起伏的发展历程。从数学史的角度了解"负负得正"的合理性,运用"留白创造式"的教学方式,能够帮助学生更好地理解"负负得正"的合理性。

本节拓展课是在学习了"有理数的乘法"之后开设的法则探究课,将数学史上关于此节的内容贯彻在课堂教学中,将"通过历史上的相关故事,引出问题,创设情境,驱动思考,模拟数学研究的过程,寻找两数相乘符号法则的现实解释,体会有理数乘法法则的合理性,体验数学来源于生活的道理"作为本节课的教学目标导向,而其中的引出问题、创设情境、驱动思考等环节,恰恰是将课堂真正还给学生,以"留白创造式"的问题设计,一步步生成本节课的探究结果——"负负得正"的模型。留白创造式教学让学生拥有足够的思考时间,充分感悟与获取模型的内涵,进一步理解数学法则的合理性。

二、 设计依据

(一)留白创造式教学的意义

苏霍姆林斯基说过:"有经验的教师往往只是微微打开一扇通向一望无际的

知识原野的窗子。"教师在教学中应激发学生的好奇心和探索欲,有意识地为学生留出思考的时间、空间,引导学生经历知识的探究过程,真正达到对数学知识的深入思考与内化。

留白创造式教学借助"留白"活动为学生提供课堂参与的机会,激发学生探究的内驱力,引导学生探究问题,培养问题意识、质疑精神,促进学生对学科知识、方法的认识与理解。蔡格尼克记忆效应也表明,人们对于尚未处理完的事情,比已处理完成的事情印象更加深刻。人们天生有一种办事有始有终的驱动力,对未完成的工作的回忆量会优于已完成的工作,之所以会忘记已完成的工作,是因为欲完成的动机已经得到满足;如果工作尚未完成,这一动机便使他对此留下深刻印象。人们对于尚未处理完的事情会有较强烈的去完成它的动机,记忆也会较为深刻。学习也是如此,学生会对于目前正在做,但还没有完成的事情记忆深刻。对于课堂当中的知识内容,教师恰当的"暂停"讲解会引发学生的探究内驱力,学生对知识的记忆理解也就更加深刻。

课堂教学之中的留白设计,是课堂上特意安排的活动,教师角色暂时缺失,由学生独立完成学习任务,主动获取知识,是一种知识的再创造。具体的课堂中如何操作实践,何处留白,留白之处教师如何引导,留什么白,如何及时地补白,都需要在实践中不断寻找。

(二) 留白创造式教学设计

1. 学情分析

本节课是沪教版六年级第二学期的拓展课程,学生在升入初中之后,经过一个学期的学习,逐渐适应了初中的数学学习节奏,养成了良好的数学阅读习惯,寻找到了合适的方法,激发了其数学学习兴趣。基于此,课堂设计应紧密围绕生活中的数学,让学生感悟到有理数的乘法也是来源于现实生活。从数学概念的来源、本质、发展过程等方面进行探讨,追本溯源,感悟知识背后体现的数学思想。

在学习运算法则过程中,不仅仅是做单纯的记忆,也需要进行主动的探索。在恰当的留白之后,学生经历探讨问题本质的思维过程,挖掘以史启智的学科育人价值,让学生在理解结论的同时,进一步树立问题意识,形成探究意识。通过模型体验理解法则的合理性。

2. 课前调查问卷

为全面了解学生对有理数乘法法则的学习状况,课前向 68 名学生进行问卷调查,数据显示,大部分学生(95.6%)在课前就知道负负得正这一乘法法则,但只有极少数学生(4.4%)思考过为什么负负得正,几乎所有学生都不知道如何解释说明负负得正,大部分学生(97.1%)希望能够知道为什么负负得正。利用学生对于"负负得正"合理性的好奇心,教师需要在课堂上激发学生的思考,引导学生探索其中的奥秘。

3. 教学设计说明

本节课以史为鉴,采用"留白创造式"进行课堂教学。课前查阅历史上的"负负得正"资料,用 19 世纪法国文豪司汤达的故事为课堂教学提供相关材料,在讲述了司汤达关于"负负得正"的困惑的故事后,提出思考问题:"如果同学们跨越时空到司汤达的年代,你会对司汤达之问进行怎样的回应?"以此激起学生的好奇心与探索欲。通过分析数学史中的事例,寻找两数相乘符号法则的现实解释,体会有理数乘法法则的合理性。

课堂准备中要充分预设需要留白之处,带给学生补白的欲望,让学生在探索过程中进行知识积累、方法运用与能力创新。留白问题需要难度适宜,符合"最近发展区"理论。本节教学设计通过数学史故事,提出问题,让学生体验数学研究的一般过程,在补白过程中体会数学法则的合理性。

留白创造式教学围绕学科核心素养的落实,着眼于学生的现有水平与可能的发展水平,根据学生已有的经验与知识,留出空间,在已有知识与要学习的知识之间搭建桥梁,促进学生对数学本质进行理解;引导学生在留白之处体会知识的发生发展过程,体会数学的本质,于"留白"处感悟数学思想,引发学生的深入思考,也为教师的下一步教学实施提供了事实依据,方便教师对后续的教学进行即时的调整与优化。

三、 课堂实施

（一）发现之白

教学片段一：

通过简单的有理数运算,回顾有理数的乘法法则。学生回答出有理数的运算法则:两个有理数相乘,同号得正,异号得负,并把绝对值相乘。任何数与零相乘,都得零。

师:这是我们学习过的有理数的乘法法则,大家有没有想过,两个负数相乘,为什么结果是正数呢?

历史上有很多人都对这个问题进行了思考。

19世纪法国文豪司汤达在学生时代就曾被负负得正这个法则困扰了很久。他的两位数学老师迪皮伊先生和夏倍尔先生都未能给他一个令人信服的解释。老师被问得没有办法,只好用债务来做比喻。司汤达更加困惑了:"一个人该怎样把10000法郎的债与500法郎的债乘起来,才能得到5000000法郎的收入呢?"这一下老师彻底崩溃了,只好搬出大数学家欧拉与拉格朗日来,说:"这些大数学家都用得理所当然,你又何必钻牛角尖呢?"

各位同学们,如果你是司汤达的老师,你会如何回应司汤达呢?

生:（思考）

生:我觉得钱数是不可以进行相乘的,因为它不是数字的运算,没有"钱数乘以钱数"的说法的。

师:这位同学从单位的角度说明了"钱数乘以钱数"是不可以的。大家同意吗?

我们尝试把这个问题改编一下,让负数乘以负数有实际的意义,从实际情境中说明负负得正的合理性。如果每天欠债500法郎记为-500,那么再加入一个数量,使得它们可以相乘。可以加入什么量呢?

生:他欠了多少天,就用-500乘以天数。假设他欠了3天,用-500乘以3,得到-1500。表示他欠了1500法郎。

师:这里的例子非常好,如果把"3 天后"换为"3 天前"呢?

生:3 天前比今天多了 1500 法郎,$-500 \times (-3) = 1500$。

师:非常好,为同学们给法国大文豪司汤达的解答过程感到骄傲。因为美国著名数学家 M·克莱因也曾成功地解决了司汤达的问题,和刚才同学们的分析过程几乎一模一样,为你们的精彩解答鼓掌。

课堂伊始,教师带领学生走进历史中的"负负得正"故事,切身感受与体会当时的情境,让学生真正体会到情感共鸣,在留白处感受司汤达对于数学问题的困惑与无助,激发学生的求知欲。此时的戛然而止,让学生在情境中感悟司汤达的处境,思考"如果你穿越回去,如何解释这个现象?"思考历史中这一开放问题,为这一问题情境进行"补白",引发学生的积极思考与热烈讨论。

(二)问题之白、发现之白

教学片段二:

师:有了刚才的欠债模型,可以说明负负得正。生活中还有没有其他的事例或者模型可以说明"负负得正"?请大家进行小组讨论,稍后请同学们来发言。

(讨论 5 分钟)

师:请同学们来讲一讲。

生:一个人,每天花 2 小时来读书,就是 -2,这样读了 10 天,用掉了 20 小时,如果推回来,就是负负得正。

师:这个例子也可以用乘法式子表示。仿照刚才的欠债模型,每天欠债记为负的。这个模型中,每天花掉 2 小时读书,认为休闲时间少了,记为 -2,10 天之后,记为 $+10$,10 天之后的情况用乘法式子表示为:$(-2) \times 10 = -20$。

小阅的思路很好,2 个纬度,1 个量是类似"速度"的量,即每天多少量;1 个量是对应的时间的量,3 天之后就是 $+3$,3 天之前就是 -3,乘出来的结果,和现在的时刻进行比较。

生:有一部待机的手机,每天需要用 10% 的电量,就是 -10%,在前一天,就是 -1 天时,它的电量比现在多 10%。

师:这个例子特别好,和欠债模型有怎样的相似之处呢?

生：一个待机手机，每天用 10% 的电量，记作 -10%，往后的天数记作正，往前的天数记作负。那么 2 天之后，$(-10\%) \times 2 = -20\%$，表示电量比现在少 20%；2 天之前，$(-10\%) \times (-2) = 20\%$，表示 2 天之前的电量比现在多 20%。

教师进行知识的传授中，通过搭建基于已学知识的脚手架，让学生自主构建新知识，实现自我的探索实践。在学生的补白过程中，课堂真正成为了学生思维驰骋的原野，学生自主成长。暂时缺少教师参与的留白之处看似不需要教师，但实际上，需要教师具备更强的基本功。在本教学片段中，深感教师需要随时关注课堂的进程，在学生思考问题过程中给予陪伴，及时给予恰当的点拨，对学生的优秀的课堂呈现给予及时的赞扬与鼓励。

教学片段三：

师：东西方向有一条直线，小汽车沿着这条线运动。请同学们来解释一下这个模型。

生：一辆小汽车从西向东行驶，速度为 10 米/秒，规定正东方向为正，点 A 为初始位置。2 秒后，记为 $+2$ 秒，汽车在点 A 的东边 20 米处，$10 \times 2 = 20$。

师：讲得非常好。对比刚才欠债的模型，提到了 3 天之前，通过类比，这个例子如何分析 2 秒之前的情况呢？

生：2 秒之前记作 -2 秒，那么 2 秒之前，$+10 \times (-2) = -20$ 米，表示汽车位于参照点 A 的西边 20 米处。

师：运动的模型和欠债模型有着相似之处。可以把数轴当做时间轴，速度 10 米/秒对应每天赚 10 元钱，起始位置对应第 0 天，初始情况没有钱，第 2 天之后，赚 20 元钱，对应在数轴上的位置是在起始位置东边 20 米处。2 天之前的钱数，比现在少 20 元。

本教学片段中，教师按下知识传授的暂停键，引导学生带着强烈的内驱力去探索问题、发现解决问题。学生逐步深入思考问题，掌握本节课的重点内容，突破难点，并体会到有理数的乘法法则含义，感受到数学来源于现实生活。关键点在于充分留白，让学生自主探究，真正发挥学生的主动性，教师进行适时的引导，就会惊讶于学生的学习探究能力和补白成效。

（三）论证之白

教学片段四：

生：论证如下（图 7.13）：

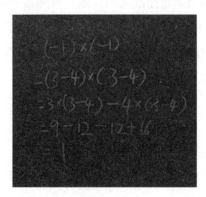

图 7.13

师：同学们来看黑板。这里的论证的每一步都是正确的吗？

生：我认为有错误。这里的每一步书写都是正确的，但是如果用来证明负负得正，就是错的。证明需要用已知来证明未知。黑板上第一步，负数的加减法是正确的；第二步，使用了负数的分配律，分配率在负数中是否成立还没有证明。我们是学习了负数，规定了负数乘以负数等于正数之后，验证了负数也可以用在分配率中。所以这里的步骤用来证明负负得正，就是错误的。

师：说得非常有道理，这里实际上已经用到了负数乘以负数等于正数的结论。负负得正已经被发现是不可证明的，只能用生活中的实例来说明。还有谁来说明负负得正的吗？

生：一个人，向后转一次，再向后转一次，朝向和原来一样。

师：这是很好的逻辑说明。今后我们会学习到复数，一个数乘以负数，就表示这个数在复平面内旋转 180 度，再一次乘以负数，又旋转 180 度，就回到了原来的方向。两个负数相乘，结果是正数。这个是今后到高中要学习到的知识，大家以后努力学习，掌握更多的技能武装自己。

学生在进入初中后，初次接触证明，容易发生"循环论证"的错误。在负负得正的说理探索中,教师充分留白,赋予了学生论证之白的思考探索空间,虽然学生在黑板上的探索结果是错误的证明,但可贵在学生经过思考分析后,发现了这一证明的错误,这是一种超越之白。论证之白的设计,让学生真正体会到了数学证明的逻辑与内涵,失败的结果也是成功的探索。教师需要具备深厚的学科专业基础,在学生回答出形象的"向后转"的事例时,教师及时给予肯定,并将结果一般化,用数学计算的方式解释生活事例,再次让学生体会数学来源于生活,是生活的抽象,数学作为强有力的工具可以解决生活问题。

四、 效果反思

(一)"留白创造式"教学所需要的适应情境

整体来看,班级的学生学习基础较好,有着良好的学习习惯和端正的学习态度。班级有一批学生对数学有一定的拓展能力和深入钻研的精神品格。日常教学中要对班级学生进行分层的教学实施与作业布置。课堂教学设计围绕《义务教育数学课程标准(2022年版)》中的"四基"(基础知识、基本技能、基本思想和基本活动经验)以及"四能"(运用数学知识与方法发现、提出、分析和解决问题的能力),依据校情与学情,在完成基本教学内容基础上,关注学生的数学思维。作业设计中关注所有学生是否落实基础部分的训练,以完成对教学目标的有效落实,针对学有余力的学生要进行思维拓展问题训练,注重引导学生展开自主探究学习与深入研究。

"留白创造式"教学对学生的要求较高,需要教师长期对学生的学习习惯与思维方式进行引导渗透。教师在教学中要根据"最近发展区"理论在学生已有知识与要学习的知识之间搭建桥梁,留出空间,进行合理预设。学生在补白的过程中,会出现意外的想法,很多情形是非常好的教学案例片段,需要教师即时把握,即时给予评价与指导,要能够处理课堂中随时出现的预设之外的情况。开展"留白创造式"的教学也是教师课堂教学的奋斗方向和努力的目标。

（二）"留白创造式"教学的育人价值

教学片段五：

师：本节课，我们学习了什么？

生：学到了负负得正的生活事例。

生：学习了为什么负负得正的原因，和它的合理性。

生：负负得正可以用生活中的事例来解释和说明的。生活中处处隐藏着奥秘，我们需要探究。

师：我们要怎样去探究学习呢？

生：我们要对任何事情充满好奇心，多问一问，不把问题留过夜。

生：在证明方面要追求合理性，负负得正不能证明，只能说明。

生：我认为看每一个问题都要有批判性思维，别人认为是对的也要验证一下，看有没有疏忽的地方。

师：对的，就像司汤达的例子一样，一个看似普通的数学法则，却难住了历史上的很多大家。那是因为他们非常善于思考，对待问题怀有批判精神，凡事总是多问个为什么，这种追根究底的钻研精神，值得我们每个人学习。

实践过程发现，"留白创造式"教学的留白适用于各个课堂环节，在课堂引入与课中讨论之外，课堂小结部分的留白实践，可以激发学生的探索欲，总结反思学习过程中的思维品质，从而填补超越之白。从课堂知识内容的回顾总结，到提炼数学思想认知；从学习实践的意义认知，到对待困难问题的态度，留白之处教师都需要循循善诱，让学生在补白的过程中提升思维能力，教学过程体现学科育人价值。

教学片段六：

师：这位同学的证明过程正确吗？

生：这里的约去过程就用到了要证明的负负得正结论。和刚才同学的书写过程类似，这道题目计算是正确的，但是如果用来证明负负得正，就是不对的。

师：同学们努力尝试证明负负得正，想到用代数的方法进行计算证明，说明大家学会了用数学的思维分析世界，用数学的语言表达世界，期待大家用数学的眼光观察世界。

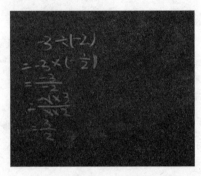

图 7.14

　　在寻找多种模型加以对照,引发激烈讨论之后,逐步导出"负负得正的结论是不能够证明的"这一出乎意料的结论,让学生感受数学学科的严谨,体会到数学的发展过程是一代代数学家们不断探求真理的过程,不能盲目地迷信权威,要有独立思考能力,要具备批判意识与创新思维。在情境引入的留白中让学生陈述、发现,感受到跨越时空的思想碰撞,留白的问题设计让学生回到司汤达的时代并与之对话,解答历史名人对于"负负得正"的疑惑。之后的一系列留白,给学生充分时间探求模型的过程,构建"知识之趣",营造"探究之乐",让学生在完成跨课时作业的过程中,进行深入的思考,感受数学学习的快乐,最终落实数学学科核心素养,达成学科育人价值目标。

　　在"留白创造式"教学中,在何处留白? 留何种白? 如何补白? 如何通过留白过程最大程度彰显数学学科的育人价值,值得进一步探索与研究。

(三)寻找更大的"留白创造式"教学空间

　　本节课后对开课班级的 36 名学生进行了问卷调查。问卷代表性结果汇总如下:

　　(1)对于问题"课堂上老师带大家一起学习了'负负得正'的现实解释",你最喜欢哪一个,最不喜欢哪一个,为什么?

　　生:最喜欢"汽车模型",因为我比较喜欢汽车,不喜欢的没有,因为都很实用。

　　(2)你是否喜欢教师在上课时引导大家一起学习"负负得正"的现实解释,为什么?

36 人都表示喜欢,很有趣。原因有以下:

生:之前只是知道法则,不会去想为什么有这个法则。这节课不仅得到了"负负得正"的现实解释,而且懂得了许多道理。

(3)了解了负负得正的历史,你有何感想?

生:学习数学要有好奇心,要提出疑问。要留意身边的数学,对事情要以质疑的思想去验证它。感受到了数学的奥秘,学无止境。

(4)"负负得正"的运算法则同学们早已知道,今天再一次走进"负负得正",你有什么新的体验?

生:以前学习"负负得正"只是把这四个字记住,而现在知道了是如何被解释的。生活中处处藏着学问,要去探究。

生:有些东西无法被证明出来,但是要拥有一颗勇于探索世界的好奇心。

部分回答如下:

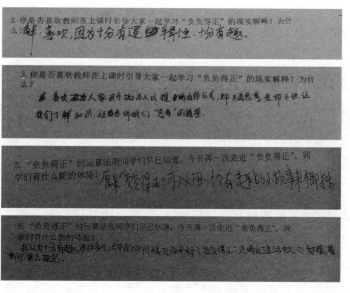

图 7.15

根据课后学生的问卷统计,反思课堂教学情况,为让学生了解历史上人们对"负负得正"的认知情况,营造跨时空与前人对话的穿越情境,引出模型解释,并层层深入。课堂环节处处都有留白的意境,教师没有直接给出任何一个模型,但引导着学生一步步寻找出负负得正的各类模型。学生在补白的过程中体会到探究的快乐。"留白创造式"教学为初中数学课堂教学提供了新的思路方向,在课堂教学中如何将留白的作用进一步提升,需要持续地研究与不断地实践探索。

第四节   二次函数专题复习[①]

"留白创造式"教学是课堂探究学习的有意义的尝试,其课堂倡导教学留白,这不仅仅是一种教学方法与模式,更是一种理念、一种主张、一种境界。本文以初中"二次函数专题复习"课为例,专题复习结构化,"留白"彰显自主性。

一、 教学背景

从知识层面上看,专题复习课是某一个问题的专门化复习,围绕待解决问题所需的知识集中再现、重复、再认知,是聚焦问题解决的知识综合与迁移,需要明确各知识在专题中的地位和作用,强化知识的交叉渗透,构建起专题的知识体系。从能力要求上看,专题复习突出学科思维能力的培养,注重整体意识和综合能力的提高,可全面提升运用所学知识分析问题、解决问题的综合能力。

专题复习课有着承前启后的作用和地位,复习环节对于学生有情感回归和知识唤醒的作用。通过知识回忆,学生极容易想起当时在学习这个知识点时和谐的课堂氛围,和他在获取这个知识点时的那种激动以及当初探究时的那种热情,从而形成新的欲望,并且在此基础之上迸发出新的学习与探究热情。学生对于已学过的知识,经过一段时间后有所遗忘,这是情理之中的事情。通过专题复习,就能很好地唤醒学生对以往知识的记忆,从而达到衔接新旧知识的目的。没有孤立的

---

① 本案例的执教者和整理者是上海市嘉定区教育学院曹君老师。

一堂数学课,每堂课都是对前一次学习的延续,都会对深入学习起到一定的作用。因此,数学教学知识与方法是环环相扣、互为基础的。本节课是在九年级第一学期"二次函数"章节学习认知的基础上设计的一节专题复习课,课上回顾函数学习的一般方法,形成知识结构图,感受知识之间的联系。通过对二次函数图像的分析,掌握读图方法与分析技巧,提高识图能力和由形导数、由数验形的能力。

用思维导图形式对相关知识点进行了梳理。

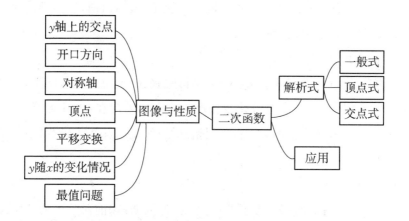

在专题复习课的教学中,存在着两种不可忽视的现象,一是有的教师担心复习课内容完不成,将复习课上成了"快进"模式,采取的复习方式是"讲练式"教学,以教师传授为主,从知识梳理、重点难点讲解到典型例题的剖析,整个课堂中教师在"唱独角戏",与学生几乎没有互动,学生分析问题和解决问题的能力仅仅只是模仿与记忆;另一种则是"互动式"教学模式,这是当下大多数课堂教学模式的体现,即教师与学生之间一问一答,教师面面俱到,搭建"脚手架",学生顺势而上,顺从复习,再由教师提炼方法与结论,从而达到掌握的目的。这两种现象从表面上看,似乎发挥了教师的主导作用,体现了学生的主体地位,然而,一旦拆除"脚手架",学生缺少发现问题、分析问题和解决问题的能力,学习效果不佳,对专题问题的解决方法的掌握更是无从谈起。

二、设计依据

"留白创造式"教学有别于"讲练导学式"与"互动掌握式"教学，它是以学生自主学习为主，体现认知需求，问题设计有较大的思维跨度，是以小组讨论、教师点拨、引导为主要形式的教学方式。留白不是为了体现留时间、留空间的"形式"，而是在追求师生深度对话、学生充分思考知识本质、生成或发现知识的"神韵"。在课堂教学中，抓住和把握学生的这种心理认知规律，适当留白，进而推动课堂教学的动态生成，是这种教学设计的初衷。

1. 学情说明

从整体来说，班级大多数学生对数学学科感兴趣，但是大多数学生较内向，不爱表达，学习积极性不高，两极分化也较严重。主要表现在：①基础薄弱点较多，综合解题能力较差，学习上不善于自己纠错总结；②学习深入思考少，主动学习质疑少。

2. 调查问卷

基于以上学情，以布卢姆"掌握学习理论"为依据，课前对学生的数学课堂参与度进行问卷调查，为留白式课堂教学的探索奠定基础。

问卷呈现——

（1）（行为参与）数学课堂上，老师提出问题时，你的表现是（　　）。

A. 无论答案正确与否，经常主动举手，积极参与发言

B. 常常是老师点到我回答时才参与发言，不会经常主动举手发言

C. 从不参与发言

（2）（认知参与）数学课上，对于所学知识点，你的掌握情况是（　　）。

A. 能较好地掌握课堂所学知识，在此基础上，能对所学知识进行归纳总结，对于难度较高的题也有较强的知识迁移能力

B. 能掌握课堂所学知识，但是仅仅停留在浅层次，不善于归纳总结。题目稍有变化，就无法独立解决

C. 独立学习能力较弱，需要老师的引导、同学的互助，才能基本掌握课堂知识

（3）（情感参与）对于数学学习的成就感，你的感受是（　　）。

A. 在独立解决问题后，常常能感受到较强的成就感，学习兴趣和学习兴趣高涨

B. 对数学学习的成就感不高，常常不能坚持主动学习，缺乏自信

C. 从未体验到数学学习的成就感

由图 7.16 可见，行为参与方面，仅有 14.59％的学生在课堂上积极主动发言，85.41％的学生则是被动回答问题；认知参与方面，仅有 31.22％的学生对所学知识能进行归纳总结，有较强的知识迁移的能力，而 68.78％的学生认知参与仍然停留在浅层次，不善于归纳总结；情感参与方面，仅有 21.12％的学生对于学习数学有较强的成就感，而 78.88％的学生缺乏持久的学习动机。

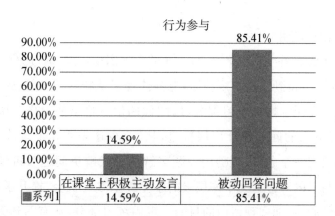

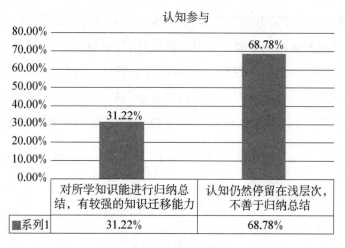

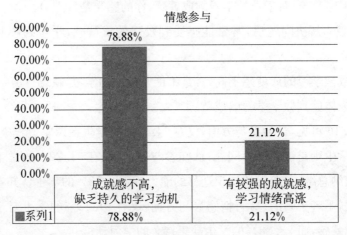

图 7.16

3. 教学设计说明

本课设计从画函数 $y = x^2 - 2x - 3$ 的大致图像出发,通过分析和归纳二次函数图像的特征,得到一些直观性质,充分体现了从特殊到一般、先分解再组合的策略思想。在课堂探究学习部分,以图像的信息检索能力作为留白的形式,激励探索,接下来的问题设计层层推进,从"至少还需要几个条件求函数解析式"到"教师给出一个条件,鼓励用一题多解的方式解决问题",再到"图形平移变换中的数与形的对应",为不同层级的学生提供参与机会,提升学生的课堂参与度以及自信心,从而实现留白的目的。巩固练习部分,从有图到无图,从信息检索到绘制大致图像能力的训练,同组学生不同层级小组合作,互相学习,优势互补,推动课堂教学动态生成。能力提升部分,与课前绘制 $y = x^2 - 2x - 3$ 的大致图像首尾呼应,感知并理解二次函数与不等式、方程之间的联系,提出"研究函数以方程为工具,研究方程以函数为思想"这一观点,引导学生体会数形结合思想方法的作用。本课作业布置部分也采用留白的形式,特别设计了函数 $y = \dfrac{1}{x^2}$ 的自主探究与探究报告的完成,与引入部分"回顾函数学习的一般方法"呼应。

三、课堂实施

尝试一：发现之白

（教学片段一）已知二次函数 $y=ax^2+bx+c$ $(a\neq0)$ 的大致图像如图 7.17 所示：

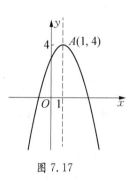

图 7.17

师：你可以获得该二次函数的哪些信息？老师给大家两分钟时间，请你把结果写在学习单上。

生：对称轴是直线 $x=1$；开口方向向下；顶点坐标$(1,4)$；函数有最大值；沿 x 轴正方向，图像先增后减；截距为正。

师：这位同学能检索出 6 条信息，非常好，还有补充吗？

生：$b=-2a$，得到 a、b 异号；$b^2-4ac>0$，图像与 x 轴有两个交点；$a<0$；$a+b+c=4$。

说明：教师通过呈现二次函数的图像，学生进行信息检索，从图像中发现一些直观条件和隐含条件。此处教师巧妙地运用留白，让学生领悟图像中所蕴含的内涵。此处留白的设计，点燃了学生探索的热情，激活了学生的思维。教师把某些知识有意识留下不讲，让学生的心理处于暂时的不平衡状态，迫使他们去寻找、去发现。这样既可以营造良好的学习气氛，又有利于学生自我构建和完善知识，提升概括能力。

画函数 $y=x^2-2x-3$ 的大致图像，通过对一个具体的例子分析和归纳二次函数图像的特征，得到一些直观性质，再从特殊到一般，运用先分解再组合的策略思想，梳理 $y=ax^2+bx+c(a\neq0)$ 的图像特征和直观性质。通过适当留白，唤醒学生之前学习的记忆，从而构建（发现）系统的知识体系。

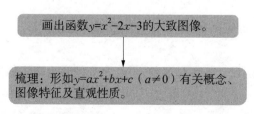

尝试二：超越之白

(教学片段二)师：(1) 不等式 $x^2-2x-3>0$ 的解集是 _____ 。

(2) 方程 $x^2-2x-3=-\dfrac{1}{x}$ 的解的个数是 _____ 。

生：解不等式，发现无法解决。

生：分式方程通过化简后为一元高次方程，不会解。

师：那么我们是否可以运用已有知识解决这个问题呢？

小组合作：我们可以借助函数图像，比如画出二次函数 $y=x^2-2x-3$ 的大致图像，找出函数值大于零对应的自变量范围，再画出函数 $y=\dfrac{1}{x}$ 的大致图像，发现两个函数的图像有三个交点，因此方程的解的个数为 3 个。

加强知识的纵向和横向联系，提升学生知识与技能的迁移能力，是建设专题复习高效课堂的重要途径。在课堂教学中，教师进行知识、技能的合理留白，能有效地克服知识体系人为的条块分割、不系统连贯的弊端，促进学生综合运用知识技能，调动各种思维因素解决问题。同时，此处超越之白也给学生提供了与他人交流的机会，通过交流进行知识的建构和再创新。

设计以上两个问题，与二次函数 $y=x^2-2x-3$ 的大致图像呼应，感知并理解二次函数与不等式、方程之间的联系，引导学生体会数形结合思想方法的作用，体会"研究函数以方程为工具，研究方程以函数为思想"这句话的内涵。

尝试三：方法之白

(教学片段三)方法回顾——两个变量之间的数量关系和变化规律可以用函数来刻画，让我们一起来回顾学习函数的研究思路、研究内容以及研究方法。

研究思路：定义→图像→性质→应用；

研究内容：解析式及定义域、图像特征、直观性质、实际应用；

研究方法：直观分析、归纳；

课后延伸：自主探究函数 $y=\dfrac{1}{x^2}$ 并完成探究报告。

教学设计中特别设计了课后延伸，学有余力的学生自主探究函数 $y=\dfrac{1}{x^2}$ 并完成探究报告,与引入部分"回顾函数学习的一般方法"呼应。

此处的方法之白,创设了学生独立思考的机会,通过研究思路、内容、方法的引导,思考对新函数的认识,从而起到专题复习课承上启下的作用,也是初高中知识衔接的有效途径。教师的作用"不在于全盘授予,而在于相机诱导"。教师应留出大片"空白",让学生主动参与,学生利用自己的知识背景、活动经验,根据自己的理解,通过独立思考构建对数学的理解。

四、 效果反思

(一)专题复习中什么样的学生适合采用"留白创造式"教学?

通过实践探索,执教者认为在专题复习课中,学生本身应具备较扎实的基础知识体系,但认知参与主动性弱,知识迁移能力不够,总结归纳能力不强,数学学习缺乏持久的学习动机,这类学生在"留白创造式"教学下,往往会显现一种探究的欲望,学习积极性也更容易被调动起来。学习方式的转变带来思维方式的转变,学生的自主性、独立性、能动性和创造性也更能得以张扬和提升。

(二)专题复习中"留白创造式"教学的主要形式是什么?

(1) 知识导图与知识梳理——体现陈述之白、发现之白(如:教学片段四);

(2) 例题解析与真题链接——体现方法之白、论证之白(如:教学片段五);

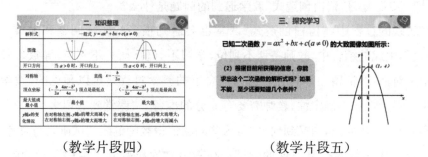

（教学片段四）　　　　　　　（教学片段五）

(3) 能力提升与分层练习——体现超越之白(如:教学片段六);

(4) 总结评价——体现问题之白(如:教学片段七)。

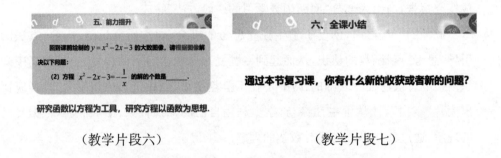

（教学片段六）　　　　　　　　　　（教学片段七）

（三）专题复习"留白创造式"教学成功的标志是什么？

数学强调结构化教学，数学学习不应该成为各个具体知识和基本技能的简单积累，而应超越"碎片化教学"，帮助学生建构起整体性的认识，包括掌握知识的整体性结构，逐步学会从不同层次进行分析和思考。教师应分清主次，突出重点，以主带次；分清层次，居高临下，走向深刻。从教学实践的角度来看，专题复习课中，教师可设计多样性、挑战性的专题复习任务；启发学生反思与思考；变换问题的角度与方式；将结论迁移运用于不同场合，从而达到更完整的结构化认知，这是专题复习"留白创造式"教学成功的标志之一。学生最大限度地参与学习，师生与生生充分自由对话。学生的认知参与、行为参与、情感参与度高的课堂符合留白式教学模式的特征要求，而对话自由度大的课堂也自然会出现或"陷入"一次次留白。因此，"自主性"是专题复习"留白创造式"教学成功的又一重要标志。

（四）专题复习"留白创造式"教学遇到的问题是什么？

在实践的过程中，"留白创造式"课堂也会遇到很多的实际问题和困难。比如，预设与生成的结合中，教师备课不到位、学习不到位、研究不到位，导致教师惧怕与学生对话，惧怕留白不可控。留白理念下的教学过程是难以预见的，教学过程充满了多元性和不确定性，教师需要有充分的准备。"课堂到底留多少白？""白需要多大？""留从何来，白又到何处？"，这些问题值得教师继续尝试研究与思考。

本节二次函数专题复习课的尝试让执教者初次感受到了留白课堂的魅力。留白之悟，关键在于转变教师的教学理念，根除教师的言语霸权和包办意识，还学习权力、学习时间、学习空间于学生。

课堂留白,要以学生实际为基础,符合学生原有的认知结构,既不能过于肤浅而使学生不屑于思,又不能深不可测而使学生不知所思。

课堂留白,要使学生的思维张弛相济。根据教学需要,学生的思维应处于活跃状态或相对静止的状态,张弛相得益彰,学生主动参与、乐于参与。

课堂留白,要使教学结构疏密合理。上课伊始,学生思维逐渐集中,教学密度要小;学生思维逐渐进入亢奋状态后,教学密度要加大;当教学高峰过后,要适当留白,让学生回味、思考、深化和升华。

成功的留白课堂,应该是师生学习共同体的展现,是教师智慧和学生智慧的碰撞。"留白创造式"教学是学生学习自主性的体现,更是教师专业成长的需求。留白处处有诗画,注重课堂教学的留白之用,把握课堂教学的留白之时,让学生感受课堂教学的留白之美,让留白真正给学生自我发展开辟道路,为学生自主探究留一片蓝天,为教师资源的生成留一个空间,让课堂真正成为学生彰显个性、幸福成长的天地。

第五节　勾股定理①

《义务教育数学课程标准(2022年版)》指出数学在形成人的理性思维、科学精神和促进个人智力发展的过程中发挥着不可替代的作用。认真落实、积极贯彻义务教育课程标准是每一位数学教师的职责与义务。本文以"勾股定理"为例,新授课展现理性思维,"留白创造式"教学培育核心素养。

一、教学背景

(一)理性思维是数学教学的重要育人价值

数学是思维的科学,理性思维以其思维的合理性、逻辑的严谨性及其思辨性

① 本案例的执教者和整理者是上海市徐汇区上汇实验学校尤文奕老师。

成为数学教学独特的育人价值之一。在课堂教学中,理性思维的充分展现需要教师对所教授的知识、方法有深刻的认识,进而从本质上予以呈现,这才能使学生体会并理解他所学习的数学,真正实现数学育人价值。

数学散发着理性的光芒,尽管大多数教师也都意识到并愿意进行理性思维的培养,但在实际教学中,教师或受对教学内容的理解水平所限,或受对知识形成过程重要性的认知程度所限,理性思维仍然较多地局限于解题过程中的方法技巧。知识的系统联系、知识本质、育人价值往往呈现不足。

(二)留白创造式教学对理性思维的促进作用

留白创造式教学是一种在课堂教学中通过教师恰当的留白,让学生充分参与学习的课型,包括问题的设计、方法的选择、探究的机会方式,组织学生进行自主学习(补白)。这种教学方式给学生以充分的理性思辨以及探究的空间,从而达成学生自主经历学科研究与学习的目的,学生在问题解决过程中通过再创造发现新知。与互动式教学不同,留白创造式教学更强调学生对问题研究的主导性,教师更多的是在教学中根据学生的思维顺势而为,进而促使学生产生质疑、反思、剖析等高阶思维形式,因此留白创造式教学更有利于理性思维的发生与运用。

(三)对于勾股定理教学的思考

勾股定理是初中数学教学的重点,无论是对定理的猜想还是对定理的证明,已有的教学设计大多以"活动式""讲授式"开展教学,从感受、欣赏的角度认识定理的猜想与证明。这样的设计淡化了定理发现的过程以及定理证明的生成过程,缺乏理性思辨,学生很难理解这样的结论是如何想到的,不利于学生理性思维的形成。

勾股定理的教学中通过运用留白创造式教学,让教师尝试适当引导、留白,充分发挥学生的主导性和积极性,促进学生自主探索、不断补白,让学生在探索勾股定理的过程中,主动进行理性思辨,从而使学生深刻感悟勾股定理的本质与价值。

二、 设计依据

（一）学生主体性的落实

建构主义认为学习是学习者基于原有的知识经验生成意义、建构理解的过程。建构主义要求学生在以下几个方面发挥主体作用：(1)要用探索法、发现法去建构数学知识的意义；(2)在建构数学意义的过程中要主动去收集并分析有关的信息和资料，对所学习的问题要提出各种假设并努力加以验证；(3)要把当前的数学学习内容尽量与以前的经验相联系，并对这种联系进行认真的思考。联系与思考是数学意义建构的关键。如果能将联系与思考的过程和协作学习中的协商过程(及交流、讨论的过程)综合起来，那么建构意义的效率就会更高，学习数学的兴趣也会更浓厚；(4)数学学习基本经验的积累。观察、收集数据，处理数据和信息，使用信息技术、归纳、猜想、验证等正确而良好的学习习惯的建立也是数学学习经验积累的最好方式。(刘影，程晓亮，2009)

留白创造式教学强调在教师恰当留白下的学生补白，这就要求学生在补白的过程中必须发挥自身主体作用，深入思考问题的解决方法甚至解决方案的设计与实施过程，这些补白的过程都是学生建构数学意义的重要过程。

（二）学生再创造的体现与价值

弗赖登塔尔认为数学教育方法的核心是学生的"再创造"，这和我们常说的"发现法"等类似。他认为，数学实质上是人们尝试的系统化，每个学生都可能在一定的指导下，通过自己的实践来获得这些知识。所以我们必须遵循这样的原则，那就是数学教育必须以"再创造"的方式来进行。事实证明，只有通过这样的方式才能获得最好的效果。弗赖登塔尔认为使用"再创造"原则来进行数学教育，至少可以从教育学的角度提出两点合理的依据：(1)学生对通过自身活动所得到的知识比由旁人硬塞的知识理解得透彻，掌握得快，同时也善于应用，一般说来还可以保持较长久的记忆；(2)发现是一种乐趣，通过"再创造"来进行学习能够引起学生的兴趣，并激发其学习动力。(弗赖登塔尔，1999)

在留白创造式教学的过程中,学生的补白实际上也是一种再创造。学生面对教师的留白,并尝试进行补白时,需要学生发挥自己的智慧与小组的智慧,充分参与、深入思辨、设计并实施方案,这些都与数学家们研究问题一样,都是创造性的。

(三) 教学设计说明

勾股定理是上教版初中数学八年级第二学期第十九章第三节直角三角形中的内容。作为初中数学的重要定理,它揭示了边与边之间特定的数量关系,为以后几何问题的解决打开了新天地。由于勾股定理所描述的直角三角形的三边关系并非简单的和、差、积、商、倍数关系,仅仅依靠简单地测量、观察很难发现其中的规律,因此对勾股定理的猜想与证明,是教学的难点之一。其原因在于,勾股定理的证明需要创造性地构造图形,这对学生的数学能力要求非常高。在现有的教学设计中,大多以方格纸中面积的计算(如图 7.18),或以数学家的历史典故(如图 7.19)等方式引出对勾股定理的猜想;通过直接告知学生需要构造怎样的图形的方式来进行勾股定理的证明,这样的处理显然缺乏理性思辨,学生学习的主体性、创造性受到抑制。

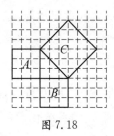

图 7.18

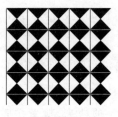

图 7.19

留白创造式教学在教学过程中的合理留白,能充分发挥学生的创造力,使得学生自主发现并证明勾股定理成为了可能。在本课的教学设计中,通过教师一系列基于逻辑递进的问题设置,给学生留白空间。在学生补白的过程中,不断地产生出新的认知需求,并在此基础上逐步递进地深入研究,促使学生自主提出本课研究方向、自己设计研究方法、遇到困难后主动调整策略,并最终发现、证明定理。

在学习勾股定理之前,学生已经学习了直角三角形的角、斜边上的中线的相关知识,勾股定理及其逆定理是直角三角形版块的最后一个内容。学生也已经学习了三角形的基础知识,三角形全等的判定等,也学过不少利用图形面积来探求整式运算的问题等。学生在此已具备了探究勾股定理的知识基础和经验基础,因此本课教学应尽可能让学生将各种思考都展现出来。教师顺势而为沿着学生的思路推进教学。从测量一般直角三角形入手,再到测量等腰直角三角形,进一步反思发现利用直角以及三线合一计算面积,从而发现等腰直角三角形中的三边关系,再推广到一般直角三角形,教师要把握住每个环节的来龙去脉,梳理出它们之间的逻辑关系。一节课下来,学生不仅要掌握知识与方法,更能合理地分析与思考,理解数学知识产生的背后一定有理性的思考与研究。

本课教学流程设计如图 7.20、图 7.21。

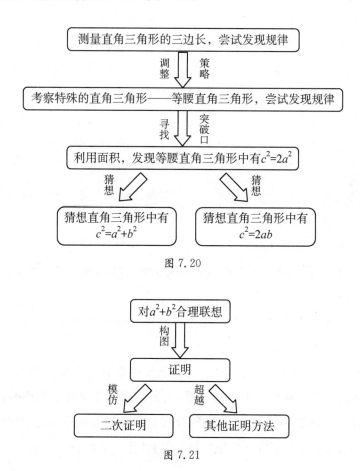

图 7.20

图 7.21

三、课堂实施

留白创造式教学在课堂教学过程中的主要留白形式有问题之白、发现之白、方法之白、论证之白、陈述之白、超越之白,在不同的教学环节有着不同的展现。

(一) 新课引入,展现问题之白

问题之白是教师在教学过程中基于学生已有知识和经验提出思考,并由学生结合教师的思考自发地提出问题的一种留白形式。问题之白常常发生在新课引入、知识辨析、环节转换等学生发生认知需求的教学环节。问题之白需要教师将主导权抛给学生:还能提出什么问题,解决问题的困难在哪里,突破难点的合理联想应该是什么等。基于学生认知需求的问题之白赋予了研究对象意义,学生学习就有了根基,知识结构的形成就有了基本的脉络。

教学片段 1 (明确研究方向)

老师:在讲新课之前,先来回忆一下这段时间我们在学习直角三角形的什么知识?

学生1:直角三角形的一些推论。就是斜边上的中线等于斜边的一半。

学生2:30度角所对的……

学生3:两个锐角互余。

老师:那么在我们研究了直角三角形有关的元素之后,下一步的学习你能提出什么思考吗?

学生4:直角三角形的边与边之间是否存在某些关系,我们是不是应该研究直角三角形边与边之间的关系了?

设计意图:在勾股定理的教学中,为什么要探索直角三角形的三边关系是本课研究的动机所在。从数学史的角度看,勾股定理的发生源于生产生活的需要。如果将本课研究动机归结为此,自然符合知识本身的发展历史,但教师希望学生能对三角形有关对象的研究有系统性思考,因此作了如此设计。恰当的留白应该是建立在学生已有认知与经验的基础上,适时地抛出问题,让学生提出自己的思考,通过学生的补白促进理性思辨下知识体系的构建。

（二）自主探究,体现陈述之白

数学学习并非是一个被动吸收的过程,而是一个以学习者已有的知识和经验为基础的主动建构过程。留白式教学强调在教师有意的留白下,学生主动的补白,这里的补白就是学生主动构建知识的过程。在这个过程中,需要教师留给学生充分的探究空间和思辨空间,这一过程应当相对开放,研究方式与过程应由学生自主设计并实施,将学生的认知充分地展现出来,让学生深刻感受知识再现。这样的发现之白恰恰是学生基于自身理性思考的创新发现。

教学片段 2　(发现有关结论)

老师:我们怎么研究直角三角形的边?

学生5:测量。先画一个直角三角形,量一量,看看它三条边有没有什么规律。

老师:请大家在自己的笔记本上画一个直角三角形,做相应的测量,小组内互相交流测量结果。

老师:先请几位同学来分享一下他的数据。

学生6:我测量出来的两条直角边分别为1、2.8,斜边为3。

学生7:我测出的两条直角边分别是1.5、2.5,斜边是3。

学生8:两条直角边分别是2、2.2,斜边也是3。

老师:你们有什么发现吗?

学生5:我发现它的斜边大于两条直角边。

老师:仅仅依靠这几组数据就能断定每个直角三角形都这样吗? 我们应该如何做?

学生9:可以通过垂线段最短来证明。

设计意图:在未能发现等量关系的情况下,发现不等关系是由学生已有的经验(三角形的三边关系)决定的,符合学生认知的合理性。在给学生充分自主地探究的基础上,学生的补白往往能展现出意料之外却又情理之中的一面。

(三) 调整策略,呈现方法之白

数学方法的产生并非一蹴而就的,方法的本质是什么,运用的背景又是什么,这些都应当通过课堂教学予以体现。留白式教学中学生通过补白的过程主动建构,促进对方法的认识和理解。在本课中,仅仅通过测量、观察这种学生熟悉的方式,要在课堂上让学生自主发现勾股定理,这并不是一件容易的事情。原因在于学生很难想到将已有的测量数据的平方建立联系。这就需要教师在学生自主认知的基础上顺势而为,恰当留白,引导学生通过独立思考、合作交流等方式,找到合适的方法补出方法之白。

教学片段3 (考虑特殊情况)

老师:直角三角形的三条边长是否存在一定的等量关系呢? 我们刚才在画一般的直角三角形时并没能发现等量关系,那么我们应该如何进一步研究呢?

学生10:我们可以试着研究特殊的直角三角形,即等腰直角三角形。

老师:好的。请大家画图,做相应的测量,并分享一下数据。

学生10:两条直角边都是2,斜边是2.8。

学生11:两条直角边相等,都是3,斜边是4.2。

学生11:似乎斜边总是直角边的1.4倍。

老师:这个规律能推广到一般的直角三角形中吗?

老师:我们研究了一般的直角三角形,它的数据没有帮助我们找到规律。然后我们寻找一个特殊的直角三角形,即等腰直角三角形,我们发现也没找出相应的规律。是不是可能它就没有规律?

学生12:既然直角三角形三边的长确定了,它的形状、大小也是确定的,它应该有个规律。

老师:那为什么会找不到这个规律? 也许我们忽视了其中什么东西?

学生13:直角。

老师:直角三角形的直角,它会有什么作用? 可以讨论一下。

学生14:我如果知道两条直角边是 a 的话,可以知道直角三角形的面积,为 $\frac{1}{2}a^2$。

学生 15：对于等腰直角三角形,除了利用两条直角边来计算面积的话,还可以利用斜边与斜边上的高来计算面积。

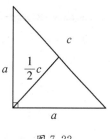

图 7.22

学生 15：斜边为 c,斜边上的高就是斜边上的中线,为 $\frac{1}{2}c$,所以它的面积还可以表示为 $\frac{1}{4}c^2$,于是 $c^2 = 2a^2$。

老师：我们利用等腰直角三角形面积的两种不同的表示形式,得到了一个结果,$c^2 = 2a^2$。（如图 7.22）

设计意图：运用面积方法对等腰直角三角形的三边关系进行研究,在本课中运用这种方法十分恰当,学生很自然地发现了等腰直角三角形面积的两种表达形式,为后续的合理猜想奠定了基础。学生补的方法之白体现了研究过程中的理性分析。

（四）合理猜想,提炼发现之白

陈述之白较多出现在情境描述、归纳猜想、提炼概念、学习小结等环节。学生在陈述的过程中,只是简单地说出结果,并不能很好地展现自己的思维,因此需要学生陈述理由,在此过程中引发学生的思辨。在陈述中补白,有利于呈现逻辑的严谨性、思维的全面性。本课在利用等腰直角三角形面积的计算,在到斜边平方等于直角边平方的两倍的基础上,进而猜想一般直角三角形中的三边关系。由于合理的猜想可能有两种,因此需要学生从陈述中产生思辨,为从符合基本逻辑的角度探究勾股定理奠定基础。

教学片段 4　（归纳合理猜想）

老师：我们能不能回到一般的直角三角形,做一个猜想?

学生 16：我猜想 $a^2 + b^2 = c^2$。

老师：为什么你会这样猜想呢?

学生 16：我把 $2a^2$ 看作是 $a^2 + a^2$,所以猜想 $a^2 + b^2 = c^2$。

老师：那么有没有不同的想法呢?

学生 17：老师,我的猜想是 $2ab = c^2$。我认为 $2a^2$ 其实应该是 $2a \cdot a$。

老师：哪个猜想是正确的呢?

学生16：如果两条直角边长度分别是 1 和 2 的话，按照 $c^2=2ab$，可得 c 等于 2，与斜边大于直角边矛盾，所以 $2ab=c^2$ 是不正确的。

老师：$2ab=c^2$ 一定是错误的，但 $a^2+b^2=c^2$ 一定就正确吗？

学生18：不一定。我们应该看看之前的数据是否符合 $a^2+b^2=c^2$。

老师：我们这里可以利用几何画板的一个准确的计算的功能，帮助我们去验证它到底是对的还是错的。这里有 a^2、b^2、a^2+b^2 和 c^2，请大家注意观察这里面的关系。

设计意图：就特殊情况下已有正确结论对一般情况进行合理猜想，合理的猜想可以有两种：把 $c^2=2a^2$ 看作 $c^2=a^2+a^2$，则猜想一般情况下有 $c^2=a^2+b^2$；把 $c^2=2a^2$ 看作 $c^2=2a \cdot a$，则猜想一般情况下有 $c^2=2ab$。在学生互相补充的两种猜想中，通过生生互动产生陈述之白，提升思维的缜密性；通过对 $c^2=2ab$ 的否定，体现论证之白。

（五）自主证明，展示论证之白

从建构主义的角度来看，应当给予学生解决问题的自主权，把学生原有的知识经验作为新知识的生长点，引导学生从原有的知识经验中，生长出新的知识经验。从留白式教学的角度来看，在学生难以顺利完成论证的情况下，应当由教师提出无明确指向的启发性问题，引发学生联系已有知识经验，进而发现问题的转化，填补论证之白。由于勾股定理的证明需要创造性地构图，这种创造性需要学生将现有问题与已有知识经验充分结合，自发地从完全平方公式的角度进行构图，从而证明勾股定理。这样的论证过程反映了学生自主反思逐步递进的思维层次，也是学生逐步补白的过程。

教学片段5　（开展定理证明）

老师：如果要你证明直角三角形 $c^2=a^2+b^2$ 的话，你觉得可以怎么做？你认为困难在哪里？

学生18：直接证没办法证。

学生19：我觉得它那个难点可能在那个平方上面。没有边长，就是没有具体数字，它很难就是……

老师:就是一个平方,对吗? 大家认同吗? 对于这个平方,我们感觉很难处理。

学生20:a^2+b^2 跟我们学过的完全平方公式很像。

学生21:平方可以通过正方形的面积体现。

老师:我们先来看看 a^2+b^2,可以写成什么形式?

学生20:$(a+b)^2-2ab$,也就是说我只要证 $(a+b)^2-2ab=c^2$。

老师:这种形式又该如何证明呢?

学生21:正方形的面积。我觉得可以从正方形的面积入手。就把正方形的那个边长变成 $a+b$。

老师:你们手上有一些直角三角形,它们都是全等的。小组合作,试着操作一下。

学生上台展示(如图 7.23)。

学生22:这大正方形的面积就是 $(a+b)^2$。

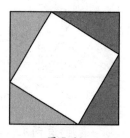

图 7.23

学生22:中间那个小正方形,就是那个斜的正方形的面积为 c^2。它就是通过大正方形减去四个三角形。而三角形的面积是 $\frac{1}{2}ab$,然后 $\frac{1}{2}ab$ 乘以 4 变成 $2ab$。所以 $(a+b)^2-2ab$ 就是中间小的正方形,小的斜的正方形面积就是 c^2。

学生22:小正方形的面积既是 c^2,也是 $(a+b)^2$ 减掉四个 $\frac{1}{2}ab$,于是整理之后我们就可以得到我们要证明的 $a^2+b^2=c^2$ 了。

设计意图:在学习相似三角形之前,学生可利用的线段平方的处理工具较少,面积方法是其中之一。在七年级学习乘法公式时,学生也经历过图形面积与整式乘法之间互相转化的关系,因此对勾股定理的证明,本课引导学生猜想问题的转化,从完全平方公式的角度进行构图,从而证明勾股定理。

(六)二次证明,体现超越之白

对学生来说,每一次探索都经历着数学家们经历过的过程,每一次发现对学生来说就是一次创造。勾股定理已有几百种证明方法,学生借助已有的经验可以在课堂研究的基础上更进一步,发现其他的证明方法,甚至超越课堂上已有的证明路径,实现超越之白。

教学片段 6 (实现方法超越)

老师:除了刚才的方法以外,我们能不能想到一些其他的方法来证明勾股定理?

学生23:我联想到的是 $a^2+b^2=(a-b)^2+2ab$,我们也可以通过构造边为 $a-b$ 的正方形来证明勾股定理。

学生24:我们也可以考虑分别以 a、b、c 为边构造正方形,证明两个小正方形面积之和等于大正方形面积之和。

老师:用你们手上的工具再试试看。请一组同学派一个代表来叙述一下。

学生上台展示(如图 7.24)。

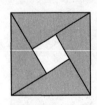

图 7.24

学生25:大正方形的那个边长就是 c^2,中间那个小正方形的边长就是 $a-b$,当中这个小正方形面积,既可以表示为 $(b-a)^2$,也可以表示为大正方形 c^2 减掉四个直角三角形 $4\times\frac{1}{2}ab$。

老师:算两次。我们又一次证明了 $a^2+b^2=c^2$。

老师:对于以 a、b、c 为边构造正方形,证明两个小正方形面积之和等于大正方形面积之和,这是欧几里得在《几何原本》中给出的证明方法。欢迎同学们课后进行研究,也希望同学们都能成为小欧几里得。

设计意图:通过模仿,从 $(a-b)^2$ 的角度,把要证明的 $c^2=a^2+b^2$ 转化为 $c^2=(a-b)^2+2ab$,通过不同的拼图(如图)理解勾股定理的另一种证明方法,并获得成功的喜悦。对欧几里得的证法,由学生将超越之白延伸到课后,提高学生学习的积极性与主动性,增强学习的兴趣。

四、效果反思

本课在上海市"双名工程"数学攻关基地教学展示专家论坛活动中进行展示

交流,华东师范大学鲍建生教授给予了高度的评价。鲍教授认为这堂课极有数学味道,是顺着学生的思维探究的一堂课,这种经历、思考方式对学生来说非常重要。新课标背景下,如何让学生学会数学思考,这堂课给了很好的示范。课堂上教师不断地与学生讨论应该如何思考更自然,在找不到思路时,测量不准确时,该怎么调整。这样的学习经历,随着学习的深入,当学生回过头再来想时,会有更多的感悟。

本课的教学对留白创造式教学进行了一次很好的探索,在教学设计、实施、反馈的过程中也有以下四点思考。

(一)留白创造式教学有利于培养理性思维的意识与习惯

著名的数学家、数学教育家 M·克莱因认为,数学是理性精神的化身。理性精神的培养需要特别关注两大方面:理性的思维意识与习惯、理性的思维方式与能力。留白创造式教学在恰当的留白中,进行着师生之间、生生之间的"对白",实现了思维的碰撞。在恰当的留白中,师生之间与生生之间的"补白"可以促进质疑、分析、探索等理性精神的生成,使学生的数学思考与表达更有逻辑、数学推理更有依据,更好地发挥和体现数学的理性光辉。

(二)留白创造式教学有利于数学的本质呈现

数学教学中高水平的本质呈现应当体现在教学的高观点、系统性和概括性上。留白创造式教学从留白的角度将学习的自主权交给学生,使学生从自身认知的角度自然地开展学习,梳理出研究环节之间的逻辑关系,进而建立符合自身逻辑的相关的知识体系。这样的过程展现了数学知识与方法的发生发展,而这些发生发展的过程都是知识与方法产生的背景,都是从本质上呈现这个知识或方法。

(三)留白创造式教学仍要关注"掌握"

尽管留白创造式教学强调教师留白与学生补白,但需要注意的是教师的留白不是一白到底,彻底放手让学生探究,天马行空地得出各类结论。留白创造式教学应当以掌握为目标,以留白为形式,因此在课堂教学中仍然需要教师适当引导,以使教学达成"掌握"的目标。这需要教师有较高的学科素养,对教学内容从局部到整体,从发生到发展,有着全面的把握。

(四) 留白创造式教学需要教师理解数学

数学是思维的科学,对学生数学思维火花的敏感性首先来源于教师的数学素养。教师想引导学生的数学思考,其前提是他自己知道怎么想;教师想让学生学会发现,首先他自己要成为发现者(章建跃,2015)。留白创造式教学中对教师恰当留白的要求十分高,教师的留白并非简单的提问。通过提问将"脚手架"搭好后让学生攀爬,看似学生在自主补白,其实质缺乏学生自主理性分析,这种教学并非理想的留白创造式教学。因此,教师应该努力提升自身对数学的理解,在日常教学中,以数学概念的发生发展过程为载体,使学生经历完整的数学思考过程,真正学会学习数学,学会数学地思考。

作为数学教师,应当清晰地认识到数学的学科特点与学科价值,并以符合逻辑的方式开展教学,通过留白与补白使学生在学习过程中获得发现问题、研究问题、解决问题的经验,培养质疑、分析、探索的理性精神,使学生感受到数学的独特魅力与意义。只有这样,才能让学生逐步树立从数学的角度看问题的观点,逐步掌握数学思考的过程与方法,进而学会数学地认识问题和解决问题,这也是数学教学的育人价值所在。

第六节　长方体直观图的画法[①]

HPM 视角下"长方体直观图的画法"的教学,重构式运用数学史,运用项目化学习理念创设情境,采用留白创造式教学方式,让学生化身为小数学家进行"古书修订"。在小组合作探究中讨论制定长方体直观图画法的三条规则,形成"斜二测"画法,再现了"斜二测"画法诞生的过程。实践表明,HPM 视角下"长方体直观

---

① 本案例的执教者和整理者为上海市新杨中学李德虎老师。

图的画法"的教学案例实现了数学史在构建知识之谐、彰显方法之美、营造探究之乐和达成德育之效上的价值,展现了项目化学习与留白创造式教学的有机融合。

一、 教学背景

"长方体直观图的画法"是沪教版初中六年级数学教科书第八章"长方体的再认识"第 2 节的内容,学生在小学阶段已经认识了长方体,会根据公式计算长方体、正方体的表面积和体积,对长方体的直观图也有初步的认识。《上海市中小学数学课程标准(试行稿)》指出:熟悉长方体直观图的某一种常用图形,会画长方体的直观图(采用"斜二测"画法)。本节课是立体几何的启蒙课,为学生后续学习长方体中棱与棱、棱与面和面与面之间的关系乃至高中立体几何打下基础。

现行的初中数学各版教材中,只有沪教版中有"长方体直观图的画法"这一节内容,其他教材都没有这个内容。与之对应的是北师大版教材与人教版教材三视图的部分,均放在九年级相似三角形之后的章节,并且这一章节的内容均为投影与视图,且在三视图之前介绍了中心投影与平行投影的概念,并利用已经学过的相似图形知识对平行投影中的简单问题进行了计算;三视图这一节则讲述了三视图的概念、识别三视图与三视图的画法。

研究发现,本节课教师通常直接告知学生在长方体直观图中将水平的面画成一个夹角为 45° 的平行四边形,注重带领学生一起按步骤用"斜二测"画法画长方体,而对于水平的面为什么画成一个夹角为 45° 的平行四边形,以及宽为什么取实际长度一半,均不作说明。这样教学,学生难免会对"斜二测"画法的规定产生疑问。鉴于此,我们希望从 HPM 的视角,运用掌握留白式教学方式,重新设计"长方体直观图的画法"教学内容,并付诸实施,拟定的教学目标如下:

(1)通过观察,感悟平面的形象,掌握平面的画法及表示法;

(2)会用"斜二测"画法画长方体,掌握长方体表示法;

(3)借助数学史创造情境,培养学生交流合作的能力;让学生认识到"斜二测"画法的合理性,培养初步的空间观念和空间想象能力。

二、设计依据

（一）项目化学习

项目化学习是以校长为核心的教育教学团队，在学校活动领域、学科领域和跨学科领域，设计真实、富有挑战性的问题，引导和指导学生在一段时间内持续探究，尝试创造性地解决问题，形成相关项目成果。

学科项目化学习是从某一个学科切入，聚焦关键的学科知识和能力，用驱动性问题指向这些知识和能力，在解决问题的过程中进行学科与学科、学科与生活、学科与人际的联系与拓展，用项目成果呈现出对知识的创造性运用和深度理解。

综上所述，项目化学习就是以学生为中心，以生活情境为背景，以问题为驱动，让学生像工程学家、建筑学家、生物学家等专业人员一样思考，尝试解决问题，形成丰富、可展示的成果，培养学生创造性解决问题的能力。运用项目化学习的理念开展数学课题教学，必然带给学生更大的自主学习空间，为开展留白创造式教学顺利开展打下基础。

（二）数学史料

在 16 世纪的几何书籍中，已经普遍使用平行四边形来表示长方体的六个面，在 1509 年出版的拉丁文版《几何原本》中，长方体直观图的画法如图 7.25 所示。

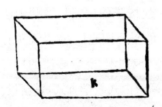

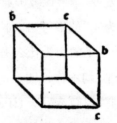

图 7.25　《几何原本》中长方体直观图　　　图 7.26　《几何原本》中正方体直观图

可见当时人们已经开始采用斜投影画法画长方体直观图，其中平行四边形的一个夹角近似取 45°，但是宽没有取实际长度的一半。特别在正方体直观图中，取长宽相等，则形成的四个面为菱形，如图 7.26 所示。

书中还出现了一些错误的长方体直观图,如图 7.27 所示。

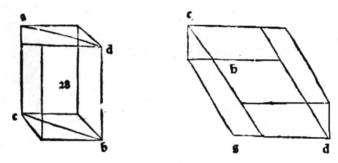

图 7.27　《几何原本》中错误的长方体直观图

1532 年,法国数学家费奈乌斯(O. Finaeus,1494—1555)出版的《数学之源》中的长方体的画法与《几何原本》里的画法类似,是将正方体的上、下、左、右四个面画成菱形,如图 7.28 所示。

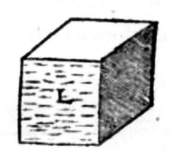

图 7.28　《数学之源》中正方体直观图

1564 年,意大利数学家巴托利(C. Bartoli,1503—1572)出版的《测量之术》中,正方体的直观图保持长、宽和高一样的长度,看起来像一般的长方体,如图 7.29 所示。

直到 17 世纪,长方体的画法有了明显的改进,如 1624 年,意大利数学家博莫多罗(Pomodoro)在《实用几何》中画的正方体直观图就不再保持长和宽相同,但是图中的宽并没有取一半,而是实际长度的 $\frac{2}{3}$,顶上的面还是保持菱形,如图 7.30 所示。

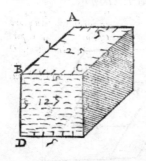

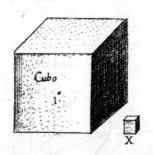

图 7.29　《测量之术》中正方体的直观图　　　　图 7.30　《实用几何》中正方体直观图

　　到 19 世纪末,长方体直观图的画法有了明显的改进,例如 1899 年,米尔恩(W. J. Milne)在《平面与立体几何》中把正方体看不见的三个棱用虚线来表示,宽取一半,夹角接近 45°,如图 7.31 所示。

　　通过史料我们发现,在接近 400 年的时间里,数学教科书中基本采用斜投影的轴测图来画长方体,但是表示面的平行四边形的一个夹角不固定,基本在 30°到 60°的范围内。宽取实际长度的 $\frac{1}{3}$ 到和实际长度相等的范围,看不见的棱开始用虚线表示。

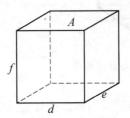

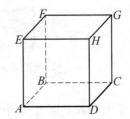

图 7.31　米尔恩《平面与　　　　图 7.32　贝茨和韦希《立体
　　　　　立体几何》中正　　　　　　　　几何》中正方体直
　　　　　方体直观图　　　　　　　　　　观图

　　直到 1916 年,美国数学家贝茨(W. Betz)和韦布(H. E. Webb)在出版的《立体几何》中给出了斜二轴测投影(简称"斜二测"画法)的作图法,作者称这种投影是一种"令人满意的投影方式",如图 7.32 所示。

　　历史告诉我们,长方体直观图的"斜二测"画法经历了漫长的探索过程,这种探索过程其实是一种规则制定的过程,是数学家在讨论中"约定俗成"的。教师可以采用留白创造式教学方法,让学生在讨论中形成画法规则,重现"斜二测"画法规则制定过程,揭示学生画法的历史相似性。

(三)留白创造式教学

课堂教学中的留白,是指教师为了达成一定的教学目标在教学过程中有意识地留出恰当的时间和空间,引发学生在更广阔的时间和空间里面理解并运用、发现、创造知识的一种教学理念与教学策略。课堂常见留白形式有陈述之白、方法之白、论证之白、发现之白、问题之白、超越之白。留白创造式教学一般包含以下四点,即明确目标、留白设计(创设机会)、主动学习、效果反馈。

长方体直观图的"斜二测"画法是数学家在长期的数学实践中形成的,不能简单直白地告诉学生,而应该遵循历史,让学生体会这一知识的形成过程。教学中,教师可以借助项目化学习理念,融入数学史知识,通过问题留白,引发学生深入的思考;通过时间留白,引导学生开展丰富的探究;通过空间留白,引起学生的共鸣。

三、课堂实施

根据史料,本节课教学设计运用项目化学习的理念,分为选美大赛、古书修订、厚积薄发、建章立制、牛刀小试和画龙点睛六个部分。将四本古书修订作为驱动性问题,引导学生小组探究,讨论制定长方体直观图的画法规则,形成核心知识"斜二测"画法。

课前,教师要求每位同学画边长是 3 cm 的正方体。教师对每位学生的画法进行分析,发现大部分同学都采用斜投影画法,并得到相应的数据(参见图 7.39 和 7.40)。

课上,教师首先播放 HPM 微视频,介绍人类对长方体画法的探索,包含中国古画(宋徽宗《文会图》)中桌子的画法、达芬奇绘画作品中的透视画法,以及本节课介绍的长方体直观图的一种画法,如图 7.33 所示,从而引入本节课课题。

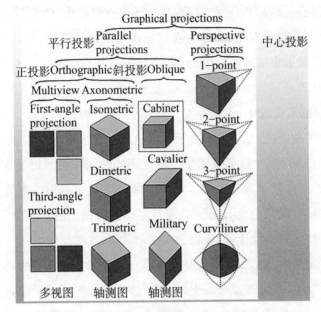

图 7.33 长方体不同投影画法示意图

（一）选美大赛

师：课前每位同学都画了一个边长为 3 cm 的正方体，请每个小组先组内选出最美的，再通过希沃投屏展示在教室的五个屏幕上。

生：（小组讨论出最美的一幅，并分别投屏在教室四周的五个屏幕上，如图 7.34 所示）

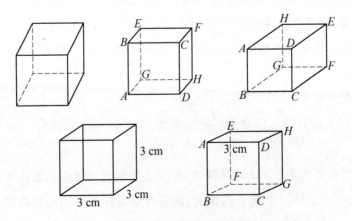

图 7.34 课堂五个小组选出的五副"最美"正方体

师:下面大家一起选一选哪一副最美?

生:(产生了不同的看法)

师:为什么大家形成不了统一的意见?

生:没有评价的标准。

师:很好,这节课我们一起来制定这个"选美"标准?

设计意图:通过选美大赛,让学生明白制定长方体直观图画法的必要性,为后面探究长方体"斜二测"画法的三个规定做铺垫。此外,部分学生和历史上教科书的画法也相似(例如图7.34第三幅图),揭示出长方体直观图的画法的历史相似性,教师通过问题留白,引导学生对建立长方体直观图画法进行思考。

(二)古书修订

接着,教师PPT展示四本古书,如图7.35所示,让学生对照自己画的正方体,找出和古代数学家所画的相似的图形,同学们纷纷表达自己和其中某一幅图画一样。

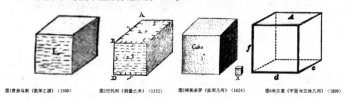

图 7.35　古书修订情境

教师设置情景:四本古书所呈现的都是边长为3cm的正方体,但各不相同,请各位小数学家们帮忙修订这4本古书,便于后人阅读。

设计意图:教师事先对史料进行整理,发现很多书籍中都涉及正方体的画法且又不尽相同;所以截图保存并缩放图像,保持每个正方体的长均为3cm,高也为3cm,并制成学习单(学生课前画的正方体的直观图长和高均为3cm)。借助历史相似性原理和项目化学习的理念,让学生化身为修订古书的数学家,在修订古书的情境中展开探究式学习。

(三)厚积薄发

本部分主要学习平面的概念和表示法,以及长方体直观图的概念,为后续的探究做好准备。

师:长方体有六个面,我们要研究长方体的直观图,首先来看看怎么画平面。生活中有哪些实例给我们以平面的形象?

生:地面、黑板、桌面、平静的湖面和黑板。

师:结合图 7.36 介绍古代数学家对平面的"定义"。

欧几里得   海伦   莱布尼兹
"与其上直线一样 "平面的特征就 "平面是球体的剖面。"
平放着的面。"   是'直的'。"

图 7.36   古代数学家关于平面的定义

师:数学中,平面是平的,无边无沿,我们可以用一个平行四边形来表示它。

特别地,把水平放置的平面画成一边是水平线,另一边是与该水平线所成的角为 $45°$ 的平行四边形。如图 7.37 所示,表示为平面 $ABCD$ 或平面 α。

师:我们把空间图形画在平面内,使得既富有立体感,又能表达出空间图形主要部分的位置关系和度量关系的图形叫直观图。

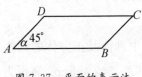

图 7.37   平面的表示法

师:结合图 7.38,同学们想一想画长方体直观图的关键是什么?

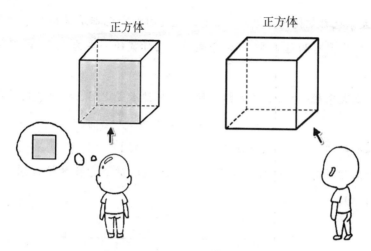

图 7.38 正方体直观图的观测角度

生 1:斜着画。

生 2:调整长度。

设计意图:借助历史上几位数学家对"平面"的定义,引出平面的画法及表示法;补充直观图的概念,让学生思考决定长方体直观图的两个关键因素,为后面画法规则的制定提供依据。

（四）建章立制

师:出示图 7.35,要求学生借助直三角尺和量角器对四副图进行测量后思考,包括立体感、位置关系和度量关系等。

1. 正方体的边长(长、宽、高)画为多少?

2. 平行四边形中的锐角取多少度?

3. 看不见的棱如何画?

生:测量导学案上四本古书中正方体直观图的长、宽、高和平行四边形的一个夹角。小组讨论教师提出的三个问题,每组形成一份结果。借助希沃投屏,投屏到教室四周的五个屏幕上。

师:归纳学生们的讨论结果,对于看不见的棱大家意见比较统一,用虚线表示。关于平行四边形中的锐角取多少度,同学们也赞同取 45°,认为比较方便。关于长和高大家也都觉得要取 3 cm,课前的直观图大家也都是保持原来的长度。关于宽取多少,主要有两种意见,一部分同学取实际宽的一半为 1.5 cm,另一部分同学取 2 cm。

师:那么大家想一想,如果老师给的正方体边长是 2.6 cm,同学们觉得宽取多少合适?

生:取一半,1.3 cm 比较好画。

师:请同学再看一下课前你们画的边长为 3 cm 的正方体的统计图(如图 7.39 和 7.40 所示)。

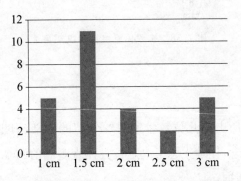

图 7.39　课前学生画的边长为 3 cm 的正方体宽的取值情况

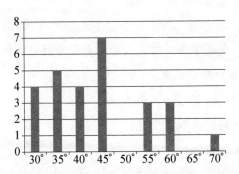

图 7.40　课前学生画的边长为 3 cm 的正方体直观图中的平行四边形的一个夹角

师生一起归纳画长方体直观图的规则:

1. 长方体直观图中,长和高不变,宽取实际长度的一半;

2. 平行四边形中的锐角取 45 度;

3. 看不见的棱用虚线表示。

师：这种画长方体直观图的画法我们称为"斜二测"画法。（PPT 展示宋徽宗的《文会图》和《立体几何》(1916) 中的正方体）在中国古代，画家们通过实践发现上述规则兼顾立体感和位置关系，是一种无意识的几何实践；数学家贝茨和韦布综合前人的画法且称"斜二测"画法为"令人满意的投影方式"。

师：请同学们课后根据我们制定的"斜二测"画法，在每组选出的五副正方体直观图中选出最美的一幅，并在导学单上完成对四本古书的修订。

设计意图：此处，学生借助直三角尺和量角器对四副图进行探究，教师留给学生 7 分钟的时间，让他们全心投入，进行讨论，制定画法。

（五）牛刀小试

通过练习巩固新知，学生掌握本节课的重点——长方体直观图的画法。

师生共同完成：画长 4 cm、宽 3 cm、高 2 cm 的长方体 $ABCD-EFGH$ 的直观图（教师演示，学生跟画）。

课堂练习：指出《几何原本》中的长方体的问题（参见图 7.27）。

（六）画龙点睛

师：通过本节课的学习，大家有什么收获？

生 1：我掌握了平面的画法和表示法。

生 2：画长方体直观图的时候，宽取实际长度的一半，平行四边形中的锐角取 45 度。

生 3：画长方体直观图看不见的棱用虚线表示。

生 4："斜二测"画法的规定是讨论制定的，既体现了图形的立体感，又保持了位置关系和度量关系。

师：同学们说得很好，老师这里给出一个关键字"序"，同学们有什么感悟？

生 5：平面表示时字母要按照顺时针或者逆时针顺序表示。

生 6：用"斜二测"画法画长方体要注意画图的顺序。

师：对，现实的世界本来是混沌无序的，数学的学习就是帮助我们在无序的世界发现规律,建立规则或标准,这样我们的世界就更加和谐。

设计意图:通过空间留白,教师让学生自由发挥,说出本节课的收获,点明本节课的核心内容"序"的建立。这个"序",既包括平面和长方体表示法中字母之序、"斜二测"画法之序;也包括长方体直观图画法的形成之序。让学生体会借助数学知识,建立现实之"序"的意义。

四、效果反思

基于本节课,笔者对班级学生进行了前、后测。在前测中,笔者通过问卷调查了解到:96.4%的学生采用斜投影的轴测图来画边长是3 cm的正方体,3.6%的同学采用透视画法;全部同学长和高都取3 cm,宽的取值和平行四边形的夹角参见图7.39和7.40。42.9%的同学没有画被遮挡的三条棱,17.9%的同学用实线来画被遮挡的三条棱,35.7%的同学用虚线来画被遮挡的三条棱。可见,学生初步了解了长方体的轴测图画法,但对于宽的取值、平行四边形的夹角和如何处理被遮挡的三条棱没有形成统一的意见。

在后测中,笔者对全班28名学生进行问卷调查,旨在了解学生对本节课教学的感想与建议。在问卷调查中,100%的学生采用"斜二测"画法正确画出边长是3 cm的正方体直观图,且完成了"古书修订"任务。

关于这节课与平时课堂教学感受最大不同之处,学生回答统计如图7.41所示。

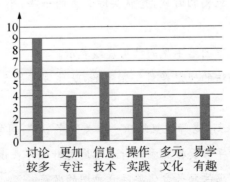

图7.41   后测问卷中学生对本节课与平时教学的不同感受

通过调查发现,数学史融入课堂开展留白创造式教学,学生课堂谈论更加充分;信息技术的使用为留白创造式教学提供了便利,学生学习的兴趣得以提升,课堂学习也更加专注。

关于数学史(古书修订)有没有帮助你理解"斜二测"画法合理性的问题,96.4%的学生给出肯定回答,学生认为:"这些图也体现了我们自己作图的问题"、"我们只有不断和古书对比,才能研究出斜二测画法"、"通过古人不同的画法拟定一个方便的值"、"通过与古书对比,我发现斜二测画法更容易画且更美观"和"古书中的画法为斜二测画法奠定了基础,斜二测画法汲取了古书中画法的优点"等。

如果有其他班同学问你,长方体"斜二测"画法中,为什么宽要取一半、平行四边形一个夹角为什么画45度? 学生的回答如图7.42所示。

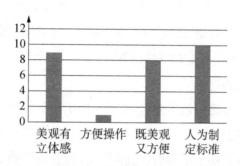

图 7.42　后测问卷学生对"斜二测"画法中规定的认识

通过问卷发现,学生体会到"斜二测"画法符合长方体直观图的定义,是一种既美观又简便的画法,35.7%的同学认识到这是一种人为的规定,从而揭示出"斜二测"画法的本质:一种人为规定的既美观又简便的长方体直观图的画法,可见课堂学生表现优良。通过留白创造式教学,学生不仅学会了知识,更是通过追本溯源,掌握了知识的来龙去脉。

五、 结语

从教师教的角度,本节课构建了三个层次,即"就题论题""就题论法"和"就题论道"。在"就题论题"的层面,本节课的核心是学会用"斜二测"画法画长方体的直观图。教学中,教师通过板演,按照四个步骤带领学生一起画,通过课后反馈,100％的学生掌握了这种画法。在"就题论法"的层面,本节课借助项目化学习和数学史料构建情境,依据历史相似性原理,让学生一起讨论制定长方体直观图画法的规则,真实还原"斜二测"画法诞生的过程。在"就题论道"的层面,教师课前设计"选美大赛"和"古书修订"两个环节,引发学生对"选美标准"和"修订规则"的制定,进而形成三条规则,诞生"斜二测"画法。在最后的小结中,用一个"序"字结尾,让学生体会数学学习让"无序"的世界变得"有序"。

从学生学的角度,本节课践行了数学教育家弗赖登塔尔的数学教学原则。课前学生的"数学现实"为会用斜投影法画长方体直观图,但没有形成"斜二测"画法;教师从学生的"数学现实"出发,引导学生进行"数学化"活动体验,即设置"选美大赛"和"修订古书"两个情境;通过合作探究引导学生进行"再创造",制定长方体直观图的画法的三条规则,形成"斜二测"画法。整节课贯穿数学"思想实验"原则,课堂中的大部分问题都是开放性问题,没有固定的答案,可以启发学生思考,实现数学知识的自我构建。

本节课采用留白创造式教学方式,主要运用了四种留白形式,即发现之白、问题之白、方法之白和超越之白。本节课运用数学史重构式开展教学,学生经历"斜二测"画法的发现之白,揭示了知识之谐;将"斜二测"画法得到的正方体直观图与课前同学自己所画之图对比,呈现了方法之白;借助"古书修订"问题驱动学生开展讨论,营造了问题之白;以"序"为关键字的课堂小结,实现了超越之白。

留白创造式教学的特色在于通过留白让学生深入掌握,本节课尝试运用项目化学习理念,通过留白创造式教学引发学生探究,引导学生以团队形式自主地设计、展示、讨论和评价。在教学中,教师基于历史相似性原理,提供丰富的数学文化供学生学习,通过问题留白、时间留白和空间留白,给学生充分的学习机会,同时驱动学生讨论制定"斜二测"画法规则。项目化学习与 HPM 的融合是一个全新的领域,利于留白创造式教学的开展,同时体现了数学文化的五大维度,实现了数学史的六类价值。

此外,本节课融合 HPM 微视频、希沃投屏等教育信息技术,带动数学史内容的可视化呈现和情境的创设,引发学生的探究,助力项目化学习与留白创造式教学的融合。

第七节　梯形的中位线^①

　　2022 年 3 月上海疫情爆发,学校开启继 2020 之后的第二轮线上教学。在此期间,笔者作为一名职初教师,在学校"数学∞课题组"老师们的帮助下,以沪教版八年级"梯形的中位线"一课为例,初步尝试了初中几何线上"留白创造式教学"实践。试图让学生重构数学知识、参与数学活动、形成数学经验、评价反思自我,以培养学生自主学习的能力。

一、 教学背景

　　当前,我国的发展正处于"两个一百年"奋斗目标的历史交汇期。对教育来说,不管是内部环境、供求关系以及评价标准都在发生着变化。

　　当前的教育现状是学生在学习中付出的时间和精力很多,但收效与付出却不相匹配,导致事倍功半的结果。教学迫于考试压力,以获取知识为核心的学习只能是被动的接受式,探究式教学没有真正地进入课堂,创新素养的培养也得不到保障。

　　2022 年 4 月 21 日,教育部正式颁布《义务教育数学课程标准(2022 年版)》(以下简称"新课标"),在本次修订中,重点强调了"坚持创新为导向",要求我们要进一步深化课程改革,推动育人方式变革,着力发展学生的核心素养。同时要凸显学生的主体地位,关注学生个性化、多样化的学习需求。在新课标的课程目标中,明确提出了数学学科要培养学生的核心素养,包括会用数学的眼光观察现实世界、会用数学的思维思考现实世界、会用数学的语言表达现实世界(中华人民共和国教育部,2022)。

---

① 本案例的执教者和整理者是上海外国语大学嘉定外国语学校管怡淳老师。

"留白创造式"教学基于前期课程改革及数学课堂教学成功经验的积累,在原有"互动掌握式"教学的实施中,进一步突显学生的主体地位,给学生留出思考问题、创获知识的空间,培养能力、创设教学新模式。

留白创造式教学与新课标中强调的育人创新以及数学学科核心素养的内涵不谋而合。留白创造式教学,使学生重构数学知识、参与数学活动、形成数学经验、评价反思自我。学生在"补白"中,经历数学思维过程,发展数学核心素养。

二、设计依据

(一)理论基础

本研究以弗赖登塔尔"再创造"理论、蔡格尼克效应、格式塔理论、最近发展区理论作为理论基础。

"再创造"理论是由著名数学教育家弗赖登塔尔在上世纪 50 年代提出,他认为儿童数学学习唯一正确的方法是再创造。弗赖登塔尔指出,学一个活动最好的方法就是做(弗赖登塔尔,1995)。学生"再创造"学习数学的过程,实际上是一个"做数学"的过程。留白创造式教学基于该理论,让学生在课堂上去体验"做数学"的经历,获得数学知识,形成数学经验从而达到理解数学的目的。

蔡格尼克效应与格式塔心理学认为,人们对未完成的、不完整的内容会产生自主建构的心理,使之成为"完形"。留白创造式教学正是利用学生的这一心理机制,教师有意不直接把知识传授给学生,让学生不知不觉产生想要"补白"的心理倾向,从而调动自己的知识、情感、意识、行动去思索,去探究。

苏联教育家维果茨基提出了最近发展区理论,该理论是关于学生的认知发展。他认为学生的认知水平分为两个阶段,第一阶段是现有发展水平,学生现有的、能凭借自身能力独立达到的水平。第二阶段称为潜在发展水平,学生在更有能力的个体的帮助下能够达到的最高水平。这两个阶段的差异就是最近发展区。留白创造式教学要留的白,应当落在学生的最近发展区内。如果教师设计的问题超出了学生的最近发展区,那么学生再怎么努力也很难解决;如果问题太过容易,又难以激发学生探究的欲望。因此,适合最近发展区的留白问题还需要建立在对学情的充分了解的基础上。

（二）学情

笔者所授课的班级的多数学生对几何的学习保持着浓厚的兴趣,但是在几何论证的过程中,常伴有跳步、因果关系不匹配等问题,根本原因在于学生的学习习惯不良,以及数学表达能力的欠缺。因此,要培养学生爱动脑、爱表达的习惯,加强分析问题和解决问题的能力。

学生在上本课前已经学习了三角形中位线定理,知道了三角形中位线定理的推理过程,因此笔者选择了梯形中位线定理的推理论证作为课堂留白内容,希望学生能够类比三角形的中位线来研究梯形的中位线。

（三）基于核心素养培养的"一备二磨三超越"教研活动

在本课中,课题组成员围绕学生的抽象思维、逻辑推理和创新思维等核心素养的培养开展了"一备二磨三超越"的教研活动。

在一备中,笔者原本设想在课前给学生下发学习单,让学生通过观察、测量等方式去猜想梯形中位线与上下底之间的位置关系和数量关系,并尝试进行验证。在课中让学生通过小组比赛的方式将课前得到的方法进行展示,最终得到梯形中位线定理。同时,笔者对学生可能出现的证明方法进行了预设。

将上述想法提交课题组成员后,成员们在二磨阶段提出了许多修改建议。

朱文彬:除了预设学生可能出现的方法之外,还要预设学生添完辅助线后遇到的困难。有些困难通过老师的引导是可以解决的,有些困难的产生是由于错误的辅助线添加导致的,可能没办法证明。所以,课前的预设一定要充分。

王华:证明该定理的方法很多,可能没法完全列举出来,要对这些方法进行分类。方法可分成三大类,即构造三角形、构造平行四边形、构造三角形和平行四边形的组合。每一类中典型的证法都要准备。

曹君:课前下发的设计后的学习单需要再斟酌一下,是否要把关于梯形中位线定理的猜想作为留白前置? 前置的利弊需要权衡。

薛蓓:引入部分要能够启发学生联想到添线的方式,为方法之白作铺垫。

曹艳侠：要做好留白问题链的设计以此帮助学生解决证明过程中出现的困难。

针对上述建议，笔者对教学设计做了如下改进：

（1）留白前置的改进

为了更好地捕捉学生的课堂生成，落实教学核心素养的培养，笔者与课题组成员商量后决定放弃将梯形中位线定理的猜想作为前置内容。取而代之的是对三角形中位线定理及其推导过程的复习以及对平行四边形对边中点连线段的性质猜想与证明。

（2）课堂引入的改进

以三角形、平行四边形作为认知基础引入，动态演示变化过程，学生观察图形，猜想在变化过程中的特定结论（如图 7.43 所示）。做这样的改进基于以下三个意图：①由三角形的中位线变化到平行四边形对边中点的连线，符合学生的认知发展规律，也符合学生学习几何图形的认知顺序；②学生在学习内容时会产生自我发现，诱发学生去思考平行四边形对边中点连线段的性质，此处的发现之白点燃了学生的学习兴趣；③在学生产生自我发现之后，教师要求学生对发现进行简要地论证，要具备最近发展区条件，此处的论证之白在课堂一开始就给予了学生学习的信心，搭建了支架，让学生感到学习内容不困难、不乏味。

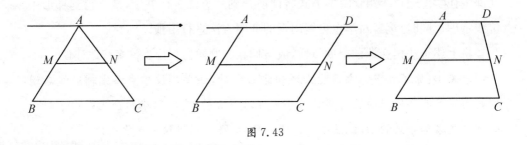

图 7.43

（3）留白问题链的设计

对于学生可能会想到的方法以及可能会碰到的困难，笔者以及课题组成员对于这部分内容的问题链设计也做了充分的预设。

当学生联结 AN 并延长与下底相交时（图 7.44），将梯形中位线问题转化成三角形中位线问题，思考关于此类转化，学生还可能出现哪些方法？起初，笔者在预设时,仅考虑到图 7.44 的添线方式,在课题组成员的磨课帮助下,笔者对图 7.44 的预设作了完善,衍生出图 7.45 与图 7.46 的问题设计。比如,能否在上底 AD 上任取一点 K,分别联结 KM、KN 并延长,这样的作法是否可行(图 7.45)。再如,K 点是否能是直线 AD 上的任意一点(图 7.46)? K 点是否可以从梯形顶点运动到线段 AD 上任意一点,再运动到 AD 所在直线上任意一点? 这样的证题思路体现了从"特殊到一般"的数学思想。

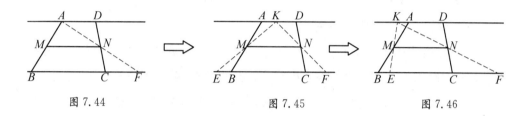

图 7.44　　　　　　　图 7.45　　　　　　　图 7.46

当学生联结 BD 交 MN 于点 K 时(图 7.47),此时由于学生并不能够证明 K 点同时也是 BD 的中点,所以笔者预设这或许是学生可能遇到的困难。为了帮助学生解决困难,笔者以及课题组成员对问题链作了如下设计:

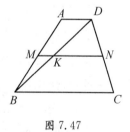

图 7.47

1. 取交点 K 这样的添线为何使你的证明无法进行下去?

2. 能否隐藏 MN,先取 BD 中点 K,再联结 KM、KN?

3. 此时,如何证明中点 K 就在 MN 上?

4. 过直线 BC 外一点 K,有几条直线与 BC 平行?

5. 那么现在你得到什么结论?

通过这一组问题链的设计,可以有效帮助学生解决"证明三点共线"这一难点。本课中类似问题的证明,学生可从此处获得正迁移。

笔者作为一名职初教师,在课题组成员的帮助下完成了本课的设计,经过实践,产生了以下三个方面的超越:

(1) 对自我认知的超越

曾经,笔者一度以为教师的主导作用是凌驾于学生的主体地位之上的,教师就好比课堂中的指挥棒,会对课堂的节奏产生最直接的影响。但经历了留白创造式教学的实践后,笔者对教师在课堂中的作用产生了新的认识。教师不再是课堂的中心,课堂也不再是教师的"一言堂"。留白创造式教学为师生之间融洽的交流构建了良好的氛围,学生在自主学习的过程中,挖掘出自身巨大的潜能,而教师要做的就是要创设积极的多向互动,引导学生去自主地发现。凡是学生自己能够探究完成的教师就不要讲,而应在学生思维困惑、理解错误时抓住教学中的重要契机,给予学生必要的启发与诱导,以启迪学生的思维。

(2)对教学方式认识的超越

留白创造式教学相较于传统教学发生了较大的改变。教师不会将学习内容填满整个教学时段,更不会将核心内容全盘托出,学生的学习体验也不会局限于记忆、模仿、练习层面。教师会依据知识的发生、发展逻辑线索,将精心预设的系列数学学习活动穿插于"课堂留白"中,学生会根据当前的问题情境调动自己的知识储备,利用知识迁移解决新问题,提高学习数学的兴趣。

留白创造式教学有利于改变学生学习过程,学生在"补白"过程中不再被动地接受教师理解的结果,而是在分析、比较、归纳、推理、验证中体验数学活动,形成数学经验,建构数学知识。

(3)对培养学生核心素养认识的超越

在本课中,学生首先要确定研究的对象——梯形的中位线,在得到梯形中位线定理的猜想后,学生在小组活动中会尝试添加辅助线来将梯形的中位线问题进行转化。在这个过程中,培养了学生的抽象思维、逻辑推理和创新思维等核心素养。

学生在解决梯形中位线定理的推理论证过程中,常用的辅助线有"联结对角线""平移一腰""作双高""联结顶点与腰上的中点并延长与另一底相交"等。做辅助线的过程需要将思维抽象化,通过抽象思维形式化表达,帮助学生更具象化地理解三角形、平行四边形、梯形之间的联系。

证明的过程体现了逻辑推理能力的运用,学生在证明时需要寻找新旧知识之间的联系,在已有三角形中位线定理的认知基础上,用已学知识解决未知问题,提升逻辑推理能力,培养数学表达能力,形成理性、严谨、求实的精神。

学生在证明过程中使用不同的证明方法,体现了求异、创新思维。在线上模式的小组合作中,学生可以随时在线编辑、圈画图形、交流方法,进行可视化的思维呈现。学生在生生互动、师生互动中提出质疑和补充,开阔了思维空间,提升了创新能力,学会从多角度思考几何问题。

三、 课堂实施

本课使用腾讯会议平台,在线上完成了授课。课前,下发学习单,包含对三角形中位线定理及其推导过程的复习以及平行四边形对边中点连线段的性质猜想与证明。将学生事先分组,进入线上分区讨论组,通过组内合作、组间比赛的方式形成良性的竞争氛围。各小组内部,在组长的引领和组织下,以"小先生"课堂学习模式实现了质疑、互助、交流的自主学习氛围;组间展示与比赛中,在教师和组长的主持下,各小组交流方法、思维碰撞,自主学习的动机得到进一步激发。

(一)独立思考

本课的重点是梯形中位线定理的不同推理论证方法的呈现,有别于常规课堂从定理的猜测、论证到运用。留白创造式教学创设了大量的时间与空间进行"补白",学生独立思考问题的能力得到了提升。

教学片段一:(教师在引入环节随机点名,检测学生课前独立思考的成效)

师:老师将这个三角形变成了一个平行四边形(如图 7.43),对边中点的这条连线段 MN 我们也把它叫作中位线吧,那同学们认为这条中位线 MN 与 AD、BC 之间有怎样的位置关系和数量关系? 能否简要叙述证明过程。

生:$MN \parallel AD \parallel BC$,$MN = AD = BC$。可通过证明四边形 $MBCN$ 是平行四边形,得到待证结论。证平行四边形的方法是依据一组对边平行且相等,即证明 $MB = NC$ 且 $MB \parallel NC$ 得到。

师:能否将 $MN = AD = BC$ 作改写? 改成 $MN = \dfrac{1}{2}($ $)$?

生:$MN = \dfrac{1}{2}(AD + BC)$

　　该教学片段反映出学生已经掌握了平行四边形对边中点连线段的性质,对留白前置内容的学习反馈较好。片段中笔者要求学生将数量关系作改写有两个目的,一是和即将引入的梯形的中位线进行比较,提问学生梯形的中位线是否还满足 $MN = \frac{1}{2}(AD+BC)$;二是为学生之后证明梯形的中位线定理所能联想到的常用辅助线做铺垫。

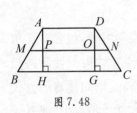

图 7.48

　　教学片段二:(学生对图 7.48 添线方法的证明产生了困难)

　　生:我作好梯形的双高之后,分别交 MN 于 P、O,但是我不会证 P、O 分别是 AH 和 DG 的中点,那就出不来这四点是共线的。

　　师:其他同学看看,能不能帮助他?

(无人回答)

　　师:你为什么要证中点?

　　生:因为我想用三角形的中位线定理。

　　师:那么你能否直接构造中点?去证这个中点在 MN 上即可。

　　生:嗯……

(2分钟后)

　　师:如何证明 M、P、O、N 四点共线?

　　生:不知道。只知道 $MP /\!/ BC$,$ON /\!/ BC$,会证 $PO /\!/ BC$。

　　师:$MP /\!/ BC$,$PO /\!/ BC$ 这两个条件能得到 M、P、O 三点共线吗?为什么?

　　生:可以的,因为它们都过点 P,而且平行于 BC。

　　师:过直线外一点,有几条直线与已知直线平行?

　　生:有且仅有一条!哦,同理,P、O、N 三点共线,所以这四点就都共线了。

　　该片段反映了一位学生在独立思考的过程中,联想添加梯形的双高后,产生了问题,体现了问题之白。当学生提出问题后,笔者适时点拨构造中点,并稍作停顿,给学生思考的时间。但2分钟后,学生依然没有解决,只得出了三组平行线段,于是笔者追问"过直线外一点,有几条直线与已知直线平行?"此问题的点拨,促使学生产生自我调控,得到了 M、P、O 三点共线的结论。

(二)合作交流

留白创造式教学中的小组合作与传统教育中的分组学习是有区别的。在传统教育中,教师将学生按照前后桌分组,面对面学习,这表面上看像是进行了合作学习,但更多的是以教师讲授为主,学生自学为辅,这便导致传统教育教师仍然占据主导地位。而留白创造式教学中,学生是以组为单位在有限的时间内对所要研究的对象进行探究,教师则要深入各组观察学生的学习过程并适时引导。师生和生生之间产生相互影响,不再让学生接受机械化、应试化的教育,提高了学生的自主学习能力。

但本课是在线上环境下进行的,分组受到了一定的限制。腾讯会议平台的虚拟分组功能所创设的讨论组类似于主会场中的若干个分会场,组与组之间互相独立,互不干涉。这就意味着当教师参与某一组的活动时,其他组的活动情况是完全不得知的,那么就需要教师不断切换,时刻留意各组学生的"补白"情况。

为了保障线上环境下,课中的交流能够充分顺畅,笔者在课前设置了两个讨论组,并对组内各个成员的角色做了分工,如:组长、计时员、记录员、汇报员等。由于教师无法在线上的环境下同时顾及两个小组,所以组长在组织交流过程中就起到了关键性作用。因此笔者在课前对组长进行了关于组织和技术方面的培训,指导他们如何使用腾讯会议的共享白板,使组员的思维可视化。

教学片段三:(学生的自主学习在组长的组织下井然有序)

组长:我们刚刚把"梯形的中位线"转换为了"三角形的中位线",那么大家想想,是否可以转化为课前的问题"平行四边形的中位线"?

生1:应该可以的!如图7.49,把梯形 $ABCD$ 绕着点 N 转180度,变成梯形 $EFDC$,两个梯形拼到一起,不就是平行四边形?

组长:这种辅助线的添法,我们需要证明 O 是 EF 的中点。

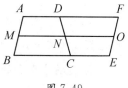

图 7.49

生2：这个好证！通过证明 $AMOF$ 和 $BMOE$ 都是平行四边形，可以得到 $OF=AM$，$OE=BM$，所以 O 是 EF 的中点。

组长：大家还能怎样添加辅助线，转换为"平行四边形的中位线"？

生3：如图 7.50，可以过点 N 作 BC 的平行线，交 BC、AD 于点 E、F，这样，$ABEF$ 就是平行四边形了。

组长：说的非常好！同样的，我们可以使用生2的方法，可以证明 N 是 EF 的中点。

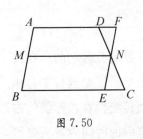

图 7.50

……

该片段反映的是线上环境下，组长在合作交流中所起的关键作用。笔者所挑选的这两位组长，其数学基础扎实、组织能力强、语言表达规范，在小组中肩负"小先生"的角色，代替教师组织讨论。因此教师才有更多的时间去兼顾两组学生的活动情况，把控留白创造式课堂的节奏。

小组活动中，各个学生的角色分工不是一成不变的，教师应当鼓励有潜力的学生挑战"组长"的角色，其他角色（如计时员、记录员、汇报员）应当安排学生轮流尝试。这样做可以促进学生对自我的认知，同时让每位学生得到发展。

教学片段四：（小组合作时，学生对图 7.51 的添线该如何叙述产生了分歧）

生1：联结 AN 并延长，使得 $AN=FN$，交 BC 的延长线与点 F，易证 $\triangle AND \cong \triangle FNC$（S. A. S），可以通过 MN 是 $\triangle ABF$ 的中位线来证明待证结论。

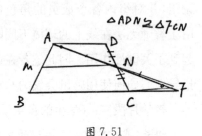

图 7.51

生2：这样添线你是否有证明 B、C、F 三点共线呢？这个可以证吗？应该是可以证的！

生3：刚才好像不能证，那我们能否换个说法，同样是这幅图，延长 AN 交 BC 的延长线于点 F，也可以得到刚才的全等，这样就避免了去证三点共线。

生2：刚才生1的添线方式也可以证的！

这三个学生对图 7.51 所示添线方式的叙述陈述了各自的见解，期间笔者没有加以引导,让学生自己用数学语言去表达。他们的争论着实让笔者感到惊喜,但同时有一些遗憾。惊是因为学生们注意到了要是倍长 AN 则必须要证 B、C、F 三点共线,笔者在备课时预设了学生可能潜意识里会觉得 B、C、F 三点就是共线的,没必要证明,但课堂上看到有学生质疑,十分惊讶;喜是因为生 2 两次对生 1 和生 3 发起了质疑,第一次是生 2 质疑生 1 没有证明三点共线,逻辑不严密,第二次是生 2 质疑生 3,生 1 的方法是可以证明的,这两次质疑均体现了超越之白。遗憾是因为生 2 没能把生 1 这样添线为什么可以证明说明白,这一课堂生成没有较好地把握,实际上只需通过全等得到 $\angle D = \angle DCF$,再证 $\angle BCF$ 是个平角即可。在这个过程中,学生间的相互质疑、批判、评价都表现出高阶思维,体现了超越之白。

教学片段五:(交流方法时,学生对图 7.52 的添线陈述证明过程)

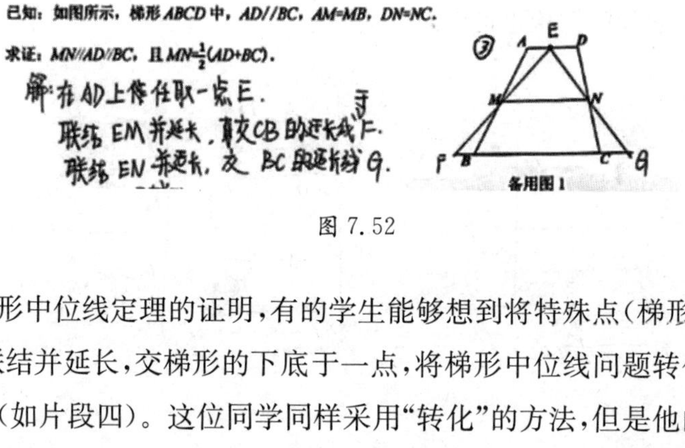

图 7.52

对于梯形中位线定理的证明,有的学生能够想到将特殊点(梯形顶点)A 与一腰中点 N 联结并延长,交梯形的下底于一点,将梯形中位线问题转化成三角形中位线去证明(如片段四)。这位同学同样采用"转化"的方法,但是他的添线则将特殊点 A 一般化了,即在 AD 边上任取了一个点,将这个点与两腰中点联结并延长。"任取"这个词夺人眼球,令人震撼,尤其是初中学段的学生能够有此发现与表达,实属不易。

课后,笔者对该生进行了访谈,问他是如何想到在 AD 上任取一点的,该生指出是受到上一位学生联结 AN 的启发,感觉这个点可以是 AD 边上的任意一点,因为目的是要构造全等三角形,把梯形的上底全部转移到和下底共线的直线上来。该生这样的添线方式自始至终都没有教师的任何引导,仅仅是在合作交流的过程中受到一位同学的启发,思维就能够到达如此深度,该深度反映了他的创新思维,同时也体现了从特殊到一般的数学思想,体现了超越之白。

(三) 资源利用

教学片段六:(小组讨论时,学生利用多样化的资源对梯形中位线定理的证明表达了各自的想法)

图 7.53 反映的并不是一个学生的证明方法,而是组内成员集体智慧的结晶,体现了方法之白。学生们通过腾讯会议的"互动批注"功能,在组长屏幕共享的白板中,尝试画出可能可行的方案。之所以称为"互动批注",重点就体现在学生之间的合作上。当一个学生的思维受阻时,另一个学生如果能够顺着他的思路解决问题,那便可以接过画笔,继续完成批注。该功能实现了教师对学生思维的评价,能够让教师清楚地看到学生在证明过程中碰到了什么困难以及学生的思维形成轨迹,同时生生之间的评价也可即时生成。

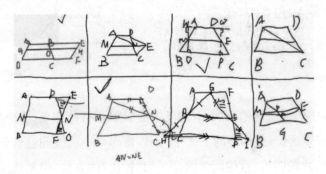

图 7.53

图 7.54 是学生利用笔者在课中下发的学习单,在若干张备用图中尝试添加不同的辅助线去证明梯形中位线定理的过程。学习单的使用,能够激发学生探究的欲望,有效帮助学生即时将抽象思维进行形式化的表达,提高课堂效率。

学生充分利用线上资源,跨越了时空的局限,使每个人都有机会发出自己的声音,表达自己的观点。师生之间,生生之间的互动更加全面和立体,这种全面交互式的互动也促使学生的讨论更加深入和持续,在表达自己观点和分析对方的观

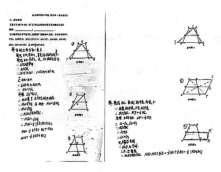

图 7.54

点时深化自己对问题的理解,并最终形成自己的完整认识和评价。线上资源的有效利用,有力地推动了学生批判性思维的形成。

四、 效果反思

课后,工作室成员就"本课是否真正对学生的思维产生了触动"这个问题进行了讨论。

朱文彬老师认为留白创造式课堂相较于互动掌握式课堂,更加需要学生的主动参与,也就是学生能够在课堂上进行自主学习。在本课教学过程中,学生自主学习的片段很多,所以从这个角度来说学生的思维的确产生了触动。

曹艳侠老师指出,在本课中,学生有充分的思考空间,也有充分的思考机会,所以在发展学生独立思考能力方面比互动式课堂效果更好。学生分组后,从每个人所展现出的成果可以看出学生的思维容量是很大的。

薛蓓老师认为本课在引入部分问题的设计上是对学生有所触动的。学生在提出问题、解决问题前,更关键的是要先获得一个研究的对象,问题要能带给学生研究的动机。如果学生能长期接受这样的训练,那么在几何学习中,他们就能够学会分析问题和解决问题的方法。

曹君老师结合教学片段中学生创新意识、高阶思维的体现,认为留白创造式教学给学生的主动学习、生生互动带来了很大的推动作用。

笔者也随机挑选了三位学生,作了一次线上访谈,访谈内容如下:

师：本课中，你觉得老师的授课方式和平时比，有了哪些变化？

生1：感觉老师说的话少了。

生2：我和生1感觉一样，更多的时间留给了小组讨论，所以老师说话变少了。

生3：感觉这节课没有让我们做题去训练，更多的是寻找证明方法。

师：同学们课堂参与是否有改变？

生1：我觉得同学的参与程度变高了，因为大部分时间都在小组讨论，我们会比较活跃一些。

生3：我认为同学们的参与程度较平常有很大提高，只不过有的人没有说出来，是写在共享白板上的。就是说，平常有些不太发言的同学，也都慢慢参与进来了。

师：老师和同学在这节课中都有很大的改变，这些改变对你学习几何有没有产生帮助？

生2：感觉肯定是产生了帮助，而且我觉得通过这样子的方式能够开拓我的思维。因为平常都是老师抛出一个机会，但是很可能就是被那些积极互动的人给抢掉了。而在这节课中，给了我很多机会，就算是别人想到的方法，但老师给我们机会让我们去想是否还有别的证法。

生3：我觉得以这样的方式可以促进我们对于几何问题的思考。因为大家都在参与，别人的想法可能会成为你的想法的碰撞点，然后你就会因为一个点产生一些新的思路，然后去尝试能不能做出来。

生1：我觉得小组讨论这种方式会让记忆更加深刻。因为自己讲出来的东西，然后又和同学在一起讨论，就会记得更牢一点。

通过课题组成员和部分学生对本课的评价，笔者了解到学生通过自主学习的方式对梯形中位线定理有了更深刻的理解。在留白创造式课堂上，教师创设的学习机会是面向全体学生的，充分激活了学生自主思考的意识，学生的课堂参与度普遍提高。长此以往，就能培养学生用数学的观点去思考问题和解决问题的能力，为学生的终身发展奠定基础。

笔者作为一名教龄三年的职初教师，首次尝试留白课型的研究，感到受益匪浅。

首先,留白课型对职初教师来说难在哪里? 有以下三点:①备课量大。职初教师由于专业知识储备不够,对于学生突然抛来的灵感不能精准承接。为了避免出现教学错误,笔者多次寻找课题组成员一起探索证明梯形中位线定理的方法,确保充分预设;②问题设计难。教师在进行留白创造式教学中,要时刻关注学生的课堂生成。如果学生的研究思路有偏差,如何设计问题引导自我调控;如果学生碰到困难了,如何设计问题搭建学习支架,这些都是职初教师需要思考的;③时间把控难。对职初教师来说,留白课型对每个活动分配的时间把控是没有任何经验的,教师需要根据当下学生的课堂生成,合理地调节课堂的节奏。

其次,笔者感受到接受留白创造式教学的挑战加速了职初教师的专业化成长。当学生在课堂中出现质疑,但是他却没有将自己的思路表达出来时,教师的作用如何体现? 例如在上文提到的教学片段四中,生 2 认为生 1 的"联结 AN 并延长,使得 $AN=FN$,交 BC 的延长线与点 F"这样的添线方式也行得通,但被生 3 打断,没有继续证明的时候,教师应当要发挥其作用,要牢牢抓住这个亮眼的课堂生成,引发更深层次的课堂探究。

最后,本课还有一些令人遗憾的地方值得反思与改进,如课堂小结略显仓促,教师未能很好地根据学生呈现的多种证明方法进行本质提炼;学生出现争论时,教师的作用需要进一步体现;小组合作的评价需要首尾呼应等。

五、 结语

留白创造式教学是一门艺术,也是一种策略,更是一种境界。2022 年义务教育新课标的颁布,体现了国家对教育在新时代下提出了新要求,我们的课堂正在发生着改变。课堂上不能再只有教师的声音,关注课堂对话,是当下课堂的主旋律。通过课堂留白,可以激发学生主动学习的热情,将发言权和主体权还给学生,为学生提供足够的参与数学活动的机会,拓宽学生的学习空间,促进学生的主动学习。

作为一名职初教师,初步尝试"留白创造式教学"在几何课堂中的实践后,笔者感受到教师对课堂的掌控从台前移到幕后,学生由被动的接受者转变为主动的探究者,在掌握数学知识的同时提升发现、分析并解决问题的能力。"留白"的真正价值在于多年之后,学生不一定能记得相关的数学概念,但在"留白"的空间中习得的思维和方法却能留在他们的脑海里,这也许正是我们所要追求的"核心素养"。未来,我们对留白创造式教学的研究还将继续。

第八节　对数函数的定义与图像[①]

根据《普通高中数学课程标准(2017 年版 2020 年修订)》,上海编写了新的高中数学教材,针对新的学习环境,新教材改变了以往先讲一般的函数概念,再讲幂、指数、对数函数的做法,而是先讲幂、指数、对数函数,再讲一般的函数概念,希望更加符合中学生的认识规律。如何让学生通过对幂、指数、对数这三类具体函数的学习体会研究一般函数的方法,从而顺利地实现从具体到抽象、从特殊到一般的学习过程,是摆在老师面前的一个问题。在教学中,我们发现从内容到方法都可以进行类比学习,为让学生真正的参与课堂学习,我们采用"留白创造式"教学进行特殊函数的类比学习。

一、教学背景

沪教版普通高中教科书数学必修第一册函数部分内容,在学习幂、指数和对数概念及运算的基础上,先定义幂函数、指数函数和对数函数,再通过图像和代数的方法研究它们的性质,进而以它们为代表抽象出一般函数的概念,并研究一般函数的性质及应用。其中"对数函数的定义与图像"是第四章第三节教学内容,学生已经经历了幂函数与指数函数的定义、性质及简单应用的研究过程,初步建立了研究一个具体函数的一般方法。另外,学生还学习了对数的定义、指数式和对数式的互化、对数运算性质以及对数的初步应用,具备了进行对数函数研究的基

[①] 本案例的执教者和整理者是上海市晋元高级中学陈彦娟老师。

础。考虑到对数函数与幂函数、指数函数从情境引入到概念抽象,从知识内容到方法探究,从本质探索到规律总结,都可以进行类比与迁移,那么,对数函数的学习,对三类特殊函数学习方法的形成起到了总结凝练的作用,这就为学生的自主学习提供了基础。

留白创造式教学在明确目标的前提下,以"留白设计"为基础,以学生有效的自主学习为核心,通过问题设计,创设促进学生思维生长、情感生成的环境,引导学生在已有的学习经验下,不断唤醒学生的主观能动性,将自己的知识与观点、方法与创意、思维与能力等进行类比、探究、实践和运用,使他们成为课堂知识的共建者,成为自身学习的主人。在"对数函数的定义与图像"第一课时的教学设计中,考虑到幂、指数、对数函数学习的连续性和系统性,又考虑到学生已有的学习经验,我们认为可以设计反映本质的"序进"问题,通过学生自主回答问题,呈现陈述之白、方法之白、发现之白和论证之白等留白形式探究对对数函数的定义及图像,渗透数形结合、从特殊到一般的思想方法,将幂函数、指数函数和对数函数的知识和方法结构化、系统化,使学生进一步感悟、凝练研究函数的一般方法,达到培养学生的数学抽象和直观想象等素养的目的。

二、 设计依据

留白创造式教学依据认知心理学与建构主义理论,遵循为掌握而学和弗赖登塔尔的再创造学说,主张学习不是由教师把知识简单地传递给学生,而是由学生自己建构知识,所有的知识都是学生自己的认识活动的结果,主体通过自己的经验来构造自己的理解。所以,学生不是简单被动地接收信息,而是主动地建构知识,学习不是被动地接收信息刺激,而是根据自己的经验背景,借助其他人的帮助,利用必要的学习资料,通过意义建构的方式而开展的活动,是对外部信息进行主动地选择、加工和处理,从而建构自己理解的过程;学习也不是简单的信息积累,而是包含新旧知识经验的冲突,以及由此而引发的认知结构的重组,也就是学习者与学习环境之间互动的过程。

本节课的教学设计如下。由指数函数引入情境,复习指数函数的定义,类比表述对数函数的定义；再回顾指数函数的图像和性质，探究对数函数的图像和性质；分析幂函数、指数函数与对数函数各自的结构，设问幂函数、指数函数与对数函数的统一结构，以及这三类函数增长速度的差异与研究函数的一般方法。具体的对数函数教材教法分析见表 7.6。

表 7.6

教材版本	课题名称	学期	建议课时
上教版	对数函数	高一年级 第一学期	1

课程标准及教学目标分析：
(1) 通过具体实例中变量的变化规律理解并抽象出对数函数的概念；用描点法做出对数函数的图像并总结其图像特征；通过观察、计算体会对数函数与幂函数、指数函数增长速度的差异。
(2) 从特殊到一般、类比等思想方法探究对数函数的图像特征的过程中，逐步建立并完善幂函数、指数函数和对数函数知识结构，并进一步体会研究函数的一般方法。
(3) 能通过对对数函数的定义与图像的学习，养成善于观察、勇于探索的良好习惯，并不断发展直观想象和数学抽象等素养。

学情分析：
(1) 经历了幂函数、指数函数的定义、性质及简单应用的研究过程，初步建立了研究一个具体函数的一般方法；学习了对数、指数式和对数式的互化、对数运算性质以及对数的初步应用。
(2) 学生学习态度端正，求知欲和好奇心强，乐于思考。在师生沟通过程中，愿意提出自己的疑问，但由于缺乏自主抽象的实践，凝练函数研究的策略尚有困难。

教学方法分析：
(1) 充分关注知识间的联系。将研究幂函数、指数函数的图像与性质的方法，通过类比学习，用于对数函数的图像与性质的研究；另外，还利用对数函数与指数函数互为反函数的关系，建立对数函数与指数函数间的联系。
(2) 充分利用信息技术进行探究。例如，利用图形计算器，让学生先直观地发现不同底数的对数函数图像的基本特征，$y = \log_a x$ 和 $y = \log_{\frac{1}{a}} x$ 的图像关于直线 x 轴对称，以及对数函数与幂函数、指数函数增长速度的差异。
(3) 在课堂小结中，适时启发学生回顾幂函数、指数函数揭示的"固定等式 $a^b = c$ 中的一个量，研究另两个量的相互变化关系"的规律，并探究对数函数是否具有类似的规律，进一步建立这三个函数的联系与区别。

教学关键环节及对应的留白学习方式	(1) 创设情境，提出问题	发现之白
	(2) 抽象本质，建构概念	陈述之白
	(3) 描绘图像，探究特征	问题之白、方法之白、论证之白、发现之白
	(4) 课堂小结，思想引领	陈述之白、超越之白
	(5) 分层练习，巩固提高	

三、课堂实施

（一）创设情境，提出问题

问题1　某人在银行存入1万元，若年利率为5%，且按年计复利。

（1）经过时间 b（年）后存款 c（万元）为多少？

b	1	2	3	……	b	x	……
c				……			……

（2）要使得存款达到 c（万元），至少需要的时间 b（年）为多少？

c				……		x	……
b				……			……

设计意图：在概念引入部分，对教材内容进行重整，考虑到指数函数和对数函数互为反函数，因此，从指数函数的情境入手，通过复习存款 y（万元）随着时间 x（年）的变化规律，进一步巩固指数函数的概念。在问题（2）中，我们互换两个变量的位置，通过表格的形式，让学生体会时间 y（年）随着存款 x（万元）变化的规律，让学生发现新知，体会并发现对数函数的概念。

课堂片段1

师：请同学们分别完成表格（1）（2），体会一个变量随另一个变量变化的规律，并说明它们所体现的变化规律的联系和区别。

生：表格（1）中，等式 $y=1.05^x$ 确定了存款 y 随时间 x 变化的规律，是我们已经学习过的指数函数；表格（2）中，等式 $y=\log_{1.05}x$ 确定了时间 y 随存款 x 变化的规律，是一个新的函数类型，但和指数函数有一定的关系，两个变量的位置正好互换。

师：非常好，表格（2）定义的是一类新的函数，是我们今天要研究的对象，它是指数函数的反函数。

（二）抽象本质，建构概念

问题 2　同学们能否类比指数函数的定义的结构，得到对数函数的定义？

学生完成任务单：

对数函数：当 $a > 0$ 且 $a \neq 1$ 时，_____ 确定了_____ 随_____ 变化的_____，称为底为 a 的对数函数。

从对数出发，通过引入变量，抽象出对数函数后，总结其结构特征有三点：①对数的形式；②底数都是常数；③真数是变量 x。

问题 3　定义域是函数定义中非常重要的一个要素，请问对数函数的定义域是什么？

生：因为只有当 $x > 0$ 时，$\log_a x$ 才有意义，所以对数函数的定义域是全体正数。

例 1　求下列函数的定义域：

(1) $y = \log_2(x-1)$；(2) $y = \log_a(x^2 - 4x - 5)$（常数 $a > 0$ 且 $a \neq 1$）。

解：(1) 当 $x - 1 > 0$ 时，即 $x > 1$ 时，该函数才有意义，所以该函数的定义域是 $(1, +\infty)$。

(2) 当 $x^2 - 4x - 5 > 0$ 时，该函数才有意义，而不等式 $x^2 - 4x - 5 > 0$ 的解是 $x < -1$ 或 $x > 5$，所以该函数的定义域是 $(-\infty, -1) \cup (5, +\infty)$。

设计意图：学生感受了 $\log_a x$ 随着 x 的变化而变化的规律后，鼓励学生类比指数函数的概念，通过留白创造式教学中的陈述之白，抽象并完整、简洁地叙述出对数函数的概念，并总结其结构的本质特征。同时，对对数函数的定义域以及相关复合函数的定义域做进一步的研究。

问题 4　再次类比指数函数的研究内容和研究方法，我们应研究对数函数的哪些内容呢？我们又该如何研究呢？

设计意图：得到对数函数的概念后，让学生自己发出疑问，对数函数的研究内容和方法是什么呢？留下 3—5 分钟时间让学生思考、讨论。

课堂片段 2

师：谁能带我们回顾一下指数函数的完整定义吗？

生：指数函数的定义是当底数 a 固定，且 $a > 0$，$a \neq 1$ 时，等式 $y = a^x$ 确定了

变量 y 随变量 x 变化的规律，称为底为 a 的指数函数。

师：你能类比指数函数的定义，得到对数函数的定义吗？

生：对数函数的定义是当底数 a 固定，且 $a>0$，$a \neq 1$ 时，等式 $y=\log_a x$ 确定了变量 y 随变量 x 变化的规律，称为底为 a 的对数函数。

课堂片段3：（针对任务单问题思考的交流）

师：在指数函数的学习中，我们具体研究了指数函数的哪些内容？

生：我们学习了指数函数的图像和性质。

师：你能说说指数函数的图像是如何得到的吗？运用了怎样的数学思想？总结出哪些基本类型？

生：指数函数的图像是通过描点法得到，通过由特殊到一般，总结出指数函数的图像有两种基本类型，分别是底数 $a>1$ 和 $0<a<1$ 的情况。

师：你能再说说指数函数的性质是如何得到的吗？

生：指数函数的性质是先通过观察图像，得到其特征，再进行代数论证而得到的。

师：如果让你自主学习对数函数，类比指数函数，你会研究对数函数的哪些内容，会分别用什么方法呢？

生：我会研究对数函数的图像和性质。类比指数函数，我会首先用描点法画出几类对数函数的图像，再由特殊到一般总结对数函数的图像的基本类型；接下来我会观察其图像特征，最后尝试用代数的方法进行论证。

（三）描绘图像，探究特征

问题5　对数函数的图像是怎样的？

在平面直角坐标系中，把满足 $y=\log_a x$ 的一切点 (x, y) 描绘出来就构成对数函数的图像。

例2　分别作出对数函数 $y=\log_2 x$ 及 $y=\log_3 x$ 的大致图像。

说明：学生各自独立完成。

问题6　你能总结它们的图像特征吗？

说明：学生各自独立完成后展示任务单。

(1) 图像都在 y 轴右侧,无限趋近于 y 轴,但永不相交;

(2) 过点 $(1, 0)$;

(3) 由左至右图像上升。

例 3　请继续在上述表格中作出对数函数 $y = \log_{\frac{1}{2}} x$ 和 $y = \log_{\frac{1}{3}} x$ 的大致图像。

方法一:描点法;

方法二:利用图像的对称变换,转化为 $a > 1$ 的类型,总结 $y = \log_a x$ 和 $y = \log_{\frac{1}{a}} x$ 图像之间的关系。

对数函数 $y = \log_2 x$ 和 $y = \log_{\frac{1}{2}} x$ 的图像关于 y 轴对称。

对数函数 $y = \log_a x$ 和 $y = \log_{\frac{1}{a}} x$ 的图像关于 y 轴对称。

问题 7　你能总结它们的图像特征吗?

(1) 图像都在 y 轴右侧,无限趋近于 y 轴,但永不相交;

(2) 过点 $(1, 0)$;

(3) 由左至右图像下降。

说明:学生各自独立完成后对比发现 2 个问题之间的关系。

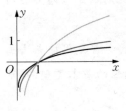

图 7.55

例 4　(1) 函数 $y = \log_2 x$ 、$y = \log_5 x$ 和 $y = \lg x$ 的图像如图 7.55 所示.判断哪个函数对应于哪个图像,说明理由并比较这三个函数的增长速度;

(2) 计算函数 $y = x^{\frac{1}{2}}$ 、$y = 2^x$ 和 $y = \log_2 x$ 当 $x = 2^0$,2^2,2^4,2^6,2^8,2^{10},2^{12},2^{14},2^{16},2^{18} 时的值,并由此比较这几个函数的增长速度并总结规律。

x	2^0	2^2	2^4	2^6	2^8	2^{10}	2^{12}	2^{14}	2^{16}	2^{18}
$y = x^{\frac{1}{2}}$										
$y = 2^x$										
$y = \log_2 x$										

（3）思考:结论"实际上,当 $b>1$, $c>0$ 时,即使 b 很接近于 1, c 很接近于 0,都有 $y=x^c$ 比 $y=\log_b x$ 增长快"、"实际上,当 $a>1$, $c>0$ 时,即使 a 很接近于 1, c 很大,都有 $y=a^x$ 比 $y=x^c$ 增长快"的理由是什么呢?

设计意图:学生在指数函数中积累的研究函数的一般方法,通过留白创造式教学中的方法之白,让学生自己探究出研究对数函数的一般方法,包括用描点法作出对数函数的图像并总结其图像特征;以及通过观察、计算体会对数函数与幂函数、指数函数增长速度的差异。另外,通过留白创造式教学中的论证之白与代数论证说明对数函数 $y=\log_a x$ 和 $y=\log_{\frac{1}{a}} x$ 的图像关于 y 轴对称。

课堂片段 4

请两位同学到黑板上演示。

师:两位同学的图像已经完成,你能点评一下吗?

生:左边同学的图像正确,右边同学的图像不完整。因为对数函数的定义域是 $(0,+\infty)$,所以当 $x\in(0,1)$ 时,也有对应的点,而不是只有 $x\in[1,+\infty)$ 的部分。

师:你能类比指数函数的图像特征,总结一下这两支对数函数图像的共同特征吗?

生:(1)图像都在 y 轴右侧,无限趋近于 y 轴,但永不相交;

　　(2)过点 $(1,0)$;

　　(3)由左至右图像上升。

课堂片段 5

师:类比指数函数的图像,你们认为对数函数的图像可能有几种基本类型呢?

生:我认为对数函数的图像也有两种基本类型,分别是底数 $a>1$ 和 $0<a<1$ 的情况。

课堂片段 6

师:你准备用什么方法作出 $y=\log_{\frac{1}{2}} x$ 和 $y=\log_{\frac{1}{3}} x$ 的大致图像呢?

生:可以用描点法。

师:除了描点法外,我们可否将其转化为底数大于 1 的情况呢?

生：可以利用对数的性质，我们知道 $\log_{\frac{1}{2}}x = -\log_2 x$，这样的话，可以先画出 $y = \log_2 x$ 的图像，然后再画出其关于 x 轴的对称图形，即可得到 $y = \log_{\frac{1}{2}}x$ 的图像。

生：通过刚才的转化过程，我们可以说明对数函数的图像也只有两种基本类型，分别是底数 $a > 1$ 和 $0 < a < 1$ 的情况。

（四）课堂小结，思想引领

（1）定义了一类新的初等函数：对数函数 $y = \log_a x$（$a > 0$ 且 $a \neq 1$）；至此，幂、指、对函数统一到等式 $a^b = c$ 中。

$$a^b = c \Rightarrow \begin{cases} \text{固定}\underline{\qquad}，将\underline{\qquad}用自变量 x 替换，得到 y = \log_a x； \\ \text{固定}\underline{\qquad}，将\underline{\qquad}用自变量 x 替换，得到 y = a^x； \\ \text{固定}\underline{\qquad}，将\underline{\qquad}用自变量 x 替换，得到 y = x^a。 \end{cases}$$

（2）类比指数函数，从特殊到一般探究了对数函数 $y = \log_a x$（$a > 0$ 且 $a \neq 1$）的图像。

（3）通过图像直观感知对数函数 $y = \log_a x$ 的图像特征。

（4）通过观察和计算体会对数函数与幂函数、指数函数增长速度的差异。

设计意图：对数函数是幂函数、指数函数、对数函数中最后一个具体函数，对学生学习方法的形成起总结凝练作用，至此，幂函数、指数函数和对数函数成为一个完整的单元。通过留白创造式教学中的陈述之白让学生对这一单元从内容到方法，从思想到能力进行总结，无疑会帮助学生更系统地了解知识结构，获取提升数学抽象、逻辑推理和直观想象等核心素养的机会。

（五）分层练习，巩固提高

必做题：课本 P94 1，2，3。

选做题：例 4 中（3）。

设计意图：通过分层练习使不同层次的学生都能获得能力范围内的巩固和提高。

四、效果反思

（一）学生访谈与测试

我在一个重点班和一个平行班开展了"对数函数的定义与图像"的留白创造式教学的实践。为了了解学生对这种留白创造式教学方式的认可程度以及学生对本节课的掌握程度,课后对 6 位学生进行了访谈,并对所教两个班级进行了"对数函数的定义与图像"的课后检测,同时全年级学生完成"对数函数的定义与图像"的学习后也进行了相同的课后检测。

（1）对学生的访谈

对学生的访谈主要围绕以下问题进行:

问题一　用留白创造式上了"对数函数的定义与图像"一课后,你感觉这节课和平常的课堂组织有什么不一样吗? 你对本节课最深刻的学习感受是什么?

问题二　在没有老师详细讲解的情况下,你能在老师的引导下顺利完成学习任务吗?

问题三　你认为这种类型的课对你有帮助吗? 主要体现在哪些方面?

问题四　你更希望上这样的课吗? 为了更好的投入这种课型的学习,你有怎样的建议?

参与访谈的 6 位同学一致认为,本节课与平常的课堂组织相比,老师不是以讲授为主,而是以引导为主。学生不再是被动地接受知识,而是主动地参与到课堂学习。本节课最深刻的感受是完全类比指数函数的学习内容和学习方法,自主学习了对数函数的相关内容。6 位同学中的 5 位同学认为能够在老师的引导下,利用学习幂函数和指数函数的经验,顺利完成老师布置的各项留白任务,1 位同学认为在学习过程中完成留白任务略显吃力,但能够在其他同伴的帮助下理解全部学习内容。6 位同学都认为通过本节课的学习能更深刻地体会到研究函数的一般方法,更重要的是用留白创造式教学可以使他们在课堂上的学习更主动,学习投入度更高,能很好地激发他们学习的热情。6 位同学都希望有更多的留白创造式的教学,但担心可能在某些环节无法跟上教学节奏,因此希望能得到老师或同学及时的讲解或帮助。为了能更好地投入留白创造式教学的课堂学习,1 位同学认为可以通过预习课本或查阅相关学习资料帮助他们更好地融入课堂,学习新知识;还有 1 位同学希望老师的引导可以有更多的阶梯;其余的同学认为老师应该给足学生思考的时间。

(2) 对学生的课后测

关于"对数函数的定义与图像"的课后测的结果显示,使用留白创造式教学的班级正确率明显高于同类班级,说明这种教学方式能帮助他们更主动地理解教学内容。具体测试结果见表 7.7。

表 7.7

课后测	重点班正确率	平行班正确率	全年级正确率
1. 下列函数是对数函数的序号为:_____。(请填入全部正确序号) ①$y = \log_2 x$;②$y = 2\log_2 x$;③$y = \log_2 x^2$; ④$y = \log_2(x+2)$;⑤$y = \log_2(2x)$。	100%	92%	81%
2. 求函数 $y = \log_{x-1}(3-x)$ 的定义域。	98%	87%	76%
3. 图中有四个对数函数:$y = \log_a x$,$y = \log_b x$,$y = \log_c x$,$y = \log_d x$,则( )。 (A) $a > b > c > d$ (B) $a > b > d > c$ (C) $b > a > c > d$ (D) $b > a > d > c$	92%	82%	74%
4. 已知 $1 < x < 2$,$a = 2^x$,$b = \log_{0.5} x$,$c = \sqrt{x+2}$,比较 a、b、c 的大小,并说明理由。	89%	79%	65%

(二)"类比学习类"课堂留白创造式教学总结

在新教材中,除了本文涉及了函数的学习外,还有大量的教学内容也贯彻了从特殊到一般的原则,如从等差数列到等比数列,再到一般数列的定义和通项公式和前 n 项和;从实系数一元二次方程的实数解到复数解;再到复系数二次方程的复数解；从立体几何中的柱体到锥体，再到一般几何体的表面积和体积；从椭圆到双曲线、抛物线，再到一般曲线的定义、方程和性质等，都在知识体系和方法总结上有连续性，都建议采用留白创造式教学。在帮助学生搭建好必要的支架后，留给学生自我展现的舞台，让学生在类比学习中，在自我探究中，在与同学合作交流的过程中，感悟、体会并寻找解决一类问题的常用路径。让学生主动地概括出原理或方法，他们会因为是自己发现而具有满满的成就感，从而使学习具有强大的动力，所得知识也会深刻而不易遗忘。

（三）留白创造式教学中的挑战及应对策略

留白创造式教学能较大程度地调动学生主动学习的积极性，但对于任教老师来讲，如何完成合适的留白设计，既能调动绝大多数学生的积极性，又能确保学生在最近发展区获得足够的挑战；既能允许学生"天马行空"地想象，又能及时解惑并适时引导学生的高阶思维的发展，是很有挑战性的。这首先要求教师对课程标准、教学目标、教学重难点有精准把握，根据目标设计留白的问题及灵活选择留白的方式；其次要求教师对学情有充分的了解，要清楚地知道哪些经验是学生已经有的，哪些概念或方法学生认识是有误区或理解是有困难的，哪些能力和素养是学生要达到的，所谓"知己知彼，百战不殆"，这样老师才能有的放矢，精准留白。最后需要老师们要有勇于开拓的精神和孜孜不倦的钻研精神，不断学习，提高自身的专业素养，胸有成竹地迎接挑战。

第九节　三角形式下复数的乘除运算[①]

数学概念是对现实世界中事物的数量关系和空间形式本质属性的反映，它是数学知识的核心和数学思想方法的有效载体。数学概念教学需要经历概念形成和同化的过程，让学生在充分挖掘概念内涵、深入剖析概念本质的基础上，实现对

[①] 本案例的执教者和整理者是上海市晋元高级中学刘庆敏老师。

数学概念的灵活应用,达到对数学概念的真正内化。

一、教学背景

从数学概念的教学过程中可以看到,学生需要从自身认知基础出发,体验、感悟概念的抽象过程,主动发现概念的形成及同化,通过独立思考、合作交流、解决问题,加深对概念本质的理解和掌握。

《普通高中数学课程标准(2017 年版 2020 年修订)》指出:数学运算是指在明晰运算对象的基础上,依据运算法则解决数学问题的素养。数学运算是课程标准关注的六大核心素养之一,反映了数学学科的基本特征。随着计算机科学的发展,数学运算已经成为社会科学、科学技术等发展的基础。

在高中之前,学生接触到的运算对象局限在实数集内,哪怕进一步抽象到代数式,本质上仍然是实数集内的数的运算。而在高中数学课程的学习中,学生接触到的运算对象扩大到复数集,需要认识新的运算元素——向量、复数等,同时,进一步发展教学运算素养。

"9.4 复数的三角形式"是一节数学概念课,也是复数运算的重要内容。学生已经学习了复数的三角形式,执教者选择了"三角形式下复数的乘除运算"内容,把它作为具体教学实例来研究,就是想强化复数运算要求,提高数学运算能力。一般来说,复数的代数形式虽然能够较为方便地处理复数的加、减、乘、除等四则运算,但是对以代数形式表示的复数进行高次乘方和开方运算,就显得比较困难。而将复数转化为三角形式后,它的乘除运算以及乘方、开方运算就会有非常简洁的表达式。

二、设计依据

(一) 数学概念课"留白创造式"教学

"数学概念课教学"是指教师引导学生充分经历概念的形成及同化过程,在经历学习活动的过程中,加深对数学概念本质内涵的理解和掌握,提升概念的应用能力,最终实现灵活运用概念分析问题、解决问题,发展学生的数学抽象、数学建模等数学学科核心素养。

"留白创造式"教学是指教师根据教学需要,设计有序的数学问题,为学生自主思考留下一定的时间和空间。通过动机激发、提出问题、组织活动等方式"留白",通过小组学习、教师点拨、引导为主要形式的教学方式,引发学生积极地"补白"——联想与迁移、思考与探究,从而更好地发挥学生主体作用。恰当地运用留白艺术,有利于克服教师教学过程中的"越俎代庖"行为,即过早中断学生的思维活动、过早向学生提供完整的答案、过早提供完整的知识小结,有利于抑制教师热衷于追求"大容量、快节奏与高密度"的过重负担。

实验数据表明:学生运用已有知识去解决新的问题的关键在于如何帮助学生找准其中最本质、最具迁移力的成分——核心关联。这样的关联可以缩短新问题与原知识"固着点"间的认知距离,显著提高学习过程中的迁移程度,激发学生建立用数学解决问题的建构性思维。

在实际课堂教学中,综合数学概念课教学的需求和留白创造式教学策略的实施方式,需要抓住和把握学生的认知规律,适当留白,为找到"核心关联"提供空间,给学生主动发现"核心关联"创造可能,进而推动课堂教学知识的动态生成。

(二)数学概念课"留白创造式"教学的策略

1. 明晰教学内容的核心关联

"留白创造式"教学要求课堂问题设计有较大的思维跨度,教学内容大部分或者全部通过小组学习由学生自发讨论得到,教师只是从旁起到引导、点拨的作用。这就对课前问题的设计提出了很高的要求,所设计的问题既不能过于细密,固化学生的思维活动,同时又不宜跨度过大,让学生在思考讨论时没有方向,所以明晰教学内容彼此的核心关联,使得问题与问题之间通过最核心的关联,形成一条隐形问题链至关重要。核心关联一旦确定,也为学生讨论探究定了大致的方向,学生在课堂上将不会生成漫无目的的发散性思维。

以本节课为例,执教者认为教学内容的"核心关联"是"复数和向量都是二维运算对象,它们是突破学生原有认知结构的两种新的数学运算对象"。利用坐标来表示复数和向量时,它们有一致的外在形式,因此很多知识点和结论可以相互迁移类比。

2. 设计适度的学习支架

设计学习支架是知识建构教学中不可或缺的一部分。根据已有研究发现,设计学习支架将有利于学生自主思维的发展。从知识建构教学理论的角度来说,教师应该考虑学生的已有发展水平,确定学生的最近发展区,为学生搭建有效的学习支架来为学生的学习提供引导,从而发挥学生的潜能,帮助学生超越其最近发展区而达到更高的水平。同时学生利用好学习支架进行自主学习,可以更高效地将认知结构组织与重构,从而获得新的认知结构。虽然"留白创造式"教学要求课堂问题设计有较大的思维跨度,但是不给学生提供适度的学习支架,可能会使课堂学习失去明确的方向,学生的自主探究最后将沦为空谈。

复数乘法的几何意义是本堂课的教学重点,理解也是教学难点。笔者设计了一些适度的学习支架,它为问题一顺利过渡到问题二构建了学习路径,很好地帮助学生突破了思维上的难点。

3. 使用积极参与策略

"留白创造式"教学是以学生活动为主,以分组学习为主要形式的教学方式。每个学习小组应当有明确分工,由组长分享交流学习成果,在课堂教学中需要激励学生积极参与,主动探索,大胆展示自己的想法,并敢于对同伴的结论给出自己的质疑。

在"留白创造式"教学中使用积极参与策略可为学生提供足够的应答机会,能使学生持续投入课堂中,使他们更愿意接收、储存和加工教师呈现的知识,同时教学活动将更具互动性,参与其中的学生注意力更容易集中,并且更容易提高自信心。使用积极参与策略也有助于教师在教学过程中检查学生对知识的理解和掌握情况。

4. 教师课堂中的适度引导

"留白创造式"教学对教师提出新的要求,教师作用主要以点拨、引导为主,所以在整个教学过程中,教师要注意自己的角色站位,适度引导,把课堂还给学生。过度引导课堂就会变成"讲练式"或者"互动掌握式"教学,失去"留白"的真正意义。

三、课堂实施

本课例课堂教学提供了较多的"留白"片段,下面分别说明。

教学片段 1:发现之白

上课伊始,提出了本节课最重要的问题。

问题一: 设复数 $z_1 = r(\cos\alpha + i\sin\alpha)$ 与 $z_2 = s(\cos\beta + i\sin\beta)$,其中 $r \geqslant 0$,$s \geqslant 0$,求 $z_1 \cdot z_2 = ?$

生:设复数 $z_1 = r(\cos\alpha + i\sin\alpha)$ 与 $z_2 = s(\cos\beta + i\sin\beta)$,其中 $r \geqslant 0$,$s \geqslant 0$,

$$z_1 \cdot z_2 = rs(\cos\alpha\cos\beta + i^2\sin\alpha\sin\beta + i\cos\alpha\sin\beta + i\cos\beta\sin\alpha)$$

$$z_1 \cdot z_2 = rs[\cos(\alpha + \beta) + i\sin(\alpha + \beta)]。$$

师:你得到了很简洁的结果,中间的运算过程你运用了哪些相关的知识?

生:我用了复数乘法的运算法则,还用到了正余弦的两角和差的公式,最后经过化简得到了这个结果。

师:你能用语言文字描述下这个结果吗?

生:两个复数相乘,对应的模相乘是积的模,辐角的和是积的辐角。

说明:教师开宗明义提出问题,学生自己动手推导化简,得出了简洁并且拥有完美结构的公式,对比代数形式下复数乘法公式繁琐的结构,学生获得了强烈的冲击,同时推导过程与三角部分中两角和余弦公式的紧密联系,也给学生造成了极大的学习期待,点燃了学生的学习兴趣。此处教师巧妙地运用留白,学生自行感悟三角形式下复数乘法公式的美妙之处。此处的留白,点燃了学生探索的热情,激活了学生的思维。

教学片段 2:论证之白

问题二:复数乘法的几何意义是什么?

复数乘法的几何意义是本堂课的教学重点也是教学难点,在这里教师设计了一道练习题和一个问题

练习:计算下列各式,用复数的三角形式表示计算结果,在下图标出复数 z_1、

z_3 对应的向量。

(1) $z_1 = \sqrt{3}\left(\cos\dfrac{\pi}{12} + i\sin\dfrac{\pi}{12}\right)$，$z_2 = \sqrt{3}\left(\cos\dfrac{\pi}{4} + i\sin\dfrac{\pi}{4}\right)$，

$z_3 = z_1 \cdot z_2 = $ _____。

(2) $z_1 = \sqrt{3}\left(\cos\dfrac{\pi}{12} + i\sin\dfrac{\pi}{12}\right)$，$z_2 = \sqrt{3}\left(\cos\left(-\dfrac{\pi}{4}\right) + i\sin\left(-\dfrac{\pi}{4}\right)\right)$，

$z_3 = z_1 \cdot z_2 = $ _____。

(3) $z_1 = \sqrt{3}\left(\cos\dfrac{\pi}{12} + i\sin\dfrac{\pi}{12}\right)$，$z_2 = \dfrac{\sqrt{3}}{2}\left(\cos\dfrac{\pi}{4} + i\sin\dfrac{\pi}{4}\right)$，

$z_3 = z_1 \cdot z_2 = $ _____。

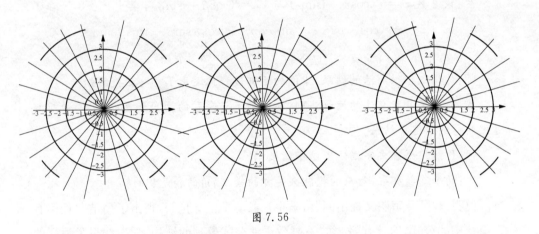

图 7.56

思考:相较于 z_1 所对应的向量，z_1、z_2 的乘积 z_3 所对应的向量发生了什么变化?

(1) _____;(2) _____;(3) _____。

生 1:第 1 题中,模长变为原来的 $\sqrt{3}$ 倍,辐角增加了 3 倍。

师:从数值看辐角的确增加了 3 倍,那么其他同学觉得他的结论对吗? 有没有补充?

生 2:我觉得他说的模长应该是没有问题,但是结合第 1、2 题可以知道,辐角的变化应该不是倍数关系。第 1 题中,积的辐角 $\dfrac{\pi}{3}$ 是在原来的辐角 $\dfrac{\pi}{12}$ 上加了 $\dfrac{\pi}{4}$

后得到的;第 2 题中,积的辐角 $-\dfrac{\pi}{6}$ 是在原来的辐角 $\dfrac{\pi}{12}$ 上减去 $\dfrac{\pi}{4}$ 后得到的。

师:非常好,这位同学利用复数乘法公式得出了这样的结论,那么在三角知识的学习中,角的加减对应的是什么变化? 谁能从这个角度再把上一位同学的结论总结一下。

生:第 1 题中,z_1 乘以 $z_2=\sqrt{3}\left(\cos\dfrac{\pi}{4}+\mathrm{i}\sin\dfrac{\pi}{4}\right)$ 后,模变为原来的 $\sqrt{3}$ 倍,辐角在原来的基础上逆时针旋转了 $\dfrac{\pi}{4}$,得到积的辐角是 $\dfrac{\pi}{3}$。 第 2 题中,z_1 乘以 $z_2=\sqrt{3}\left(\cos\left(-\dfrac{\pi}{4}\right)+\mathrm{i}\sin\left(-\dfrac{\pi}{4}\right)\right)$ 后,模变为原来的 $\sqrt{3}$ 倍,辐角在原来的基础上顺时针旋转了 $\dfrac{\pi}{4}$,得到积的辐角是 $-\dfrac{\pi}{6}$。

说明:利用这一小练习帮助学生搭建思维阶梯,构建学习路径后很好地帮助学生突破了思维上的难点,同时在本课的教学重点问题"复数乘法的几何意义"上给学生留下了论证之白的空间,对于这个问题,全程由学生总结归纳,得出结论。

学生在问题二的留白探究过程中,做到"动脑""动口""动手",获得较高水平的数学知识,培养了自身的数学核心素养,同时问题二的留白又为学生的高水平思维提供了无限的可能,从而促进学生直观想象等数学核心素养的发展。

教学片段 3:超越之白

问题三:类比三角形式下复数的乘法运算,思考三角形式下复数的除法运算公式是什么?

设有两个复数 $z_1=r(\cos\alpha+\mathrm{i}\sin\alpha)$ 与 $z_2=s(\cos\beta+\mathrm{i}\sin\beta)$,其中 $r\geqslant 0,\ s\geqslant 0,\ z_2\neq 0$,则 $\dfrac{z_1}{z_2}=?$

生 1:跟复数乘法公式的推导是差不多的。

$$\begin{aligned}
\frac{z_1}{z_2}&=\frac{r(\cos\alpha+\mathrm{i}\sin\alpha)}{s(\cos\beta+\mathrm{i}\sin\beta)}=\frac{r}{s}\frac{(\cos\alpha+\mathrm{i}\sin\alpha)(\cos\beta-\mathrm{i}\sin\beta)}{(\cos\beta+\mathrm{i}\sin\beta)(\cos\beta-\mathrm{i}\sin\beta)}\\
&=\frac{r}{s}\frac{\cos\alpha\cos\beta-\mathrm{i}^2\sin\alpha\sin\beta-\mathrm{i}\cos\alpha\sin\beta+\mathrm{i}\cos\beta\sin\alpha}{(\cos^2\beta-\mathrm{i}^2\sin^2\beta)}
\end{aligned}$$

$$= \frac{r}{s} \frac{\cos(\alpha - \beta) + i\sin(\alpha - \beta)}{\cos^2\beta + \sin^2\beta} = \frac{r}{s}[\cos(\alpha - \beta) + i\sin(\alpha - \beta)]。$$

师：中间的运算过程你运用了哪些相关的知识？

生1：我学习了复数乘法公式的推导过程，就是在复数相除这个分式化简的时候分式上下同时乘了分母的共轭复数，用了分母实数化的思想，最后化简时还利用了余弦的两角差的公式。

师：虽然这个公式的推导比较复杂，但是这位同学类比乘法公式，应用复数代数形式下除法的运算法则，结合三角代数式的恒等变形成功得到了三角形式下复数的除法公式。

生2：老师，我用了另一种方法，我也是类比代数形式下复数除法是乘法逆运算的思想来推导的。

设 $\frac{z_1}{z_2} = z_3 = t(\cos\theta + i\sin\theta)(t \geq 0)$，可知 $z_1 = z_2 \cdot z_3$。

$$z_3 \cdot z_2 = ts(\cos(\theta + \beta) + i\sin(\theta + \beta)),$$
$$z_1 = r(\cos\alpha + i\sin\alpha) = ts(\cos(\theta + \beta) + i\sin(\theta + \beta)),$$

由两复数相等定义可知，$r = ts$，$\alpha = \theta + \beta + 2k\pi(k \in \mathbf{Z})$，

因此可以推得 $t = \frac{r}{s}$，$\theta = \alpha - \beta - 2k\pi(k \in \mathbf{Z})$，所以

$$\frac{z_1}{z_2} = \frac{r(\cos\alpha + i\sin\alpha)}{s(\cos\beta + i\sin\beta)}$$

$$= \frac{r}{s}[\cos(\alpha - \beta - 2k\pi) + i\sin(\alpha - \beta - 2k\pi)]$$

$$= \frac{r}{s}[\cos(\alpha - \beta) + i\sin(\alpha - \beta)]。$$

师：非常棒，这位同学类比代数形式下复数的除法公式的推导，利用除法是乘法逆运算这一定义，给出了自己的推导过程，相较第一位同学的推导，大大简化了推导过程，显得更简洁明了。

这一教学片段，是在三角形式下复数乘法公式的基础上进一步探究相应除法

公式。通过还原教学过程可知,首先一位学生类比乘法公式的推导过程,应用复数代数形式下除法的运算法则,结合三角代数式的恒等变形能够比较完美地得到三角形式下复数的除法公式。虽然推导过程比较复杂,但学生的表现已经完成了预设的教学目标。在整节课探究氛围浓厚,大家畅所欲言交流分享的鼓舞下,部分学生给课堂呈现了一次超越之白。学生主动要求分享自己另一种推导思路,提出类比原来代数形式下从乘法到除法公式的推导应用了除法是乘法的逆运算的思想,所以在这里也可以使用同样思路,这样就可以大大简化前面推导过程的复杂性。

学生的这种反应不在教师的预设之内,我们称之为超越之白。在"留白创造式"课堂教学模式中,超越之白是课堂教学的亮点,真正体现了学生的独立探究和自主学习,是学生思维火花的显性表现。在本节课的课堂小结中,学生又用自己的大胆合理的猜想推测为本次"留白创造式"课堂留下了浓墨重彩的一笔。

师:在本堂课的最后,我们请一位同学来谈谈自己在本节课的收获。

生:本节课我学习了三角形式下复数乘除法的公式,知道了复数乘除法的几何意义。几何中向量旋转这一重要变化可以用复数乘法来刻画。我们知道了向量是复数的几何模型,既然复数可以除法运算,那向量也可以进行除法运算!

这位学生在课堂总结时,提出了一个自己的理解,即他觉得复数和向量有大量的相似之处,所以向量的乘除法等同于复数的乘除法。

这个发现当然是不成立的,也是完全超出了教师的预设,但是这个发现的出发点是基于向量知识在复数章节中的应用以及两者类似的二维表示结构,学生在复数和向量作为等价结构时产生的错误认识。这个错误认识在复数和向量的发展历史中也曾出现过。这虽然是一个错误的结论,但是仍然是一次非常宝贵的超越之白,要彻底解决这个问题需要引入超越学生认知的高等数学知识,这不是短时间可以迅速解释清楚的。限于课堂时间容量,教师对这个认知错误在课内没有进行辨析,但是在课后可以进行一次长作业的布置,进一步加深学生对两者联系和区别的理解。

教学不只是单向、封闭、静态的知识授受过程,而是师生多向、开放和动态的对话、交流过程。这使得教师在课堂上很容易遇到一些非预设性生成,这些非预设性生成包含着学生创新思维的火花,具有个体性、独特性、顿悟性、偶然性。教师在课堂需要为学生的这些非预设性生成留出足够空间,尝试在课堂中完成超越之白。只要教师为这些学生的思维留出生成的空间,关注生成,超越之白就会为课堂注入生机,锦上添花。

四、效果反思

(一)数学概念课"留白创造式"教学对学生的要求

通过实践探索,笔者认为在数学概念课教学中,学生具备扎实的基础知识体系,较强的探究能力,并对数学学科充满兴趣,这些条件是采用"留白创造式"教学的前提。因为社会建构主义承认数学知识的约定性、可误性、发展性、变化性,认为数学知识是一种社会建构。这种建构是通过主观知识和客观知识循环地联系来完成的。"在这个循环中,新的数学知识从主观知识(个体和个人创造)开始,经发表而形成客观知识(通过主体间的审视,再形成和接受),在数学学习过程中客观知识被个体内化和再建构,成为个体的主观知识,根据这个知识,个体创造并发表新的数学知识,从而完成循环。

(二)数学概念课"留白创造式"教学对教师的要求

数学概念课"留白创造式"教学是一种大胆的创新教学模式,对于教师来说充满挑战,要求很高。笔者认为在数学概念课教学中,知识层面上,教师应该从更高的视角来审视、理解初等数学概念,应该掌握或者了解数学中的各种概念、方法及其发展与完善的过程以及数学教育演化的经过。在教学能力层面,教师应该具备较强数学探究能力,知识迁移能力和课堂掌控力。

社会建构主义承认数学知识的约定性、可误性、发展性、变化性,认为数学知识是一种社会建构。对数学知识本质的这种认识观,反映到数学概念学习中,就是数学概念同样也是社会建构的结果,是拟经验的,是过程与对象的耦合,是发展变化的。所以教师如果本身不具备足够的基础知识和进阶知识,无法从高阶视角来多维度审视和梳理概念发生发展的过程,那么在教学设计中很难营造出足以给学生自主学习、独立思考的留白。同时"留白创造式"教学模式下,学生在自主学习和探究过程中容易出现各种发散性思维,只有自身具备优秀的数学探究能力和课堂掌控能力,才能跟上学生零散和不成熟的思维火花,从而及时通过适度的学习支架将学生拉回到主线,否则留白创造式课堂的后续循环根本进行不下去。

(三)数学概念课"留白创造式"教学的实施路径

通过教学实践,结合数学概念课教学的特点,在数学概念课教学中"留白创造式"教学有以下几种具体的实施路径。

1. 概念内涵外延的剖析——留白问题设计

教师在对概念的内涵与外延进行剖析时可以进行留白问题设计,留白的问题应当注重概念的本质呈现,反映概念之间的核心关联,当然设计留白问题时也要适当考虑不同层次学生的需求,从这三点出发设计出有针对性的好问题。问题的呈现方式可以不拘一格,但目的都是要追求实际效果。

在本课例的开始就开宗明义提出了本节课最重要的问题。

问题一:设复数 $z_1 = r(\cos\alpha + i\sin\alpha)$ 与 $z_2 = s(\cos\beta + i\sin\beta)$,其中 $r \geqslant 0$,$s \geqslant 0$,求 $z_1 \cdot z_2 = ?$

这一留白问题的设计点出了本节课最本质的概念,明确了这一概念在本节课的核心地位。学生自己动手利用两角和的余弦公式和代数形式下复数相等的定义推导化简,强调了代数形式和三角形式是复数两种不同表达形式的核心关联。对于不同学习小组根据学生的进度,教师在巡视时给予及时点拨和引导,最后学生回答问题时,不同学习小组之间的相互补充体现了该问题设计中不同层次学生的需求。

2. 例题解析——自主学习呈现

"留白创造式"课堂中,教师通过例题解析这一具体路径,创设留白情境,呈现学生的自主学习过程。有别于教师主导的讲授式课堂,在"留白创造式"课堂的例题解析中,学生可以通过自己独立思考,利用手边的工作单、教材和 ppt 等各种教学资源,尝试在学习小组内与同学合作交流,最后根据同学的反馈对自己的结论进行自我监控和调整,最后给出自己的最终结论。整个例题解析过程完全是学生利用学习支架和学习小组的力量自主完成,不断经历这一过程,学生学会了对自己的学习过程和结果负责,学习主体意识逐步增强,学生的自主学习能力呈现螺旋上升的势态。

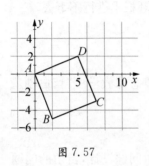

图 7.57

例 1　如图 7.57 已知复平面内一个正方形 $ABCD$ 的两个相邻顶点对应的复数分别是 0 和 $2-5\mathrm{i}$,求与另外两个顶点 C、D 对应的复数。

本道例题是执教者特意选择的一道学生熟悉的陈题,意在降低问题的解决难度,在向量背景下学生可以解决这个问题。

放在本堂课的背景中就是希望学生可以将课堂学到的知识和方法应用在这个熟悉的数学情境中,独立自主地解答例题。事实上,在课堂教学进行中,一部分学生第一反应是利用自己熟悉的初中的全等三角形知识来解决问题,还有部分学生则使用了向量工具。但在对点 C 对应复数的求解中,原来的方法都相对较繁琐,这就促使学生反思自己的解决方法,结合课堂提供的工作单这一学习资源以及小组内学生彼此的提醒,学生及时对自己的解决方法进行了修正,利用复数乘法的几何意义完美简洁地解决了问题。

3. 能力提升与分层练习——提倡非常规问题解决

"留白创造式"教学的实施中非常重要的一条路径是设置能力提升与分层练习,提倡对非常规问题的思考与解决。非常规数学问题,是指无法用固定的程序性策略来解决的问题。需要运用创造性思维与应用一系列认知策略将熟知的问题情境进行转化,进而找到解决这个问题的方法。对"非常规问题"的解决的注重,能培养学生分析问题、解决问题的能力,是当前数学教育创新的主要精神实质。

课后思考题　已知复平面内的复数 z_1、z_2 满足 $4\left(\dfrac{z_1}{z_2}\right)^2-2\dfrac{z_1}{z_2}+1=0$,且 $|z_2|=4$,z_1、z_2、0 所对应的点分别是 A、B、O。求:

(1) $\dfrac{z_1}{z_2}$;

（2）△ABO 的面积。

本堂课中笔者也设置了一道思考题,本题的解决是对复数乘除法几何意义的综合运用。考虑到题目的难度和课内时间有限,本题留作课后思考,以保证有足够时间和空间给学生在课后研究探讨,同时可以满足不同层次学生思维培养的需要。

五、 结语

在实践的过程中,"留白创造式"课堂也会遇到很多的实际问题和困难。比如,在预设与生成的结合中,教师备课不到位、学习不到位、研究不到位,导致教师惧怕与学生对话,学生原有知识结构程度不同导致对概念知识的研究方向不可控,在留白教学过程中对于教师而言,教学环节的把握和教学流程的设计具有很高的挑战性。

留白理念下的教学过程是难以复制的,同一节课在不同班级生成的效果很有可能是截然不同的,所以这样的教学过程充满了多元性和不确定性,教师需要有充分的准备和预设。

成功的"留白创造式"课堂,应该是师生共同学习共同成长的过程,这些留白生成包含着学生创新思维的火花,具有个体性、独特性、顿悟性、偶然性。尝试在课堂中为这些学生的思维留出生成的空间,关注生成,留白就会为课堂注入生机,促进学生主动自主学习,激发学生学习数学的兴趣,提升学生数学核心素养的发展。

参考文献

白琨,2008.浅谈中国画的留白及其渊源[J].齐鲁艺苑(01):19-21.
蔡宏圣,2016.数学史走进小学数学课堂:案例与剖析[M].北京:教育科学出版社.

曹培英,2014.跨越断层,走出误区:"数学课程标准"核心词的实践解读之六——运算能力(上)[J].小学数学教师(03):8-15.

查志刚,2012.中外名人与"负负得正"[J].中学数学杂志(12):61-63.

弗赖登塔尔,1999.作为教育任务的数学[M].陈昌平,唐瑞芬,等译.上海:上海教育出版社.

顾泠沅,2022.45年:一项数学教改实验[J].华东师范大学学报(教育科学版)(04),103-116.

李德虎,汪晓勤,2021.HPM视角下的项目化数学教学设计——以"长方体直观图的画法"教学为例[J].中小学课堂教学研究(11):5-10.

刘龙,位秀丽,2020.浅谈"留白"在高校课堂教学中的重要性[J].中国高等医学教育(01):53-54.

刘影,程晓亮,2009.数学教学论[M].北京:北京大学出版社.

钱靓,2010.恰是课堂"留白"处最是学生思维时[J].吉林教育(Z1):72.

上海市教育委员会,2004.上海市中小学数学课程标准(试行稿)[S].上海:上海教育出版社.

上海市教育委员会,2020.《义务教育项目化学习三年行动计划(2020—2022年)》[Z].

宋丽娟,2016.留白,为思考插上翅膀[J].考试周刊(59):32.

佟巍,汪晓勤,2005.负数的历史与"负负得正"的引入[J].中学数学教学参考(Z1):126-128.

王长芬,2015."留白式课堂"教学初探[J].现代教学(05):14-15.

王长芬,2015."留白式课堂"教学初探[J].现代教学(05):2.

王慎洁,2021.以混合式教学落实差异化教学的探索——以"长方体直观图的画法"一课为例[J].现代教学(Z1):146-147.

王晓杰,2017.数学文化教学对小学生数学抽象素养的影响研究[D].西南大学.

王雅琪,瞿鑫婷,2019.HPM视角下圆的面积公式教学[J].中小学课堂教学研究(06):9-14.

夏雪梅,2019.在学科中进行项目化学习:学生视角[J].全球教育展望,48(02):83-94.

张静,2020."为什么'负负得正'"学习探究的课例研讨[J].上海中学数学(Z2):40-43.

章建跃,2015.理解数学是教好数学的前提[J].数学通报,54(01):61-63.

中华人民共和国教育部,2022.义务教育数学课程标准(2022年版)[M].北京:北京师范大学出版社.

周国正,郭兆年,王长芬,2018.留白式课堂的实践探索[M].上海:上海教育出版社.

宗静,2014.留白艺术演绎数学课堂的精彩[J].中学数学研究(华南师范大学版)(24):27-28.

Bartoli C,1564. *Del Modo di Misvrare* [M]. Venetia : Per Francesco Franceschi Sanese.

Betz, W., Webb, H. E, 1916. *Plane and Solid Geometry* [M]. Boston: Ginn & Company.

Euclides,1509. *Euclidis Megarensis* [M]. Opera Italy: A. Paganius Paganinus.

Finaeus O, 1532. *Protomathesis* [M]. Parisiis: Impensis Gerardi Morrhij & Ioannis Petri.

Milne, W. J, 1899. *Plane and Solid Geometry* [M]. New York: American Book Company.

Pomodoro G, 1624. *La Geometria Prattica* [M]. Roma: Angelo Ruffinelli.

后　记

　　2018 年,第四期上海市普教系统"名校长名师"培养工程正式启动,本书主编、特级教师、正高级教师、华东师范大学教师教育学院首席特聘专家王华老师所申报的"高峰计划"课题"上海中小学数学专家型教师课堂教学表征"获得立项。与此同时,上海市教委设立"上海市名师教学思想炼制"项目,其中的数学学科由华东师范大学教师教育学院汪晓勤老师和邹佳晨老师主持。自此,"双课题组"的近二十位大中学教师、中学教研员和在读研究生组成了一个专业学习共同体,开展了一系列富有成效的学术研讨和教学实践活动,包括课堂教学评价框架的构建、对四十余节中小学数学课的评价、对近三十位中小学数学名师的访谈、对名师数学课堂表征的分析、对王华老师教学主张的总结等。

　　随着"双课题"的深入开展,王华老师提出的三种课堂教学方式——讲练导学式、互动掌握式和留白创造式成了课题组的重要研究主题。留白创造式教学是对传统数学教学方式的继承和发展,是新时代"立德树人"这一教育根本任务对中小学数学教学提出的要求,是创新人才培养的需要,是数学教师专业发展的有效途径。为了深入探讨留白创造式教学的独特内涵、构建留白创造式教学的基本理论,课题组先后在普陀、崇明、奉贤、青浦、嘉定等地开展了一系列实践研究,并在此基础上,构建了留白创造式教学的评价框架,进而整理出有关案例,定期开展评价研究。本书汇总了课题组的研究成果。

　　本书第一章和第二章由王华撰写,简单回顾了中小学数学课堂教学的历史,特别是上海基础教育课程改革的数学教育经历,给出了三种课堂教学方式提出的背景与起因,明确了"留白创造式"教学的内涵,并就具体的同一课题,对三种教学方式进行了比较和分析。第三章由沈中宇撰写,介绍了数学教育的相关理论及其对留白创造式教学的启示。第四章由汪晓勤和邹佳晨撰写,初步构建了留白创造式教学的设计原则、留白形式和教学流程。第五章由王华和秦语真撰写,构建了留白创造式教学评价框架并给出评价案例。第六章由任升录和杨家政撰写,关注留白创造式教学的特殊性,论述了留白创造式教学对教师专业素养的要求。第七章呈现了留白创造式教学的九个案例。

　　本书是在新冠肺炎疫情流行的特殊时期完成的,课题组以追求美好的数学教育为己任,克服困难、齐心协力、集思广益、勤研不息。本书部分编委王华、汪晓勤、杨家政、任升录、邹佳晨先后进行了五次集体统稿。明代数学家徐光启(1562—1633)在与利玛窦(M. Ricci,1552—1610)合译《几何原本》时说过一句名言:"呜呼! 吾避难,难自长大,吾迎难,难自消微,必成之!"本书的完成也印证了这句名言。

　　在本书即将付梓之际,我们还要感谢上海市教委为我们创设的研究平台与机会,感谢上海市师资培训中心和上海市教委教研室对课题研究的指导,感谢华东师范大学教师教育学院、上海市普陀区教育局和上海市晋元高级中学的大力协助,感谢华东师范大学出版社的鼎力支持。顾泠沅老师、顾鸿达老师、沈子兴老师、胡军老师、杨玉东老师对本课题的研究给予了指导并提出宝贵的意见和建议,余勇波、张玲玲、纪妍琳、张佳淳、韩嘉业、邵爱娣、赵丽红、李怡泉、彭思维、姜浩哲、王海雯、王娟等同志在前期研究参与访谈、评课和数据处理,胡仲威、奚定华、杨安澜等名师接受了课题组的采访,尹后庆老师和周国正老师欣然为本书作序,在此一并致谢。

　　本书只是呈现了课题组的阶段性研究成果,其中一定有很多不足和问题,我们期待读者的批评指正。"留白创造式"教学是一种新型的课堂教学方式,其理论尚需在更多教学实践的基础上进一步夯实和完善,我们也期待更多同行的关注。

"留白创造式教学"课题组
2022 年 7 月 29 日